表現権理論

阪本昌成

表現権理論

学術選書
53
憲 法

信山社

はしがき

(1) 私の研究者としての出発点は，プライバシーの権利の研究にあった。1970年代，プライバシー権は，まさに「新しい権利」だった。新種の権利となると，その研究者は，新たな実体的法益を積極的に説き，実定法体系のなかに論拠づけたくもなる。私もそう感じながら，アメリカにおけるプライバシー権研究の出発点となってきたS. Warren & L. Brandeis, *The Right to Privacy*, 4 HARV. L. REV. 193 (1890) の解読にまずとりかかった。当時の私の学力からすれば，読むことで精一杯だったのだろう，この論文を批判的に受け止めることができなかった。私の頭のなかには"これこそがプライバシー権の聖典だ"という先入見もあった。無数ともいえる論攷のなかに"聖典批判"を公然と唱えるものを見出したとき，私は，この論者の批判を真剣に受け止めなかった。

(2) 1960年代後半のアメリカは，連邦政府に設立されると噂されていた「データ・センター」に対する危惧，連邦情報機関が保有している個人情報の多面的利用への不安感が渦巻いていた。A. Westin の PRIVACY AND FREEDOM (1967) が公刊され，"プライバシーとは，自己情報に関して，いつ，誰が，どのようにアクセスするかをみずから決定することだ"と説いてみせたのも，こうした事情を背景にしている。当時の私の関心も，「新しい権利の新しい展開」にシフトしていった。若い頃は，新たに修得した知識が陽画（ポジ）のように浮かび上がって，(今から思えば，根拠もない) 充実感を覚えるものである。

(3) 私がコロンビア大学 Law School での在外研究の機会をもったときの，いつのことだったか (1977年の初頭だったか)，同大学の School of International Affairs に A. ウェスティン教授の研究室を訪ね，個人情報保護のあり方について質問したことがある。ウェスティン教授は，「私は連邦のある委員会のために，こんな報告書を書いている」と膨大な資料を取り出し，これを私に貸与してくださった。これを機会に私は，前科・前歴情報の取扱いに関心をもち，帰国後，「逮捕記録の廃棄・補正等を求める権利(1)(2・完)」広島法学2巻4号，広島法学3巻1号 (1979) として公表した。これは，州の実定法にみられる前科・前歴情報の取扱いを紹介したものである。私の意図は，「自己情報コントロール権」が実定法に与えた影響を見極めることにあって，この説にコミットすることではなかった。

(4)　その後の私の関心対象は，表現の自由に移っていった。

　私には，教科書にみられる「表現の自由の優越的地位」の論拠づけや意義に納得がいかなかった。年齢を重ねるごとに，この疑義は深まっていった。加齢とともに，理解できない部分が陰画(ネガ)として迫り来るものである。

　教科書（または予備校本）をよく読んでいる学生たちは，"精神的自由権を含め表現の自由は自己実現と自己統治にとって必要不可欠であって，この自由は経済的自由に比べて優越的な地位にあり，この自由の規制の限界は二重の基準のもとで厳格に司法審査されなければならない"とまるで念仏のように唱える。この回答には，人間が表現行為を通して自己実現しているわけでもなければ，自己統治しているわけでもないだろう，という疑念がない。また，表現の自由への政府介入がいつも厳格に司法審査されてはいない，という客観的な事実への目配りもない。どうやら教科書は「表現」の正確な定義のみならず，表現の機能の説明や表現の自由の類型ごとの限界に関する解明をすっ飛ばしてきたようだ。私が学生に「21条にいう表現とは，何をいうのですか」と質問すると，出来の良い学生は「コミュニケーションをいいます」と回答する。私は，意地悪く，「では，コミュニケーションとは，何を指すのですか」と言い返す。飛び切り優秀な学生が「思想を外部に表明して自分の意思を伝達することをいいます」と回答する（こともある）。私は，そこでさらに「思想の表明でなければなりませんか」と畳みかけると，「思想だけでなく，広く情報を外部に発信することを含みます」という。私は「情報って，何をいうのです？」。

　ここまでいうと，学生たちは黙り込む。私も黙り込んで，"教科書に明晰な説明がないのが悪い！"と内心，彼らに同情する。表現の自由の意義は，表現の意義と表現行為に固有な働きを解明しない限り，捉えきれない。

　(5)　私は，かつて『コミュニケイション行為の法』（成文堂，1992）において，《表現行為とは記号をコードに載せてメッセージとし，これを他者に伝達する行為である》という趣旨の主張を展開した。これは，コミュニケーション行為のうちの対人的なコミュニケーション行為を，「記号－コード－メディア（媒体）－メッセージ」という要素に分解して解明しようとしたのである。これらが表現に固有な要素だ，という私の立場は今でも変わらない。記号の一般的なものが言語である。

　表現とは言語行為をいうのではないか，とみた私は『コミュニケイション行為の法』において，言語哲学のうちでも言語遂行論を21条に応用してみた。

が，今，これを冷静に振り返ってみて，"成功したとはいえない"と反省している。「表現／行動（conduct or action）／行動を伴う表現」を区別するには，もっと別の設えが必要だ，と今では考えている。

(6) 年齢を重ね試行錯誤するなかにも，上の本における私の主張のうち，変わらないものがある。それが，表現の自由を Free Market (place) of Ideas における自由競争と関連づける姿勢である。

Free Market (place) of Ideas は，これまで「思想の自由市場」と訳されてきた。私も，これまでこの言い方に疑問を抱かなかった。が，「法と経済学」を学びはじめて以降，"思想ではなく，アイディア＝創造的知識の自由競争と捉えるべきではないか"と考えてみた。ついで，"いやいや，ある知識がどの程度の創造性をもっているかは自由競争を通して市場において評定されるのだ，この見方こそ自由市場論のいいたいところのはずだ"と考え直した。となると，Free Market (place) of Ideas を"知識の自由競争"とみる方がもっと適切だ，と私は考えるにいたった。表現の自由は，主体（人）の自律または自己実現を超えた，社会的な効用をもっている，ということでもある（この問題関心を展開した箇所が第1章である）。

こう考え直すと「思想だけでなく，広く情報を外部に発信することを含みます」という学生の上の回答は悪くない，ということになる。が，情報では，なお茫洋としている。ここで私が考えついたのが「センス・データ／情報／知識」という区別であった（詳細は第1章の本文に譲る）。私は，「思想」や「情報」ということばを，これまで，センス・データとして受けとめていたのかも知れない。

(7) 表現の自由の問題領域でいつも採りあげられる重要論点が名誉毀損表現，プライバシー侵害表現である。本書では，これらを Tortious Speech の典型問題として扱った。アメリカの連邦最高裁は，Tortious Speech の限界を，いかなる種類であれ，「司法審査基準」によって画定してはいない。要件事実の明確な「法準則」(legal rule) によって問題解決している。本書が何度も指摘しているように，連邦最高裁は，こと表現の自由となると，standard ではなく legal rule を作りあげるよう努めてきている。第3章で紹介したように，世界的にみれば「異例の国 アメリカ」である。

アメリカ的異例さの代表的な最高裁判決が *New York Times Co. v. Sullivan*, 376 U. S. 254 (1964) である。私は，「現実の悪意ルール」が登場する背景，こ

vii

のルールの正確な意義，立証方法等々を知りたいと感じ，2004年に九州大学に着任した後は，アメリカの名誉毀損法制，連邦最高裁判例の流れを研究対象とした。メモの量は相当量となったが，どこか私の理解の及ばない点がいくつも残った。陰画の部分である。コモン・ロー上の名誉毀損法制は，英米の法律家にも正確に理解しがたい，といわれるゆえんが私にもよくわかった。このとき，私が思い出したのが，在外研究中に目を通したことのある A. Hill, *Defamation and Privacy under the First Amendment*, 76 COLUM. L. REV. 1205 (1976) の論文である。ヒル教授の講義はコロンビア大学 Law School の学生たちを魅了していた。威風堂々，よどみなく明快に講義を進めるこの教授をみて私は"どんな作品を書く人だろうか"と興味をもった。出来の悪い当時の私にもヒル論文の出来の良さは感得できたものの，"これほどの名誉毀損分析は私にはできそうもない"と私は尻込みした。この感覚は今でも変わらない。ただ，この論文がプライバシー先例の混迷ぶりにふれる部分は私にもクリアだった。私の力量では名誉毀損をこなしきれないと感じた私は，2008年，立教大学に着任すると同時に，若い頃に一度手を染めたプライバシーについて考え直してみることにした。

(8) 上のヒル論文以上に私が気にし続けていたのが，D. Zimmerman, *Requiem for a Heavyweight: A Farewell to Warren and Brandeis's Privacy Tort*, 68 CORNELL L. REV. 291 (1983) だった。「聖典」と仰がれていたはずの Warren & Brandeis 論文を「論拠づけに失敗している」とか「彼らの名声で評判になっただけだ」と言ってのける。彼女のこうした評価はじゃじゃ馬の発言だろう，と若い私は決めつけていた。あらたに再度これを開き，さらには比較的最近の Law Review をも読んでみると，昔の印象は吹っ飛んだ。彼女を含め，力量ある研究者のなかにも，"プライバシーといわれている法益を，もっと伝統的で正統な法益に解体せよ"と主張するものは絶えることがない。「自己情報コントロール権としてのプライバシー権」ともなると，その権利性に深い疑問を提起する論者は実に多い。「自己情報コントロール権」を連邦憲法上の基本権として位置づけようとする論者は稀少である。特に，表現の自由との対抗関係のなかで「自己情報コントロール権」で解決しようとする論者となると，私は寡聞にしてその名をあげることもできない。「法と経済学」学派は，例外なく，「自己情報コントロール権」に批判的である。

(9) 還暦に突入せんとする年齢になって「法と経済学」に足を突っ込んだ

私は，この学問で得た知見をもとにしてプライバシー・自己情報コントロール権を再検討することにした。この再検討部分が第2章と第3章である。これらの章を書くにあたって私が参考にした R. EPSTEIN, TORTS (1999) なるホーンブックは，アメリカの不法行為法に関する刮目の1冊だった。
　プライバシー・自己情報コントロール権という課題を「法と経済学」の視点から捉えようとする論者は，経済市場における自由競争と知識の市場における自由競争との対称性を肯定している。対称性を前提とする論者のなかでも意見は対立する（このことを論じた箇所が第4章である）。ひとつは「公共財である情報は民間部門によっては提供されがたい」という立場，他のひとつは「虚偽情報が市場に流れ出ないように介入することは政府の正当な役割であって，このことは，営利的言論であろうと政治的言論であろうと，違いはない」という立場の対立である。前者が「市場の失敗」要因のひとつとしての公共財の生産・提供のための政府介入を重視するものであり，後者が市場のインフラを整備するための政府介入（govermental reguration）を当然視する立場である（Reguration は，日本語でいう「規整」または「規正」でもある）。
　こうした対立はあるものの，「法と経済学」学派が，プライバシー・自己情報コントロール権の保護法制は市場の機能を阻害している，とみる点では一致しているようである。「法と経済学」が，名誉毀損法制と，プライバシー・自己情報コントロール権の保護法制との違いを，「社会的費用」の大小という論拠によって浮かび上がらせている点に，私は目をみはった。「人間の尊厳」の国，人格権保護の国では考えられない視点である。名誉やプライバシーの法益の実体を moral right から解放したとき，わが国では気づかれてもいない議論が成立するのである。「法と経済学」は，学問市場における効用を増大させる力をもっている。

　⑽　自由競争の市場は，常に流動的で不確実・不安定である。しかも，将来の成功や，善き生や，獲得する利益の適正量を誰にも確約・保証しない。
　この不確実さ・不安定さを緩和するのが，制度と呼ばれている「ルールの複合体」である。
　自由競争するには取引費用や機会費用を要する，と私たちは覚悟しておかねばならない。市場に現れている「ルールの複合体」は，競争における費用を少なくしている。さらに，取引費用を最少化せんとして市場に自発的に登場してきたのが組織（企業）である。

自由市場の動きや機能を知るには，制度と組織に留意しておかねばならない。自由市場における「制度と組織」の役割を論じたのが新制度派経済学やオーストリー学派である。これらの学派は，「市場の失敗」ばかりに目を奪われてきた嫡流経済学の足元を揺さぶってきた。

　法学においては，新制度学派やオーストリー学派の影響はこれまで皆無である。自然人または個人の自由意思を基軸とする主意主義的法理論を展開してきた法学，憲法学，そして，憲法学における表現権理論には，制度と組織という観点が完全に欠落している。「自己実現」または「自律」に軸を置く主意主義的表現権理論の欠落を埋めてみよう，この姿勢が通奏低音として本書に流れている。第5章と第6章においてマス・メディアの自由を簡単に論じたのも，この問題意識の反映である。

(11)　本書の出版を信山社にお願いしたとき，私は，第1章の「『思想の自由市場』の組み直しに向けて」の次の章に，「『制度と組織』からみたアイディアの自由市場」を入れる予定でいた。が，時間と私の能力の限界があって実現できなかった。この課題にせよ，名誉毀損法制の洗い流しにせよ，私は，残された重荷を感じている。

　私の課題はこれだけではない。

　法学から経済自由市場を捉えようとすれば，「国家／市民社会」という伝統的な二分法に立ち返ることが必要である。この二分法の意義を陽画として描き出すことに成功したとき，財の市場とアイディアの市場の対称性（または非対称性）問題に決着がつくことだろう。私は，この作業にとりかかっており，『立憲国理論』なる書を準備中である。これは，法治国理論（または法治国原理）と立憲国理論（または立憲主義）の非対称性を描き出そうとする書である。本書，『表現権理論』が市場の役割について語る書であり，次作，『立憲国理論』は国家の役割について語る書としよう，という構想である。ところが，『立憲国理論』の陰画部分は濃く，どれほどの時間でこれをポジにできるか，私にも予想できない。

(12)　本書の公刊までには，熊本大学法学部の大日方信春教授，姫路獨協大学法学部の井上嘉仁准教授，山口大学経済学部の梶原健佑准教授に，多方面にわたってお世話になった。日頃から，大日方教授とは著作権と表現の自由との関係について，井上准教授とは「法と経済学」について，梶原准教授とは表現の自由領域における諸問題について，情報交換したり教示にあずかってきた。そ

はしがき

のうえ，今回も，原稿段階から校正にいたるまで，助けていただいた。この協力なくしては本書は完成しなかった。心よりお礼申しあげる。

　私は本書を立教大学法学部の同僚のみなさんに献げたいと思う。素晴らしい同僚，充実した図書サービス，人当たりのいい職員や学生に囲まれて私は，心地よい研究室にて心おきなく教育研究に従事できた。

　最後に，信山社の編集第2部のみなさんには，大変にお世話になりました。お礼を申しあげます。

　　2011年2月

　　　　　　　　　　　　　　　　　　　　　　　　　　　阪 本 昌 成

目　次

はしがき

第1章　「思想の自由市場」論の組み直しに向けて
　　　　——思想の自由市場か, 知識の自由市場か……………………3

はじめに ………………………………………………………………………3
Ⅰ　「思想の自由市場」批判の論拠は何にあるのか……………………9
Ⅱ　「思想の自由市場」論の組み直しへのいくつかのステップ ………13
　1　組み直しの方向 (13)
　2　T. エマスン理論の通説への影響 (16)
　3　通説のいう「自己統治」と, それを実現するための条件 (19)
　4　通説のいう「自己統治と自己実現」(22)
　5　通説のいう「自己実現」または「自律」(25)
Ⅲ　基本用語の洗い流し ……………………………………………………28
Ⅳ　Free Market of Ideas の意義 …………………………………………33
　1　"Idea" か "Market" か (33)
　2　公共選択理論からみた, ふたつの市場 (36)
　3　情報の公共財性理論の欠陥 (39)
おわりに ………………………………………………………………………43

第2章　情報財の保護か, 知識の自由な流通か
　　　　——プライバシーの権利と個人情報の保護 ………………47

はじめに ………………………………………………………………………47
Ⅰ　プライバシー(権)の捉え方……………………………………………49
　1　プライバシー権論の混迷原因 (49)
　2　プライバシー権・再訪 (51)
Ⅱ　アメリカにおける自己情報コントロール権説とその論拠 …………56
　1　自己情報コントロール権説の背景 (56)
　2　新たな法的アーキテクチャ構想
　　　　——公序としての情報プライバシー論 (60)
　3　「法と経済学」からみた情報プライバシー論 (63)

4　「法と経済学」学派が自己情報コントロール権説を警戒する理由 (66)
　Ⅲ　自己情報コントロール権説とそれへの批判 …………………………… 71
　　　1　日本における学説状況 (71)
　　　2　取引不能ルールのなかの個人情報？ (74)
　Ⅳ　個人情報の財産権モデルのねらいと通用力 …………………………… 81
　　　1　財産権モデルの背景 (81)
　　　2　財産権モデルの利点と難点 (83)
　　　3　小　　括 (88)
　おわりに――本章のまとめに代えて ………………………………………… 89

第3章　プライバシーの権利と表現の自由 …………………………… 91

　はじめに――本章の問題設定 ………………………………………………… 91
　　　1　「私生活上の事実の公表」型プライバシー侵害 (91)
　　　2　プライバシー（権）の脆弱さ (93)
　　　3　「私生活上の事実の公表」の不法行為 (95)
　Ⅰ　異形の法制としてのプライバシー法 …………………………………… 97
　　　1　Tortious Speech と言論の自由 (97)
　　　2　厳格責任と言論の自由 (100)
　Ⅱ　自由な情報流通の国――例外の国アメリカ …………………………… 101
　　　1　法準則 Legal Rule の国 (101)
　　　2　「私生活上の事実公表」事案に関する連邦最高裁判決 (106)
　Ⅲ　プライバシー権を secondary right だとする国
　　　　――例外の国アメリカ ………………………………………………… 108
　　　1　プライバシーの捉え方 (108)
　　　2　「法と経済学」からみたプライバシー保護 (109)
　　　3　不法行為理論からみたプライバシー保護 (112)
　　　4　次の議論への見通し (113)
　Ⅳ　プライバシー権の履歴 …………………………………………………… 115
　　　1　Warren & Brandeis 論文の神話 (115)
　　　2　混迷を深めるプライバシー（権）概念 (117)
　Ⅴ　「私生活上の事実の公表」と表現の自由 ……………………………… 120
　　　1　精神的苦痛・プラスの要件 (120)
　　　2　表現の自由にとってのトロイの木馬，人間の尊厳論 (123)

Ⅵ　「私生活上の事実の公表」における法準則 …………………… 126
　　1　Public Speech のなかの「私生活上の事実の公表」(126)
　　2　Public 概念の軽量化 (129)
　　3　プライバシー不法行為における日本法 (132)
　Ⅶ　「私生活上の事実の公表」と不法行為
　　　　── prima facie case の要件 ……………………………… 135
　　1　Restatement (Second) of Torts § 652 (135)
　　2　私生活 Private Life (136)
　　3　極度の不快性 High Offensiveness (139)
　　4　公表 Publicity (140)
　Ⅷ　公衆の関心事 Public Interest または Public Concern ……… 143
　　1　公衆の関心事──免責事由か (143)
　　2　公衆に知らせる価値 (145)
　本章のまとめ ……………………………………………………………… 150

第4章　財の市場とアイディアの市場
　　　　──市場という制度と企業という組織 ………………………… 155

　はじめに ………………………………………………………………… 155
　Ⅰ　思想の自由市場と経済の自由市場 …………………………… 161
　Ⅱ　制度と組織の表現権理論 ……………………………………… 162
　Ⅲ　情報は公共財か ………………………………………………… 164
　Ⅳ　新古典派経済学の限界 ………………………………………… 167
　Ⅴ　マルクス経済学の限界 ………………………………………… 169
　Ⅵ　経済市場の捉え方 ……………………………………………… 173
　Ⅶ　オーストリー学派による市場の捉え方 ……………………… 175
　Ⅷ　新制度派経済学の特徴 ………………………………………… 178
　おわりに ………………………………………………………………… 183

第5章　表現の自由を支えるもの …………………………………… 185

　はじめに ………………………………………………………………… 185
　Ⅰ　「人格権」という「人権」 ……………………………………… 186
　Ⅱ　Tortious Speech ………………………………………………… 188
　Ⅲ　自己統治と表現の自由との関連性 …………………………… 193

Ⅳ　Tortious Speech か Dignitary Torts か ……………………………… *198*
　　Ⅴ　マス・メディアの自由 ………………………………………………… *200*
　お わ り に ………………………………………………………………………… *208*

第6章　議会制民主主義における第4の権力
　　　　　――マス・メディアの位置と機能 ……………………… *211*

　は じ め に ………………………………………………………………………… *211*
　Ⅰ　自由主義国家におけるマス・メディアと議会の役割 ……………… *212*
　Ⅱ　自由主義国家におけるマス・メディアの意義と特徴 ……………… *217*
　Ⅲ　ジャーナリズムの意義と特徴 ………………………………………… *221*
　Ⅳ　マス・メディアに不利な表現権基礎理論 …………………………… *225*
　お わ り に ………………………………………………………………………… *230*

　事項索引（*235*）

表現権理論

第 1 章 「思想の自由市場」論の組み直しに向けて
——思想の自由市場か，知識の自由市場か

> 国家が私の統治者であるのはいい。だが私の批判者であってはならない。
> 　　　　J. ミルトン，原田純訳『言論・出版の自由』(岩波書店, 2008) 47 頁

は じ め に

（1）　アメリカにおける表現権理論の指導的研究者 F. シャウア（F. Schauer）は，「最もよく知られている修正 1 条の理論は，1919 年に始まった」という[1]。これは，*Abrams v. United States*, 250 U. S. 616, 630 (1919) における O. W. ホームズ（O. W. Holmes）裁判官の少数意見を指す。すなわち，修正 1 条に関する Free Marketplace of Ideas，定訳に従えば「思想の自由市場」として知られている見解である（本章は，しばらくの間，Free Market (place) of Ideas を「アイディアの自由市場」と表記しておき，通説的な捉え方を語るときには，意図的に「思想の自由市場」との表記による）[2]。

　ホームズ裁判官の有名なフレーズは，こうなっている。

> 「歴史は競いあう多くの信条（faiths）を覆してきた。このことを人びとが知ったとき，……望ましい究極の善（the ultimate good desired）は，アイディアの自由な授受（free trade in ideas）によってよりうまく達成されてきた，と確信するようになった。すなわち，真実か否かの最善のテストは，市場における競争において受容されるだけの力をある思想（thought）がもっているかどうかであること，また，真実こそ人びとの願いを安全に実現しうるための基盤であることを，人びとは確信してきたのである。いずれにせよ，これがわが国制の理論である。これは，人生すべてが実験であるように，ひ

---

[1]　F. Schauer, *Towards an Institutional First Amendment*, 89 Minn. L. Rev. 1256, 1278 n. 97 (2005)（以下，"*Institutional First Amendment*" と引用する）。

[2]　後の本文で述べるように，私は，free market (place) of ideas にいう idea は思想ではない，と捉えており，邦訳としては「知識の自由市場」が適切である，と考えている。が，しばらくの間，「アイディアの自由市場」と表記していく。

第1章 「思想の自由市場」論の組み直しに向けて

とつの実験である」[3]。

（2） このホームズの見解は，厳密にいえば，修正1条に関する法理論ではなく非法学的な——あえていえば，文学的な——アナロジーまたはレトリックに過ぎなかった[4]。ホームズの真意は，**政治的少数（反対）者の言明保護または自由な討議を通しての公民による自己統治を強調することにあった**[5]。にもかかわらず，ホームズの姿勢の底流には彼の経済市場理論または経済市場一般に対する信頼感がある，との理解が普及していった[6]。この理解のもとで，"ホームズの思考は経済自由市場における楽観的な「見えざる手」理論さながらだ"と批判されてきたのである。その実は，ホームズは経済市場における自由主義の否定論者だったのだ。このことは，労働時間制限を実体的 due process（契約自由）違反だと判断した Lochner v. New York, 198 U. S. 45, 53 (1905) において彼が「本日の裁判は，わが国の大部分が信奉しない経済理論を基礎としてしまっている」との反対意見を述べていたことからもうかがい知れる。

彼の真意がどうであれ，経済の自由市場とのアナロジーに訴えかけながらアイディアの自由市場を語るやり方は，建国以来の法文化の伝統（マディソニアン的表現の自由理論＝公民にふさわしい対話の自由擁護論）とも共鳴したこともあって，その後，最高裁判例においても[7]，学説においても，普及していっ

---

3) Abrams v. United States, 250 U. S. 616, 630 (1919) (Holmes, J., dissenting).

4) See J. Blocher, Institutions in the Marketplace of Ideas, 57 Duke L. J. 821, 824 (2008). なお，金井光生『裁判官ホームズとプラグマティズム』（風行社，2006）362頁以下は，ホームズの「思想の自由市場」をある「メタファー」として解明してみせる。その詳細をここでは論じないが，このメタファーと I. カント（I. Kant），C. シュミット（C. Schmitt），J. ハーバーマス（J. Habermas）等々の主張とを関連づけようとする金井の分析は，私にとっては，読み込みすぎだという感が強い。本章は，金井流の〈劇場〉と〈市場〉という類の「メタファー」に依拠するのではなく，経済市場との「アナロジー」を軸として分析する手法——ふたつの市場に何らかの類似性を見出して両者を対照してみる手法——によっている。

5) ホームズの姿勢がリパブリカニズムのそれであったことを指摘するものとして，See P. Lahav, Holmes and Brandeis: Libertarian and Republican Justifications for Free Speech, 4 J. L. & Pol. 451, 453 (1988).

6) See C. R. Sunstein, Democracy and the Problem of Free Speech 25 (1993). この C. サンスティン流の理解こそ，これまで，「思想の自由市場」と経済自由市場とを並列において，双方の弱点を性急にも指摘してきた多くの論調の基礎となってきた。後掲注10)もみよ。本章は，こうした論調には共鳴しない。

7) S. Ingber, The Marketplace of Ideas: A Legitimizing Myth, 1984 Duke L. J. 1, 2 n. 2（以後，"A Legitimizing Myth" と引用する）は，連邦最高裁が「思想の自由市場」を

た。そればかりか，アイディアの自由市場へのコミットメントが現行のコミュニケーション法規制にも影響している，とまで断定する論者すらみられる[8]。

(3) アイディアの自由市場という考え方は，その後，L. ブランダイス（L. Brandeis）裁判官によってやや精緻にされた[9]。これに共鳴した人びとは，ア

　論拠とした裁判例として，次のリストをあげている。Bd. of Educ. v. Pico, 457 U. S. 853, 866-67 (1982); Widmar v. Vincent, 454 U. S. 263, 267 n. 5 (1981); Citizens Against Rent Control v. City of Berkeley, 454 U. S. 290, 295 (1981); Consol. Edison Co. v. Pub. Serv. Comm'n, 447 U. S. 530, 537-38 (1980); FCC v. Pacifica Found., 438 U. S. 726, 745-46 (1978); Va. State Bd. of Pharmacy v. Va. Citizens Consumer Council, 425 U. S. 748, 760 (1976); Bigelow v. Virginia, 421 U. S. 809, 826 (1975); Miami Herald Pub. Co. v. Tornillo, 418 U. S. 241, 248 (1974); Red Lion Broad. Co. v. FCC, 395 U. S. 367, 390 (1969); Time, Inc. v. Hill, 385 U. S. 374, 382 (1967). その後の連邦最高裁判決のリストについては，Blocher, *supra* note 4, at 825 n. 7 をみよ。この連邦最高裁の姿勢を評して，「思想の自由市場」論をいつもデフォルトとして扱っている，ということもできるだろう。参照，山口いつ子「デフォルトとしての『思想の自由市場』」法時74巻1号 (2002) 16頁。同旨，*See* E. BAKER, HUMAN LIBERTY AND FREEDOM OF SPEECH 7-12 (1989).
　以上のリストのなかでも，最も特徴的なのはFCC規則にうたっていた「公平原則」(Fairness Doctrine) につき合憲と判断したRed Lion Broad. Co. v. FCC, 395 U. S. 367 (1969) である。*Red Lion* は，「修正1条の目的は，連邦政府によるものであろうと民間放送事業者によるものであろうと，市場の独占を賞賛するのではなく，究極的には真実が勝ち残る自由なアイディア市場を維持することにある」と明言する (*Ibid*. at 390)。さらには，その前後の脚注にはJ. S. ミル（J. S. Mill）の『自由論』からの引用がみられる (*Ibid*. at 392 n. 18)。が，*Red Lion* は同時に，「公的論争に関する言論は，自己実現を超えた，自己統治のエッセンスである」ともいっており (*Ibid*. at 390)，「自己統治」の価値をも重視しているかのようである。連邦最高裁は，政治的言論における自由市場を通して自己統治する，と考えているようである。*See* D. Bambauer, *Shopping Badly: Cognitive Biases, Communications, and the Fallacy of the Marketplace of Ideas*, 77 U. COLO. L. REV. 649, 701 (2006). なお，後掲注29)もみよ。

8) *See* Bambauer, *supra* note 7, at 651. この論攷は，「思想の自由市場」論が，表現の自由を援護する方向ではなく，(ア)言明者を限定するため，(イ)言明を規制・禁止するため，(ウ)営利的表現を規制するため，(エ)政治的言論であっても規制しうるとするため，(オ)メディア別に保障水準を変動させるため等々，言論制限の論拠としても用いられていることを見事に解き明かしてみせている。この論攷が論証しているように，「思想の自由市場」論が規範的に展開されたとき，あるべき言論市場の観点から言論を規制する正当化論ともなるのである。また，*See* P. Schlag, *An Attack on Categorical Approaches to Freedom of Speech*, 30 UCLA L. REV. 671, 727 n. 216 (1983). なお，後掲注29)もみよ。
9) L. ブランダイスはWhitney v. California, 274 U. S. 357, 375 (1927) (Brandeis, J., concurring) において，「思うがまま考え，考えるままに発話することは，政治的真実を発見し普及するためのなくてはならない手段である」こと（傍点は阪本），そのために必要なことは「沈黙を強いることではなく，more speech である」と述べた。このブ

イディアの自由市場なる「哲学」が修正1条の特別の地位を支えるものだと捉えた。これに対して，この「哲学」に批判的な論者は，経済市場の実態を引証しながら，ホームズ＝ブランダイスの「理論」の欠陥を浮かび上がらせようとした[10]。

この「理論」に批判的な論者は，経済自由市場での競争的環境が維持されれば良質の「商品」が勝ち残る，と説く経済理論の欠陥について，アイディアの自由市場論にも同質の欠陥がある，と強調した。ということは，この種の批判は，経済自由市場とアイディアの市場とをパラレルの関係に設定していることになる。換言すれば，この批判は，経済自由市場の「見えざる手」理論を修正1条に転用した「理論」がアイディアの市場理論なのだ，と位置づけたうえで，一方の経済市場の失敗例を引証して他方のアイディアの市場の失敗を「論証」したのである。かような批判者からすれば，経済自由市場がさまざまに失敗しており，しかも，自由競争の理論が現実から遊離しているように，"両立しがたい多くのアイディアが競争的環境に置かれれば，良質の知識または真実が勝ち残る"とする理論の柔さ・甘さは明白だ，というわけだ[11]。

> ランダイス同意見も，**真実への到達を説いたものではなく，公民としての自己規律に期待した思考**だった。このことは，上の引用文にみられる「政治的真実」にうかがえる。ホームズがJ. S. ミルの自由主義に影響されていたとすれば，ブランダイスは公民としての徳を重視するリパブリカンだった。See Lahav, *supra* note 5. ということは，このふたりを"ホームズ＝ブランダイス"とまとめ上げることにわれわれは慎重でなければならない。が，本章は，この違いを論ずるものではないので，両者の違いに拘泥しない。

10) F. SCHAUER, FREE SPEECH: PHILOSOPHICAL ENQUIRY 16 (1982) は，ホームズのいいたいことは，経済自由市場の「見えざる手」理論だった，とコメントしている。本章は，このコメントに疑問をもっている。前掲注6)もみよ。

11) アイディアの自由市場を経済市場とパラレルに理解する，とは，次のような両市場の対称性を説く見方をいう。「消費者が活気あるバザーに出店された商品を検査し比較したうえで最良と思われるものを購入する過程のように，アイディア（または信念＝ belief，知識）を熟慮の過程を通して自由に比較検討すれば良質のアイディアが生き残る（または進化する），それゆえ，政府による介入は不要だ」。See Bambauer, *supra* note 7, at 652 ; S. Ingber, *Rediscovering the Communal Worth of Individual Rights: The First Amendment in Institutional Contexts*, 69 TEX. L. REV. 1, 16 (1990). 以後，"*Rediscovering the Communal Worth*" と引用する。こうした理解の背景には，「経済市場における自由放任政策」への不信感が隠されている。

これに対して，ノーベル経済学賞受賞者であるR. コース（R. Coase）は，「知性人は知識の自由市場を賞賛し，経済市場を低く評価する傾向を示している」と苛立ってきた（⇒第4章）。R. Coase, *The Market for Goods and the Market for Ideas*, 64 AM. ECON. REV. 384, 385 (1964). 以後，"*Market for Goods*" と引用する。また，See R. Coase, *Advertising and Free Speech*, 6 J. LEGAL STUD. 1, 27 (1977). 以後，"*Advertising*" と引

はじめに

　良質の商品が経済市場でも勝ち残るわけではない，という具体例を列挙することは簡単だった。また，経済市場が一般均衡状態には至らないことや，その機能不全の例を指摘することも簡単である。世界恐慌を体験し，その後のニューディール政策（政府の市場介入）によって立ち直ったかにみえるアメリカ社会では，経済学においては「レセ・フェール政策」への信頼度も確実に揺らぎ，「見えざる手」理論への信頼は地に落ちていった。法学における Progressives（改革派）がこれに力を貸した。

　(4)　たしかに，1930年代となると，経済学の潮流も変わり，市場や自由競争の捉え方も大きく変質した。今日の経済学の用語でこれを特徴づければ，「市場の失敗」(market failures) を理由とする市場への政府介入と，市場の適正な秩序を計画的・人為的に作り出すための政府による有効需要創出を容認する経済学の隆盛である。ひと言でこれを言い直せば「自由競争への不信感」を露わにする経済学の隆盛である。

　この経済学における論調の変化に伴って，法学者を含む社会科学者は経済学の視点を利用してホームズ＝ブランダイスの「思想の自由市場」の弱点をついた。彼らの「理論」は，あまりに理想的な市場を念頭に置く楽観的比喩または神話だったのだ，というわけだ。経済学の視点はともかく，たしかにこの比喩が楽観的であったことは否めない。

　(5)　法学，なかでも憲法学に限っていえば，アイディアの自由市場論の衰退は，同論とあたかもセットであるかのように説かれてきた「明白かつ現在の危険」テスト (Clear and Present Danger Test) が変質したこととも関連している。ここでの詳論は避けるが，「明白かつ現在の危険」テストに関する連邦最高裁判例は，言論のもたらす害悪が重大であるほど，明白性・切迫性の要件を緩和させてしまい，結局のところ，害悪の重大性と害悪発生の明白性とを衡量して「保護される言論／保護されない言論」の結論を得る手法へと変質した。これは，同テストが「法準則」(legal rule) としての切れ味をもたない，個別的利益衡量論の一手法になったことを意味していた[12]。

　　用する。さらに，「法と経済学」に通じている R. エプシュティン (R. Epstein) も「精神（表現）／経済」二分法を否定して，政府の権力を警戒しこれを常に懐疑の目で見ておくべきは，表現の自由も財産権も同質のはずである，と論じている。*See* R. Epstein, *Property, Speech, and the Politics of Distrust*, 59 U. CHI. L. REV. 41 (1992).

12)　*See* D. Farber, *The Categorical Approach to Protecting Speech in American Constitutional Law*, 84 IND. L. REV. 917, 921 (2009)〔「保護されない言論／保護される

(6) アメリカ憲法学における表現権理論の特徴は，個別的利益衡量論を可能なかぎり避けようと格別の努力を展開してきている点にある[13]。政府による表現規制が萎縮効果を与えないためには，事前の予測可能性と法的安定性が確保されていなければならない，というわけである。連邦最高裁と学界とは，この点に留意して，結論を誘導する力（定型化された要件）をもつ「法準則」を作り上げようとしてきたのである（⇒第3章Ⅱ1）。法準則の確立までに至らないとき，利益衡量のやり方を教導する「司法審査基準」（大きくは，三つの審査基準）が用いられる。三つの審査基準について，ここで論ずる必要はなかろう。

「明白かつ現在の危険」テストは，当初，法準則だと期待された。ところが，判例上そうではなくなった。となると，同テストとセットであるかのように位置づけられてきたアイディアの自由市場論も学界においては評判を落とすこと，必定となる。

(7) それでも，連邦最高裁判例は，アイディアの自由市場論に依拠し，表現の自由の特別な地位を語り続けている[14]（本書は，民主プロセスと表現の自由との関連性を強調する最高裁判例もアイディアの自由市場論の亜種だとみている[15]。この点については，後にふれることがあろう）。連邦最高裁にとっては，アイディアの自由市場論のもつ説得力は依然として不動のようである[16]。なるほど，連邦最高裁が同論の力と論拠をアカデミックに探求することはない。その探求は法学の徒に任せているかのようだ。が，個別的な最高裁判例が同論を展開する

言論」，「低価値言論／高価値言論」という範疇化の論拠を経済学の視点から解明する論攷）。以下，"The Categorical Approach" と引用する。わが国における「明白かつ現在の危険」テストの見直しについては，参照，奥平康弘「表現の自由」『日本国憲法体系第七巻 基本的人権Ⅰ』（有斐閣，1965）1，124頁，佐藤幸治「明白かつ現在の危険」小嶋和司編『憲法の争点〔新版〕』（有斐閣，1985）80頁。

[13] See, e.g., G. Stone, Free Speech in the Twenty-First Century: Ten Lessons from the Twentieth Century, 36 PEPP. L. REV. 273, 275 (2009); F. Schauer, The Exceptional First Amendment, in M. IGNATIEFF (ed.), AMERICAN EXCEPTIONALISM AND HUMAN RIGHTS 29ff. (2005).

[14] 前掲注7)をみよ。

[15] 政治的な言明はあつく保護されなければならない，という思考が「**思想の自由市場論の政治版**」だと指摘する論攷として，See, Bambauer, supra note 7, at 701 ; Ingber, Rediscovering the Communal Worth, supra note 11, at 16. こうした理解の背景には「経済市場」における自由放任政策」への不信感が隠されている。また，前掲注11)およびその本文もみよ。

[16] 前掲注7)をみよ。

とき，"何かがある"と私は感じている。

連邦最高裁がアイディアの自由市場論を口にするときの"何か"が言論擁護的な基本姿勢だろうと期待するのは早計である。同論は明確な輪郭と論拠に欠けているぶん，いかような方向にでも利用できるのである（実際，連邦最高裁判例は，擁護の方向にも制約の方向でも，同論を用いてきている）。

I 「思想の自由市場」批判の論拠は何にあるのか

(1) 「思想の自由市場」が，アカデミックな分析に耐えうるものかどうかの査定にあたっては，法学のみならず，経済学，認知心理学，哲学の知識を要する。ある論者が的確にも指摘しているように，「思想の自由市場」という考え方は，いくつかの学問領域の境面に位置しており，学際的に追究されなければならないところである[17]。

本章は，これらの領域すべてに目配りするものでは決してない。が，学際的な知識を通観するかぎり，ホームズ流の説き方に賛同する論者は皆無に等しいといってよい。

経済学のみならず，諸人間科学——行動科学，認知心理学，情報科学，大脳生理学等々——は，人間の情報行動が，ホームズと同時代の法学者の知らない特徴を示していることを明らかにしてきた。経済学の批判は，後にふれるとして，これ以外の学問分野をみると，認知心理学からは，「思想の自由市場」論は人間の情報処理における諸々のバイアスを無視する楽観論だと批判され[18]，行動科学からは，人の情報処理の実態・現実を反映していないと批判されるしまつである[19]。

法学の諸分野をみれば，アメリカにおける修正1条の研究者は，「思想の

---

[17] *See* A. Goldman & J. Cox, *Speech, Truth, and the Free Market for Ideas*, 2 LEGAL THEORY 1, 3 (1996).

[18] *See* Bambauer, *supra* note 7〔思想の自由市場は，魅力的であるが誤りを含んでいる。この理論は，理性を信奉する啓蒙思想に影響されており，認知心理学の知見とはかけ離れている。個人の情報処理にもキャパシティ上の限界があり，また，社会構造的なバイアスから自由ではないことに配慮しない「思想の自由市場」論は大いに疑問である〕。Goldman & Cox, *supra* note 17, at 9 もあわせ参照。

[19] *See, e. g.*, Ch. Jolls, C. Sunstein & R. Thaler, *A Behavioral Approach to Law and Economics*, 50 STAN. L. REV. 1471, 1473 (1998)〔行動科学の成果に依拠しつつ，人間の知識の非合理的な性質を論証する論攷〕。

自由市場」理論はあまりに原子論（個人を要素的な単位とみているという意味で，あまりに個人主義）的だと批判的で[20]，フェミニズム法学は，原子論的な自由を強調し過ぎて社会構造との関連を捉えていないと批判的で[21]，さらに，進歩派法学者は，思想の自由市場における権力格差（または情報独占）を看過していると批判的である[22]。

(2)　先にもふれたように，アイディアの自由市場論への批判は，経済自由市場にみられる「レセ・フェール政策」への批判と平行して展開されてきた。経済自由市場の批判的な論者が，市場におけるリソースの偏在，「強者による独占」，富の格差等をすぐ口にするように，アイディアの自由市場論の批判的論者は，通常，コミュニケーション・リソースの偏在・不均衡（格差）に敏感に反応してきた[23]。アイディア市場での自由は，真実の表明の自由というより，富める話者のための自由だ，という批判である。すぐ前にあげた情報独占批判もこの流れに属する。この批判は，経済学の用語で言い換えれば，「市場の失敗」の一定の要因を強調（誇大視）する立場である。たしかに，経済市場は不

---

[20] たとえば，F. Schauer による，次の一連の論攷を参照。Schauer, *Institutional First Amendment, supra* note 1; Schauer, *Principles, Institutions, and the First Amendment*, 112 Harv. L. Rev. 84 (1998); Schauer, *The Role of Institutional Context in Constitutional Law : Institutions as Legal and Constitutional Categories*, 54 UCLA L. Rev. 1747 (2007)（以後，"*Institutions as Legal Categories*" と引用する）。

[21] *See* C. MacKinnon, Only Words 30-31 (1993).

[22] *See* Ingber, *A Legitimizing Myth, supra* note 7, at 6 ; J. Barron, *Access to the Press —— A New First Amendment Right*, 80 Harv. L. Rev. 1641 (1967)〔「思想の自由市場」論はロマンティックな発想である〕。こうした「思想の自由市場」論批判が，対等な参加者（個人）間の対話イメージに訴えかけていることのほうこそ，私にとっては，ロマンティックな発想である。この点については，Ⅱの3の本文を参照。

[23] *See, e. g.,* D. Bush, *The "Marketplace of Ideas" : Is Judge Posner Chasing Don Quixote's Windmills ?*, 32 Ariz. St. L. J. 1107, 1114-16 (2000). 市場における表現リソースの偏在を懸念する視点は，一部，連邦最高裁にも影響を与えている。*See, e. g.,* FEC v. Mass. Citizens for Life, Inc., 479 U. S. 238 (1986)〔選挙運動の制限規定を非営利団体に適用するかぎりで違憲である〕。この判決において W. ブレナン（W. Brennan）裁判官は，政治的な自由な交易（political free trade）というフレーズを用いながら，経済市場に偏在するリソースが公正な政治市場を汚染するかもしれない，という。が，このブレナンの論拠づけがなぜかような結論に至るかについては，今でも論争されつづけている。なお，連邦最高裁判例は，言明者が誰であるかを問うことなく，憲法判断するのが通例である。最高裁は，特殊な媒体（メディア）を使用する場合，または，選挙運動での言明の場合には，例外的に，言明者の置かれている地位を斟酌している。*See* Schauer, *Institutions as Legal Categories, supra* note 20.

完全であり，ときに機能不全を起こし失敗することもある。が，独占，情報の非対称性，公共財の生産・供給等の「市場の失敗」が，どこまで，経済理論からの批判として一般化できるかは，慎重な検討を要するところである[24]。

(3) 情報独占，情報格差，そして，権力格差を強調しつつアイディアの自由市場の弱点を暴こうとする論調は，その論者による通常の経済市場の捉え方と不即不離の関係にある。

通常の経済市場に対するネガティヴな評価には，大きく分けてふたつの流れがある。

ひとつは社会主義的または社会民主主義的な立場からの批判，いわゆる左派からの批判である。この立場は，もともと，私有財産制に警戒的であり，そのなかには，経済自由市場を弱肉強食イメージで捉える極端なものから，形式的自由のみの保障の場だとみるものまで，多種多様である。この左派にとっては，経済市場という制度そのものが弱者を搾取するところに成立している反倫理的な色合いをもっている，と映る（⇒第4章V）。市場に現れた情報独占に関しても，この立場は，独占状態（競争の結果の秩序）それ自体——独占を作り出す行為ではなく——を反倫理的だとみて，この状態を「改善」しなければならないと説く。

もうひとつの立場は，近代経済学の枠内にとどまりながら，経済自由市場における需要と供給の自動的調整機能の限界をつく立場である。

これらの見方に影響された法学者は，経済自由市場の欠陥をアイディアの市場に投射したうえで，"経済市場における自由競争がかくかくであるように，表現市場におけるアイディアの自由競争がこれこれに帰結するとする理論は神話である"と結論づける傾向にある。

---

[24] "情報は公共財だ"とよくいわれる。が，今日，多数の情報は，情報財となり，しかも，私的財となっている，と私は思う。というのも，情報を生産し供給するには経済資源が投入されているのが，自由経済体制においては通常だからである。たとえば，かつては"天気予報は公共財の1例だ，この情報は自由市場では生産・提供されがたく，だから政府（気象庁）が生産・提供するのだ"といわれたものの，今日では提供方法さえ工夫すれば市場において私的財として取引されうることになった。この事実に留意すれば，情報は情報財という経済財として法的保護を与えるべきだ，という規範的主張は説得的である。また，自由経済体制の法制は，多種類の情報を財産（property）として保護している。ということは，法的分析の出発点は，情報の公共財性ではなく，経済財ではあるが一般の経済財とは異なる性質をもっている，という視点ではないか，と私は着想している。この点については，後の本文Ⅱの3をみよ。

こうした傾向に対して，アメリカのある論者は「法学界は，アイディアの市場理論を『神話』と決めつけるが，経済的な比喩に対する有効な代替案を展開してみせてはいない」[25]と冷静に指摘している。これは，A. スミスのいう「見えざる手」理論をイメージしながら「思想の自由市場」を神話だと決めつけている法学界の軽さを批判したものであり，私にとっては痛快である。経済学者や社会哲学者が，経済自由市場の果たしている機能を「見えざる手」理論で片付けているはずはないのである。

　(4)　アイディアの自由市場というレトリックがひとつの理論として成立するだけの中身をもっているかどうか，この「理論」が経済学のいう市場理論と同型または対称性をもつかどうか，経済学にみられる経済市場批判がアイディアの自由市場論にどこまで妥当するか等々の課題は慎重に検討されなければならない。これをしないまま，"アイディアの自由市場は神話だ" "アイディアの自由市場は強者に支配されている" と断定することは避けなければならない。経済市場を経済学的な用語で経済学的に批判したうえで，この批判点をアイディアの自由市場論に反映させ，そのうちの有効な視点を洗い出すことが必要である。

　もっとも，経済の領域における「市場の失敗」の見方そのもの，さらには，それへの処方箋は経済学者のなかでも多様である。ということは，「法と経済学」の双方に通じた論者であっても，アイディアの自由市場における「市場の失敗」の捉え方も処方箋も区々となること，必定である。本書は，無数にあるかもしれない考え方のうち，経済学における「新制度派経済学」（New Institutional Economics．または「新制度学派」⇒第4章Ⅷ）のそれに依拠してアイディアの自由市場論を再検討へと繋げていくつもりである。

　(5)　経済市場に対する従来の捉え方は楽観的過ぎると批判したのが新制度派経済学である。従来の捉え方とは，市場の完全競争状態，消費者の完全情報状態，人の合理的選択能力，そして，市場の一般均衡を説いてきた「新古典派経済学*」のことである。

　　*「新古典派経済学」=新古典派に属する著名な人物としては，古い世代ではA. マーシャル（A. Marshall），L. ワルラス（L. Walras），比較的新しい世代ではM. フリードマン（M. Freedman）があげられる。「新」と呼ばれる理由は，A. スミス（A. Smith），D. リ

---

[25] Blocher, *supra* note 4, at 837.

カード（D. Ricardo）の流れを汲む古典派経済学に新たに取って代わって登場したことによる。この交代の時期は，古典派が分解した1870年代に求められている。もっとも，「新古典派」というタームが経済学文献に広範に使用されているにもかかわらず，この学派の特徴についての見方にコンセンサスはなく，論者によっては，オーストリー学派（⇒第4章Ⅶ）までこれに含めるものもみられる。

　一般的には，新古典派の特徴として，経済人の合理的行動仮説（完全情報状態に置かれた個人は，自己の選好に従って，期待される効用を最大化する合理的行動に出ること）および一般均衡中心の理論体系があげられる。

　新古典派理論への経済学界での批判は多様かつ強力である。論者によっては，「新古典派は息の根を止められた」というものもあるが，現実には，批判点を修正して——人間の合理性を緩和させたり，完全情報の仮定をゆるめたりして——生き残っているともいわれている。

"アイディアの自由市場論を展開している法学者の思考は楽観的過ぎる" とする法学者内部から寄せられる批判は，新古典派経済学の説く市場理論をアイディアの自由市場論に移し替えたものではないだろうか，これが私の本章を執筆する動機でもある（マルクス主義からの批判は私の主たる関心事ではない）。

Ⅱ　「思想の自由市場」論の組み直しへのいくつかのステップ

1　組み直しの方向

(1)　私たちは，これまで，「アイディアの自由市場と経済自由市場との異同についての分析が浅すぎる」[26] 状態のまま，ときに，経済自由市場を批判し，ときに，「思想の自由市場」を批判してきたのではないだろうか。

　私は，本章および第4章を通して，経済学の有力な学派である「新制度派経済学」が展開してきている「修正された経済自由市場」理論への突破口を開こうとしている（「修正された経済自由市場」は私の造語である）。この作業を通して，経済自由市場の捉え方を変えれば「アイディアの自由市場」理論も説得的となる，と私は議論を展開していくつもりである。「思想の自由市場」論の組み直しである。

(2)　この組み直しのためには，いくつかのステップを踏まなければならない。組み直しにあたっての筋道は，こうである。

---

[26] *See* R. H. Coase, *Market for Goods, supra* note 11, at 384〔法学者の分析は最高裁先例の見解にウエイトを置きすぎ，経済学的な分析視点に欠けている〕。また，*See* Blocher, *supra* note 4, at 837.

《主観的権益である表現の自由の価値は，当該主体を中心にして論じるのが適切であるか，それとも，本人にとっての価値は勿論のこととしつつ，主体を越えた価値をも射程に入れて論ずべきか？》

　表現行為が表現主体にとって，一定の価値・機能をもっていることを重視する立場を，「主体理論」と呼ぶことにしよう。他方，表現行為は，当該主体にとってのみならず，n人にとって一定の価値・機能をもっていることを重視する立場を「客観理論」と呼ぶことにしよう。

　私の本章執筆のねらいは，第1に，《表現権理論は，個人的・主意主義的なもの，すなわち，主体理論だけでは不十分であり，社会的な視点を取り入れた客観理論をも射程にしたものでなければならない》とする主張を押し進めていくこと，第2に，「客観理論」でいう社会的視点を《民主制に絞るべきではない》と論ずることにある。

　「個人主義的・主意主義的」の意味するところ，「社会的な視点」の意義についても，本章および第4章が次第に明らかにしていく。この解明にあたって鍵となるタームが「制度」（institution）である。制度と区別されるべき「組織」（organization）も，もうひとつのキー・タームとなっている。本章および第4章は，これらのキー・タームによって，日米の表現権理論にみられる近代啓蒙の個人主義・主意主義に彩られた「主体理論」に風穴を開けようとするのである。

　(3)　通説的な表現権理論を批判する本書は，基本権それ自体の基礎理論についても通説とは異なる視座をもっている。その概要は，次のとおりである。

　第1。日米ともに基本権理論それ自体が近代啓蒙の個人主義・主意主義に傾斜しすぎている[27]。その影響が表現権理論にも反映されている[28]。

---

27)　アメリカにおけるアイディアの市場理論が人間の理性的な判断能力を信頼する啓蒙思想と，政府の権力に対する懐疑に浸潤されていることを指摘するアメリカの論攷として，See, e. g., Bambauer, *supra* note 7, at 654. 政府権力に対する懐疑も，近代啓蒙思想のひとつの特徴だろう。

28)　表現の自由領域に影響を与えている近代啓蒙の思想は多様であって，特定の思想的潮流を摘示することは危険であるが，本章は，この影響をJ. S. ミルの次の一文に典型的に見いだしている。

　　「全体として，人類の間に合理的な意見と合理的な行為とが優勢を示しているのは，なぜであろうか？　……それは，知的存在もしくは道徳的存在としての人間における尊敬に値する一切のものの源泉であるところの，人間精神の一つの特性——即ち人間の誤りは正すことができるものであるという特性——に因るのである」。J. S. ミル，塩尻

II 「思想の自由市場」論の組み直しへのいくつかのステップ

　第2。基本権理論が主体理論となる哲学的な背景は,「人間の尊厳」または「人格的価値」を強調し首肯する新カント学派の思考にある。この新カント学派的思考が表現権理論における自律理論に一部反映されている（自律理論については，すぐ後にふれる。私には，自律理論の提唱者が新カント学派的思考によっているかどうか定かではない。自律なる用語は，正確な定義を欠いたまま，乱発されているように私にはみえる。この点についても後にふれる）。

　第3。個人主義的憲法学は，基本権を支えるに不可欠な制度や組織の機能を適切に評価していないし，その意義を理解しているとはいいがたい。制度についていえば，憲法学は，この用語を明確に定義しないまま，さらには，その捉え方すら明確にしないまま，濫用してきている。また，組織についていえば，個人主義発想に影響されて，「法人の人権」すら否定する見解が憲法学界においては有力である。この現状では，制度と組織の適切な評定は不可能といってよい。憲法学における制度保障理論の正確な理解も不可能となろう。

　(4) わが国の通説的な表現権理論は，アイディアの自由市場論に批判的であり，自律という主体の能力を重視する個人主義的な色合いを濃くしてきている。この事情は，アメリカの表現権理論においてもみられるようである[29]。本章

　　公明＝木村健康訳『自由論』（岩波書店，1971）44頁。
29) シャウアの視点とは異質であるが，個人を主体とする従来の表現権理論を批判する論攷として, See Ingber, *Rediscovering the Communal Worth*, supra note 11, at 3.
　　アメリカの表現権理論，なかでも，連邦最高裁判例が，前掲注23）でもふれたように，"言明者のアイデンティティを識別せず，何がいわれたか" に焦点を当て，これの保障の有無，保障の程度を論じてきたことは，わが国にもよく知られている。連邦最高裁判例が，ジャーナリストやマス・メディアといえども原則として通常の私人と同じ修正1条上の保護を受ける，としてきたことも，本文でいう個人主義的解釈と関連している。この最高裁判例の流れのなかで例外となっているのが前掲注7）でふれた *Red Lion* である。*Red Lion* は，当事者の一方の放送事業者に保障されるべき表現の自由を相対化するかのように，「至上なのは視聴者の権利であって，事業者の権利ではない」という有名なフレーズを残した。
　　わが国では，芦部信喜『憲法学Ⅲ 人権各論(1)〔補訂版〕』（有斐閣，2000）246頁がいうように，「言論の自由の保障の主眼が受け手の権利（知る権利）の保護にあることを謳う画期的な判決」とこれを評するのが一般的だろう。この理解も，電波プレスの自由という組織体の自由を語ることを避け，「人格的価値としての出版の自由→人格的発展のために必要な，個々人の受領の自由」に焦点を当てる21条解釈と関連している。参照，芦部・同書243頁。
　　これに対して，前掲注20）にあげたシャウアの一連の論攷は，放送事業者のこうした位置づけに反対している。なぜなら，「視聴者の権利」というフレーズは放送事業者の自由を相対化するためのトリックにすぎない，と彼はみるからである。私はシャウア

の冒頭に名をあげたアメリカの表現権理論研究者 F. シャウアは，"これまでの**表現権理論が道徳的権利（moral right）を基盤とする個人的権益としての側面を強調しすぎてきた**"と明言する（わが国の法的タームでこれをいうとすれば「表現権理論が個人〔自然人〕の人格または人格性に依拠する理論構成になっている」ということである）。シャウアは，この従来の表現権理論に抗して，プレスという組織の果たしている表現活動とその影響を直視すべきだ，と提言している[30]。本章および第4章は，わが国の通説的な表現権の基礎理論も組織と制度の分析に欠けているとみる点で，このシャウアの視点に強く共鳴している。が，彼の分析には，制度，制度とは異なる組織，そして，制度と組織からなる市場という視点が残念ながら欠けている（シャウア理論には，「組織／制度」の区別も，経済学的な切り込みもない）。

2　T. エマスン理論の通説への影響

（1）　わが国の通説的な表現権理論（あるいは教科書的解明）は，表現の自由の「優越的地位」の論拠として，自己統治と自己実現をあげている[31]。この立場は，T. エマスン（T. Emerson）のあげた「4つの機能（functions）」[32]，

の見方に賛成である。この実在もしない視聴者というアイデンティティに言及しながらこれに権利の主体性を付与し，他方で，放送事業者という組織体については，そのアイデンティティゆえに，**その享受すべき自由を相対化する *Red Lion* を私は，最悪の判決**だと評定している。*Red Lion* は，「思想の自由市場」論を規範的に用いた典型例である。「思想の自由市場」論の規範的な論じ方については，後の本文Ⅱの3もみよ。

　Bambauer, *supra* note 7, at 654 が指摘しているように，本来，自由闊達で勇猛果敢な討論を保護しようとしてきた「思想の自由市場」論が規範的に用いられるとき，裁判所は，問題の言明は低価値情報に属するとか，または，全く価値のない情報だ，と断定しがちとなる。これは，自由市場論の換骨奪胎である。

30) See Schauer, *Institutional First Amendment*, *supra* note 1. また，Ingber, *Rediscovering the Communal Worth*, *supra* note 11, at 9ff. も参照せよ。
31) 参照，佐藤幸治『憲法〔第3版〕』（青林書院，1995）524頁，芦部・前掲注29）『憲法学Ⅲ　人権各論(1)〔補訂版〕』248～261頁，渋谷秀樹＝赤坂正浩『憲法1 人権〔第4版〕』（有斐閣，2010）144～145頁，高橋＝高見＝中村＝野中『憲法Ⅰ〔第4版〕』（有斐閣，2006）337頁。また，芦部信喜＝高橋和之補訂『憲法〔第4版〕』（岩波書店，2007）165頁，高橋和之『立憲主義と日本国憲法〔第2版〕』（有斐閣，2010）186頁は，自己実現の価値と自己統治の価値だけをあげている。
32) See T. Emerson, *Toward a General Theory of the First Amendment*, 72 HARV. L. REV. 877 (1963). T. I. エマースン，小林直樹＝横田耕一訳『表現の自由』（東京大学出版会，1972）。また，芦部・前掲注29）『憲法学Ⅲ　人権各論(1)〔補訂版〕』249～252頁もみよ。

II 「思想の自由市場」論の組み直しへのいくつかのステップ

すなわち，(1) 個人の自己充足（Individual self-fulfillment），(2) 真理への到達（Attainment of Truth），(3) 政策決定への参加（Participation in Decision-Making），(4) 社会の安定と変化の間の均衡（Balance Between Social Stability and Change）を，ふたつに——第3のものを A. マイクルジョン的なタウン・ミーティングにおける対話イメージへと引きつけたうえで[33]——絞り込んだものである。

たしかに，エマスンのいう4つの機能は羅列主義的または主体理論と客観理論との合成・折衷のようであって，基軸を欠いているとの批判を避けがたかった（この難点は，アメリカの多くの評者によって指摘されてきた[34]。また，わが国においては，いち早く奥平康弘が指摘したところである[35]）。

エマスン理論の難点に気づいた段階で，わが国の憲法学の通説は，エマスンのいう4つの機能のうち，「思想の自由市場」論と「社会の均衡・安定」の側面を背景に押しやったのである。

(2) わが国の通説が「社会の均衡・安定」を背景に押しやる理由は私にも理解できる。この価値・機能は，「自己統治」の均衡点でもあり，「思想の自由市場」における真実到達点でもあるとみることができ，重複しているからだ。こ

---

[33] *See infra* note 61. なお，Emerson, *supra* note 32, at 882-883 は，わが国通説のいう「自己統治」機能に限定することなく，こう主張している点には留意を要する。

 (i) 共同社会の全構成員は，公開討論を通して意思決定される過程に参加できなければならない。表現の自由は，この機会を提供する。

 (ii) 表現を通して上の意思決定に参加することは，個人的な権利としての表現の自由にとどまらず，社会的善のための自由でもある。

 (iii) 社会的善のための表現の自由は，政治的決定に関して特に重要である。

 (iv) しかしながら，この自由は政治の領域だけではなく，すべての文化を創りあげていく過程にまで及び，それは，宗教，文学，芸術，科学その他人間の知識の習得すべてを含む。

 (v) これらの活動のなかでも，政治的領域における表現の自由は，それ以外の自由を確保するうえでの必要条件である。

 (vi) 政治領域における表現の自由は，被治者の同意を統治権力の正当性の基礎としている政治体制を作動させるに不可欠である。

[34] 私の管見に属するかぎり，1990年代以降のアメリカでの表現権理論は，もはや T. エマスンのテーゼを基礎としてはおらず，実に多様な論拠づけを試みている。総じていえば，その論議は，「帰結主義／非帰結主義」の軸に従いながら，理論展開されているようにみえる。*See* S. Brison, *The Autonomy Defense of Free Speech*, 108 ETHICS 312 (1998). 1990年の論攷である Ingber, *Rediscovering the Communal Worth*, *supra* note 11 は，真実探求，自己統治，自己実現の3つをあげ，それぞれについての論拠の弱さをついている。

[35] 参照，奥平康弘『なぜ「表現の自由」か』（東京大学出版会，1988）18頁以下。

れに対して，通説が「思想の自由市場」論を背景に押しやった論拠は私には定かではない。たとえば，芦部信喜『憲法学Ⅲ　人権各論(1)〔増補版〕』(有斐閣，2000)をみれば，ある箇所は[36]，《真理の発見および社会的安定という価値は，自己実現と自己統治の価値から派生するものだ》と説いているかと思えば，別の箇所では「自己実現も自己統治も，『思想の自由市場』を前提条件としている」[37]という。派生なのか前提条件なのか，この論理展開は私には理解困難である。

次に，佐藤幸治説をみれば，真理への到達および社会の安定・変化の価値を「近代憲法原理を支える信条ないし仮説の体系とも称すべきもの」[38]という。

私からみれば，「自己統治」と「自己実現」こそ，近代の啓蒙が説き続けてきた「仮説の体系」である。

(3)　通説のあげる自己実現と自己統治とのロジカルな関連性は明らかではない[39]。前者は非帰結主義的な主体理論であり，後者は主体を超えた帰結主義的な客観理論のはずであり，異質なふたつが並列されている。また，視点を変えれば，前者はI. カント (I. Kant) の道徳理論，後者はJ. ルソー (J. Rousseau) のナイーヴな政治理論であって，通説は両者を並列しているように私にはみえる。通説には両者を架橋する理屈が抜け落ちているように思われてならない。ふたつの焦点をつなぎ合わせる視点に欠けているのである。ひょっとすると，人が自律的な存在となって自己統治も可能となる，そう，ルソーのひそみにならっていえば，"私人が一人前の公民となって積極的政治参加するところに自己統治がある""公民としての自己実現のなかにこそ自己統治がある"といいたいのかもしれない。あるいはこの逆順で，J. S. ミル (J. S. Mill) のように

---

36) 参照，芦部・前掲注29)『憲法学Ⅲ　人権各論(1)〔補訂版〕』252頁。
37) 芦部・同書253頁，傍点は原文のまま。
38) 佐藤幸治・前掲注31)『憲法〔第3版〕』514頁。
39) 芦部・前掲注29)『憲法学Ⅲ　人権各論(1)〔補訂版〕』255頁は「それ（自己実現と自己統治の価値の関係＝阪本）は，表現の自由の理論をめぐる最大の問題点の一つと言っても過言ではない」という。この点に関する芦部の結論は，「自己実現の価値を基本においた自己統治の価値によって支えられている，とみるのが妥当であろう」(259頁。傍点は原文のまま)と述べられ，さらに，「自己統治の価値によって保護される思想・情報の範疇と自己実現の価値によって保護される思想・情報の範疇とは，互いに一致しており，……二つの価値を重なり合うものと解する立場といってよい」という (260頁)。主体に関わる価値が客観的な価値と一致する，というこのロジックには論証がなく，私には理解不能である。

"政治参加することを通して人間は人格を磨き自己発展する"“自己統治のなかになかにこそ自己実現がある”といいたいのかもしれない。これでは，まるで「徳の共和国」を追い求めているようで，リベラリズムに基礎を置く表現権理論ではない。共和主義(リパブリカニズム)の理論である。

通説のいう「自己統治」なる奇妙な言葉が，ふたつの機能の異質さを隠蔽しているかもしれない。つまり，自己統治とは，単に善き民主政治という帰結主義的な価値のことではなく，個々人が善き主権者となる，という主体に関わる価値をも含むところの，共和主義的構想だ，というわけである。が，いずれにせよ，こうした人間の見方，統治の捉え方は，過剰なロマンティックな理念に潤色されている。ルソーの「徳の共和国」構想がそうであったように，共和主義的な表現権理論は市井の人びとを窒息させる負荷をもっている。

3 通説のいう「自己統治」と，それを実現するための条件

(1) 通説は，こういいたいのかもしれない。

> 《個々人の自己実現とは自己表現を通して自己と他者とが何であるかを理解していくことであり，これは，理性的な対話に基づく統治の前提条件をなしている》

上の命題をもう少し解析すれば，こうなるだろう。

自律した個々人が情報を得れば informed citizens となる，そうなった人びとが統治関連情報につき熟慮し合理的に平等な立場で対話しながら集団的意思決定すれば，総員の選好と集団的選好との間の離齬を最小化する統治が実現される，これを実現するための表現の自由保障である。

平等な市民による対話型民主主義理論は，個々人が関連情報を収集し，これをめぐってエネルギーと時間を投下し自律的に討議していけば，望ましい集団的意思決定に至るだろう，と期待する理論である。《個々人の熟慮，つまりは，自由で平等な公民による熟議による意思決定が，価値を与える（望ましい社会的価値を生み出す）》といいたいもののようである。まさにルソーの社会契約論での構想と同質の見方である（通説は，この点に気づいていないのかもしれない）。

ところが，熟慮をめぐらしながらの討議は望ましき結論に到達するとは限らないばかりか，討議があまりに紛糾しかえって不合理な結論を生み出すかもしれない（K. アロー〔K. Arrow〕の一般不可能性定理が示すように）。結論に至る前に，相当数の人びとは，この取引費用（transaction cost ＝情報入手方法・ルート

の検討，情報の精度測定等に要するコスト）を目の前にして，討議から退却するという戦術を選択するだろう。この選択は，通常の人びとの最も合理的な対処法である。フリーライドする人びとは，統治過程に無関心であっても，対話で交わされるデータを聞き流して十分生活できることを知っているのだ。

　この世に理想的発話状態などない。また，「統治関連情報」に明確な輪郭はない。**アイディアの市場には対話型民主主義にふさわしい手続もなく，対話にとって必要だといわれる情報の種類にも限定はない**。私たちの実際の生活においては，統治関連情報は無数に大量すぎるほど人びとの前に既に押し寄せてきているかもしれない。そのとき，"大量の情報に自由にアクセスできるとしても人びとの情報処理能力には限界があり，情報にアクセスした人びとが informed citizens となるべく情報処理するわけではない"と考える方が堅実な思考である。

(2)　市井の人びとが統治に関する追加的情報を入手したがっているかどうか，大いに疑問である。**統治関連情報をどれほど追加的に獲得する用意があるかは，追加的情報の取引費用にかかっている**。そのうえ，追加的に獲得したデータが「統治に関連している」と意味づけすること（データ処理の方向）は，獲得者の主観にかかっている。そればかりでなく，追加的に獲得されたデータが「統治に関連している」と意味づけされたとしても，主体がそれを行為として顕示するとはかぎらない。主体が，行為するにはもっと追加的情報を要する，と判断することもしばしばだろう。たとえ多くの人びとが統治関連的実践に乗り出そうとしたとしても，自分の実践が統治に与える影響の小ささをよく知っているために，選好顕示をしないかもしれない。知識と熟慮と，熟慮に基づく実践の間には，なお距離が残されている（人間の実践は熟慮に基づかないことが多い，といってよい）。また，ある人びとが実践するにあたって十分な追加情報を獲得したときには，統治の争点は別のものに移行してしまっている可能性が高い。

(3)　Informed citizen が善き政治の担い手になる，という構想は，共和主義者のいだくロマンティシズムである。現実は，ヴァージニア学派が明らかにしたように，政治家も選挙民も，自己利益を最大化しようとする統治過程のなかで生活しているのである[40]。表現の自由と自己統治とを関連づける思考には，

40）本文で私がリパブリカンについていいたいことは，「市井の人びとは公民として行動してはいない」という記述的な欠陥ではなく，「公民概念を出発点として理論を組み立てようとしていることに欠陥がある」，「公民概念に結論を忍び込ませている」という点

この視点がない。タウンミーティングにおける対等の合理的対話イメージに取り憑かれている。このイメージは，**市場に流れ出る情報・知識には「対話」や「討議」のための手続的構造が欠けている，という視点を欠いている**。このイメージを記述的に描いているのであれば楽観的であり，規範的に描いているのであれば理想主義的すぎる。この理想は，市井の人びとの自由な言論を限定し窒息させる。

(4) 対話型民主主義イメージの表現権理論の難点を，まとめていえばこうなる。

① 【自己表現→自己実現→自己の知的発展→知見を得た公民→公民としての政治参加】という流れを想定しているこの理論は，合理的な政治的人間像にたっており，情報の取引費用や組織と制度を軽視する空論である。
② この理論は，あるべき個人像，あるべき政治プロセスから，保護されるべき表現を説き，保護されるべき表現があるべき知性と統治をもたらすだろうと説いている点で，ハイブロウ好みのトートロジーである。

にある。
　表現の自由のみならず，基本権保障のありかたを考えるにあたっては，あるべき人間のあるべき行動を念頭に置くべきではなく，規制者側の通常の行動パターンに軸足を置くべきだろう。
　R. Coase, *Market for Goods, supra* note 11, at 389 は，こう述べている。「私は，財の市場とアイディアの市場との区別が有効であるとは思わない。このふたつの市場の根本的な相違はなく，これらに関して公共的な基本方針を決定するにあたっては，共通のことを考慮に入れておかなければならない。すなわち，どちらの市場においても，生産者が正直であったり不正直であったりする理由はいくつかあること，消費者は充分な知識を持っておらず，知識を消化しきれもしないこと，規制者はみな良い仕事をしたいと思ってはいるが，その能力に欠けたり，特別の利害の影響を受けたりしながらも，良い仕事をやっているように振る舞うこと等々である。というのも，規制者も，われわれ同様，最強の動機が最高位を占めない人間だから」。
　このコースの主張は，ふたつの市場に関する政府の介入が信頼に足るものかどうかという視点を主たる論拠としている。また，後掲注42a)およびその本文もみよ。同様の視点は，民主過程におけるレント・シーキングを警戒する Epstein, *Property, Speech, and the Politics of Distrust, supra* note 11 にもみられる。
　以上の論者と同旨を説く A. Director, *The Parity of the Economic Market Place*, 7 J. L. & ECON. 1, 8-9 (1964) は，自由の意義から接近して，次のような主張を展開している。自由とは，これまで受容されてきたものとは違ったやり方で挑戦しその責任を自分で引き受けること，言い換えれば，自分の目的と手段について他者から強制されないこと，これである。ディレクターは，その目的・手段のなかには経済的なものも精神的なものも等しく含まれるはずだ，といったのである。

③　もしタウンミーティングのイメージに出るのであれば，そこには，テーマと時間の限定，司会者による指揮（発言の規制，論点整理）を含めた議事ルールのあることが忘れられてはならない。このイメージが規範的に展開されたとき，上の②と同じように，保護されるべき言論は限定されてくる。

④　市井の人が，対話の継続コストを支払うことはない。

(5)　「自己統治」理論は，一見したところ，主体（自己）中心の理論のようでありながら，実のところは，道具主義的・帰結主義的な客観理論となっている。なぜなら，表現を善き政治実現のための道具・手段としてみており，かつ，善き政治実現に期待しているからである。そうでありながら，この理論は，手段としての表現行為が，どのようなプロセスを経て，その価値（目的）を実現できるのか，肝心のプロセスをブラックボックスのまま放置している。このため，保護されるべき表現の範囲は画定しがたくなる。この曖昧さは，自己実現にとっては保護されるべき表現の保護領域を，民主制維持にとっては不要または危険であるという理由で切り落とすかもしれない。自己統治と自己実現のなかに，切り落とされることのない共通項がはたしてあるのだろうか。

4　通説のいう「自己統治と自己実現」

(1)　わが国の通説的憲法学のいう「自己実現と自己統治」は，《個人は自己表現に関しては主権者である（自己表現の行為領域は自己統治領域である）》というJ.S.ミル流の命題と，《有権者としての個々人は主権者となって自己統治する》というルソー流の命題との間に何らかの並行関係を見出しているのかもしれない（⇒2(3)）。が，そうであっても，主体理論と客観理論とのふたつの並びは据わりが悪い。その居心地の悪さは，次の例を考えれば納得できるだろう。

芸術家であるあなたが，芸術家としての感情の爆発を絵画として描いたとしよう。自分にとって最大の感情の爆発は男女の性行動にあると感じているあなたは，その姿を抽象化して描いた。そのさい，あなたは自分の感情のほとばしりに自己充足感を確実に感じた。観察者のなかにも，作者のあなたと類似した充実感を得る者もいた。が，この絵画は卑猥さを感じさせるという理由で，公立の美術館に所蔵できないとか公金助成の対象ともできない，と担当部門によって評定された。世論も，この評定に異論を唱えることもない。世論（多数者）は，あなたの自己表現は公民としての言明とは全く関連していない，とみ

ているようだ。
　この例は，自己実現テーゼが自己統治テーゼからどこかで切断されざるをえないことを示している。個人的決定と集団的決定とのギャップ，もしくは，言論の個人的な動機づけと言論に対する社会的な利益との食い違い，または，非帰結主義と帰結主義との不調和である。

　(2)　表現の自由の主観的な価値と客観的なそれは，ときに抵触関係にあるかもしれないし，ときには，補完関係にあるかもしれない。現実の表現行為には，主観的な利害関心が広く客観的な影響を与えることも大いに考えられる。このとき，いずれを重視するのかという優劣の関係を明らかにしないかぎり，エマスンに影響されたわが国の通説も，エマスンに対する批判と同じように，列挙主義のそしりを免れない。にもかかわらず，自己実現と自己統治の合わせ技が相変わらず説かれ続けるのは，わが国通説がデモクラシーとリベラリズムの対立を真剣に受けとめていないことによる。経済学者 A. ディレクター（A. Director）が嗅ぎ分けたように[41]，表現の自由と民主的政治過程との関連性を強調しつつその自由の価値を説く論者は，"政治参加にこそわれわれの自由がある" と今でもどこかで誤信しているようだ[42]。

　自由は，民主政治のなかで育まれるのではない。また，民主政治は表現の自由によって支えられるのでもない。**自由は個人の全生活領域のなかで育まれ，民主政治は人々の全生活体験によって支えられる**のである。個人は，政治体制の如何に関わらず，その全生活領域のなかで新しい知識を吸収していく。個々人が，それぞれ新しい知識を習得し，その知識を言語化して社会過程に流してみるとその知識がまた新たな知識をもたらす……，この無限の連鎖，この自由こそ，表現の自由である。新しい知識は，雑誌の随想にも，新聞の論説にも，

---

41) Director, *supra* note 40, at 5.
42) Ingber, *Rediscovering the Communal Worth, supra* note 11, at 18 n. 86 が指摘するように，「自己統治」はタウンミーティング・イメージに訴えかけており，代議政治には通用しない。たとえ，自己統治論の提唱者が，タウンミーティング・イメージではない別のデモクラシー観——人びとは政治参加することによって自由になる，とか，対話による統治とか——に出ているとしても，Director, *supra* note 40, at 7 が指摘するように，デモクラシーにおいては，結局のところ，政治的決定の範囲が広がれば広がるほど少数者の選好までをも集団的決定の対象とすることになる。この点に留意しないまま，自己統治と自由の実現を関連づける思考は，単純な共和主義を説いているにすぎない。
　私は，憲法教科書から「自己統治」というロマンティックなフレーズが消え去る日を待ち望んでいる。

ある商品広告にも，当該商品のなかにも発見できる。なかでも，たとえば，パソコンの営利広告に新しい知識を発見する人は，購入したパソコンそれ自体にもっともっと多くの新しい知識を発見するだろう。知識は，各人が最も価値を置く財やサービスのなかで発見されることが多い。

(3) わが国の憲法教科書にみられる表現の自由の議論に説得されてきた読者諸賢は，経済学者・R. コース（R. Coase）の次の一文にどんな印象をもつだろうか。

> 「表現の自由は民主政が有効に作動するために必須だとたびたびいわれてきた。しかしながら，これは問題の真髄を外している。表現の自由は，非民主政においてもかわらず重要なはずである。もし，合衆国が君主または貴族によって統治されているとしても，『アイディアの自由市場』の価値は失われないどころか，増加するかもしれない。頻度高く引用されるミルトンのアレオパジェティカは，民主政なき時代の主張である。表現の自由を民主政論またはマイクルジョン流の自己統治論に依存せしめる論法は，拒絶されるべきものと私は考える」[42a]。

(4) コースはさらに続けて「私の知る限り，『アイディアの自由市場』への政府介入を排除する理由について，満足できる説明はこれまで存在しない。私にはエマソン理論が成功しているとは思われない」ともいう。

たしかに，先にもふれたように，エマソン理論は首尾一貫性を感じさせない。が，彼の理論をもって，列挙主義と評することはエマソンの本意を歪めるだろう。彼は，「自己実現（自律）－思想の自由市場－民主政－社会の均衡と安定」という相互関連性を念頭に置いていたものと思われる。合理的な個人にはじまって，自由なアイディアの交換を通しての社会的な帰結（良きアイディアへの到達，知識をもったうえでの政治参加，政体の平和裏の交替），という一連の流れである[42b]。

[42a] R Coase, *Advitising, supra*, note 11, at 13.
[42b] 連邦最高裁の裁判官のなかにも，修正1条の目的のなかに本文でふれた一連の流れをみている者がある。たとえば，Roth v. United States, 354 U. S. 476, 484 (1957) でのブレナン裁判法廷意見がそれである。ブレナンは「障碍を受けることなく自由にアイディアを授受することによって，人びとの望む政治的または社会的変化をもたらすこと」が修正1条のねらいだ，と強調している。彼のいう「政治的または社会的変化」とは，ひろく，思想の自由市場の機能に期待するものと理解できる。

が，この流れは，経験的にも理論的にも論証されたことがない。ここにエマスン理論の欠陥がある。この欠陥をひとことで言い表せば，近代合理主義啓蒙思想の楽観主義，より厳密にいえば，リベラルで合理主義的個人主義のもつ楽観主義である。リベラリズムがデモクラシーを作動させる，という楽観主義である。

(5) 人間の直面する難題を政治的対話によって主意主義的に解決しようとする思考は，人為の移ろいやすさを軽視している。集団的意思決定には，特定の集団の意思だけが反映されかねない。**人間の意思が及ばないところで問題解決する制度こそ，人為の移ろいやすさから解放されているはずである**[43]（制度の意義については⇒第4章Ⅷ6）。人為の移ろいやすさを克服しようとして古典以来語り継がれてきたのが「physis／nomos」という二分法だった[44]。対話という人為を通して問題解決する手法に期待はできない。

5 通説のいう「自己実現」または「自律」

(1) 個人を単位（基体）として，その自由意思または人格の発露こそが自由な表現だ，という主張が「自己実現」のいいたいところだろう。ところが，個人が自我を確立していき，自分自身を対象化し，なおかつ，他者との違いを知るという成長展開は，表現だけで成し遂げられるものではない[45]。自己実現と表現とは1対1対応していないのである。このことは，自己実現という用語に代えて，自己充足（self-realization）といおうと自己発展（self-development）といおうと変わりはない。"私にとっての自己実現は，株式投資で一山あてることだ"という主張に，提唱者は何と応えるのだろうか。自己実現は，精神活動全般のみならず，すべての生活領域における全体験によって——すべての自

---

43) 参照，阪本昌成『新・近代立憲主義を読み直す』（成文堂，2008）78, 111頁。
44) 参照，阪本昌成『法の支配——オーストリア学派の自由論と国家論』（勁草書房，2006）235頁以下。
45) 私は，かつて，「自己実現」テーゼは，G. ミード（G. Mead）のコミュニケーション理論でいうところの「自我の実現」のことではないか，と論じたことがある。参照，阪本昌成『コミュニケイション行為の法』（成文堂，1992）149頁以下。自己実現という広大無辺な用語を表現の自由領域で用いようとするかぎり，この用語をコミュニケーション行為論の枠内に位置づけ，限定化する必要があると考えたからである。ところが，こう限定することも適切でない。「自己実現」がコミュニケーション行為を通しての人間の精神的発達のことであるとしても，それにとって第一義的に必要な自由は「思想の自由」だ，と考えるべきである。

発的活動を通して——可能となるはずである[46]。「自己実現」によって表現の自由を基礎づけようとする論法は、明らかに過剰包摂である。

この弱点に気づいてか、最近の論者は、自己実現という茫洋なる概念に訴えないで、自律（autonomy）なる用語を好んで使用してきている（これを「自律理論」と呼ぶこととしよう）[47]。

自律理論の提唱者のねらいは、非道具主義・非帰結主義に徹しようとするところにある。表現によって何を目指すか、という「手段－目的」体系に訴えかけることなく、しかも、帰結のいかんによって表現の保護領域を変動させないよう配慮する理論である。

(2) 自律概念を基礎とする表現権理論は、一見、魅力的である。というのも、この理論は、道具主義的でないために、この道具が目的にとってどう作用しているかを論証する必要がなく、ルール功利主義の胡散臭さもないからである。ということは、表現行為がどのようにどこまで効用を増加させたかを論証する負担もない。自律理論は、帰結主義のもつ難点から解放されているのである。有り体に言えば、これは《表現それ自体が人間の自律の表れであって、表現によって何をなそうとするかを問うこととは無関係の理論だ》ということである。このねらいはわかりやすい。

(3) が、この理論にいう「自律」には多様な層があって、その真相を知ることにわれわれは困難を極める[48]。

「自律」は、"表現することは、当該人物の人格＝個性の発露であって、表現の自由とは本人の言いたいことに対して国家は妨害・強制を加えることなかれ、という命題をいう" という最も世俗的なものから、I. カントの義務論に忠実に "ある表現が人格性の表明であるとき、それを侵害しないことが万人の義務である" といいたいものまで、多種多様である。また、自律理論は、ときに、「平等な配慮と尊重への権利」（right to equal concern and respect）に訴えかけることによって補充されることがある[49]。が、この権利も、近代啓蒙思想の包括

---

46) *See* Ingber, *Rediscovering the Communal Worth*, *supra* note 11, at 19.
47) *See, e. g.*, T. Scanlon, *A Theory of Freedom of Expression*, 1 PHIL. & PUB. AFF. 204 (1972); C. E. Baker, *Scope of the First Amendment Freedom of Speech*, 25 UCLA L. REV. 964 (1978); O. Fiss, *Free Speech and Social Structure*, 71 IOWA L. REV. 1405 (1986); Th. Nagel, *Personal Rights and Public Space*, 24 PHIL. & PUB. AFF. 83 (1995).
48) 多層にわたる自律理論の批判的分析については、S. Brison, *supra*, note 34 が卓抜である。

的道徳哲学に訴えかけるものであって，表現の自由の論拠としては抽象度が高すぎる。さらにまた，「自律」は，自由一般を支えうる包括的な概念であって，言論に固有ではない。明らかに過剰包摂（over-inclusive）である。

　言論に固有の性質を探求するにあたっては，言明者の個人的な自我との関連に焦点を当てるのではなく，客観的・社会的なパースペクティヴをもつべきである。すなわち，本書のいう客観理論である。

(4)　自律理論は，非手段的な表現が第一義で，手段的な表現であればその保障は第二義的だ，と想定している。主体の表現行為そのものに固有で本来的な価値・目的があり，それは「主体にとってとても大切で，他者（国家）に対して切り札となる」のに対して，手段的・道具的な表現は，目的依存的でsecondaryだ，というのであろう。この「固有の価値／手段的価値」という枠組みは，一見，説得的である。が，**言語や記号を用いてなす表現は，自分の選好を発見し他人にこれを顕示し，そして社会のなかで（相互行為を通して）実現するための手段・道具である**。表現行為において，「固有＞手段」という階梯構造を構想することは適切ではない。

　自律理論こそ，近代啓蒙思想での合理主義的個人主義または主意主義のもつロマンティシズムの産物である。

　近代合理主義啓蒙思想を抜け出る表現権理論が求められる。

(5)　そのためのヒントがD. ファーバァ（D. Farber）の展開する公共選択理論にある。

　彼は，自己実現-自己表現テーゼに対して，次のように痛快なコメントを与えている。

>　「表現の自由の経済学的分析は，自己表現に固有の価値を見出すことはないとはいえ，自己表現が有益な社会的価値である理由を解明している。自己表現の固有の価値を信じている社会は，市場が十分な情報提供に失敗しているとき，または，障害があるときでさえ，自分たちは自己表現すべきであると信ずる社会である。そう信ずる社会は，経済的に合理的な情報生産を実現するだろう（実際，生産している）。議会もそう信じているのであれば，過剰規制のインセンティブを押さえることができる。……言論を公共財だと考える

---

49)　*See, e. g.,* D. Richards, *Sexual Autonomy and the Constitutional Right to Privacy: A Case Study in Human Rights and the Unwritten Constitution*, 30 HASTINGS L. J. 957, 974 (1979).

分析は，もっと広い，非経済的な広がりへと展開することができる。つまり，言論の個人的な動機づけと，言論に対する社会的な利益との食い違いに焦点を当てることができてくるのである。……公共選択理論からすれば，個人の自己表現理論は神話に過ぎないが，有用な神話である」[50]。

私は，上のファーバァの診断をさらにラディカルに進めて，"自己実現理論は空虚な神話だ" と率直に断定することを好んでいる。

Ⅲ 基本用語の洗い流し

(1) 私は，21条を語るにあたって，「コミュニケーション」，「知識」，「情報」，「データ」，「事実」，「思想（またはアイディア）」等の言葉を区別し，それぞれの意義を明確にした後，表現の自由の価値を論争すべきだ，と考える。これらの言葉を相互互換的に都合よく使用すればするほど，堅固な表現権理論の発展は妨げられるだろう。

また，本章において私は，表現の自由が特別の地位——わが国の通説憲法のいう「優越的地位」——を占める論拠を，人間の表現行為固有の特性に求めるよう努力する。その特別の地位を論拠づけるにあたって，たとえば，精神，人格，自律，自己実現等々の超越論的な哲学用語に訴えかけることを私は避けている。これらの用語は輪郭が曖昧であるがゆえに，表現の領域に限らず，他の領域の法的利益の哲学的論拠づけとして援用可能である。これらの用語を厳格に定義しないまま，これらへ訴えかける手法は，表現権論争の焦点をぼかせてしまう（本章のねらいは，これらへの訴えかけが「制度的支えなき主体理論」となってしまう，ということを論証することにある）。

私は，以下，「アイディアの自由市場」を捉えるにあたって，「取引費用と組織・制度」という視点を挿入した自由市場論（制度論）を軸として，表現権理論を展開しようとしている。

(2) 取引費用，組織および制度の意義については，第4章においてふれることとして，まずは，本章のいう「表現」の意義から明確にしていく。

---

50) D. Farber, *Free Speech without Romance: Public Choice and the First Amendment*, 105 Harv. L. Rev. 554, 582-83 (1991)（以後，"*Free Speech without Romance*" と引用する）。ただし，私はファーバァ理論にいくつかの疑問をもっている。この点については，後の本文，Ⅳの2および後掲注63)をみよ。

Ⅲ　基本用語の洗い流し

表現とは，記号を通してなす対人的コミュニケーション行為をいう[51]。

　この定義は，コミュニケーション行為のうち，他者の存在を前提条件としないものを表現の定義から排除することを含意している。たとえば，独り言をいう，日記をつける，新聞を読む，パソコンに向かって"語りかけながら"キーボードを打つ等々の行為がこれである。これらはコミュニケーション行為ではあるが，対人的ではない点で本書のいう「表現」ではない。こう「表現」を限定したとき，私たちは，表現は相互的コミュニケーション行為だ，といいたくなってくる。表現行為が相互的であるかどうかは，「相互」の捉え方にもよるが，私は，表現が相互的行為であるとも，相互的であることが必要だとも考えていない。記号を発する主体（私）が，他者にも解読可能な記号の配列をもって，言い換えれば，一定のコードのもとでメッセージを外界に向けて発信すれば，それだけで表現だといってよい。「外界に向けて」とは，私の発信したメッセージが受け手に実際に受領される必要はない，ということを指している。私が想定している相手方は，耳目を閉じているかもしれない，耳に入れてはいるが聞き流しているかもしれない（この状態が本章のいう「センス・データ」である。このことについては，すぐ後にふれる），聞き入れてはいるが頭脳で処理していないかもしれない（この状態が本章のいう「情報」の意である。このことについても，すぐ後にふれる）。発信者である私のメッセージをどう処理（消費）するかは相手方の自由である[52]。

　(3)　にもかかわらず，わが国の憲法学における「表現」は，相互的コミュニケーションのイメージをもって捉えられている。相手方が必ず受領して合理的に処理するはずだ，という「対話」イメージである。たしかに，このイメージは麗しい。ここに，J. ハーバーマス（J. Habermas）のいう「相互的コミュニ

---

[51] 参照，阪本昌成『憲法理論Ⅲ』（成文堂，1995）[300]，同『憲法2　基本権クラシック〔全訂第3版〕』（有信堂，2008）135頁。

[52] 私は，「知る権利」が21条によって保障されている，という理解のしかたに反対してきた。参照，阪本昌成『プライヴァシー権論』（日本評論社，1986）19頁以下。私は，21条の「国民の知る権利」を語ることは，国民を実体化する思考であり，およそナンセンスだとも考えている。たしかに，対人的コミュニケーション行為としての表現は，他者の存在を「前提」とする。しかしながら，その他者の「知る自由」までも「前提」とするかのようなコミュニケーションの定義は強引すぎる。ましてや，「知る自由」を論拠として，相手方に作為を義務づける「アクセス権」主張となると，私には理解の範囲を超えている。

ケーションによる市民的公共性の再構築」とか「コミュニケーション行為を通しての妥当性要求」といったフレーズを挿入すると，このイメージはさらに麗しく映り，人びとはこの理念的なコミュニケーション行為観に絡め取られる。ところが，対人的コミュニケーション行為は，相互的でも，対話型でも，熟慮型でもある必要もなければ，現実にも，これらではないことのほうが圧倒的である。プレスやマス・メディアの言論活動の実態が示すように。

コミュニケーション行為や「思想の自由市場」を規範的・理念的に捉えてはならない。

(4) さらに，本章のいう「表現」は，相手方が不特定多数であることも必要としていない[53]。特定少数者への言明であっても，対人的であれば，それは表現である。プライバシー侵害や名誉毀損の事案において，特定少数者への開示が不法行為となるか否か問われるべきものと意識されているのは，この言明も表現行為に該当するとみられているからである。

また，本章が，表現とは（対人的コミュニケーション）行為だ，と定義する意図は，《表現の自由とは，自由な情報流通のことではないこと》を強調する点にある。「自由な情報流通」は状態を表すフレーズであるのに対して，「表現の自由」は人の行為を表すのである。

「自由な情報流通」と「表現の自由」とを相互互換的に使用したいという気持ちは私にもよくわかる。たしかに，この戦術は，"公的言論であれ営利的言論であれ，表現内容のいかんを問わず，また，言明者の身元のいかんを問わず，すべての「情報」がまずは保護領域に含まれる"との含意をもっている利点と，"発信 − 伝播 − 受領というプロセスからなる情報流通には，受け手の自由が当然に含まれる"と主張できる利点とをもっている[54]。ところが，この利

---

[53] わが国の教科書レヴェルの記述においては，21条にいう「表現」とは，不特定多数者への発信をいうのか，それとも，1対1のコミュニケーションをも含むのか，明確にされてはいない。が，佐藤幸治・前掲注31)『憲法〔第3版〕』513頁が「外部に公表する精神活動をいう」と述べ（ただし，傍点は阪本），芦部・前掲注29)『憲法学Ⅲ 人権各論(1)〔補訂版〕』240頁が「内面的な精神活動を外部に（すなわち他者に対して）公表する精神活動」（括弧内は原文のまま）と表記しているところをみると，不特定多数者への発信であることを当然視しているものと思われる（もっとも，芦部のいう「すなわち他者に対して」は，人的な範囲が明確ではない）。私の管見に属するかぎり，アメリカの憲法理論においては，修正1条のいう speech は1対1のコミュニケーションをも含むものと理解されている。

[54] "自由な情報流通の保護"という言い回しはレトリックだ，と私は思っている。このレトリックは，判例をも動かすことがある。その一例が営利的言論を修正1条の保護領域

III 基本用語の洗い流し

点は「表現」の定義を曖昧化する犠牲のうえに成り立っている。

(5)「自由な情報流通」と「表現の自由」は，同義同範囲ではない。このふたつを相互互換的に簡単に口にすべきではない。情報なる用語を散漫に用いないで「センス・データ／情報／知識」という区別を常に意識することが重要である。この区別は，表現権理論を堅固とするための一歩である。

本章は，「センス・データ／情報／知識」というキー・タームを，それぞれ次のような意味で用いることとする。

- **センス・データとは，外から人間の五感に送り込まれる，時間的空間的に確認しうる刺激をいう**。センス・データは，自由に流通しはするが，「情報市場」における「取引」の対象とはならず，時間の経過とともに消え去っていく。
- 情報とは，五感によって吸収された刺激，すなわち，**センス・データを人間主体が理解可能なものへと処理した形態をいう**[55]。
- 知識とは，処理された形態，すなわち，**情報を人間の知性が範疇化し意味づけしたもの**（人間の知性が情報という形態に中身を付与したもの）をいう。知識は主体間または主体と外界（対象）との間の関係を表すのに対して，情報は伝達される形態を指す。また，知識とは一般化可能で理解可能なものをいうのに対して，情報とは個別的で解読のコードを持たない単位をも指す。

かように区別すれば，「表現の自由 ≠ 自由な情報流通」ということがさらに鮮明になるはずである[56]。

だとした Virginia State Bd. of Pharmacy v. Virginia Citizens Consumer Council, Inc., 425 U. S. 748, 763-650（1990）である。後掲注59）もみよ。

55) 情報を正確に定義することは困難であるばかりか，学問分野または学問的な関心によってその視角が違うために，その定義も多様とならざるをえない。たとえば，財の需給に関心をもつ経済学においては，「情報とは，もっぱら市場において呈示される商品の価格のこと」だとされてきているようである。参照，廣松毅＝大平号声『情報経済のマクロ分析』（東洋経済新報社，1990）26頁。が，しかし，この定義では，情報と情報財との区別がつかなくなるという欠陥がある。情報が情報財，すなわち，経済財の一種となりうるための条件を私たちは慎重に検討しなければならない。この課題に留意したとき，「情報に対する権利」を口にすることにも私たちは慎重でなければならない。

56) 私の管見に属するかぎり，法学または憲法学において「情報」の意味するところを明確化しようとする試みは少ない。例外的な論攷が D. Farber, *Free Speech without Romance, supra* note 50, at 555 n. 3 である。彼は，こう押さえて論を進めている。「本

(6) 次の課題は，idea の意義を再考することである。

私は，free market of ideas を「思想の自由市場」と邦訳することに反対である。

本章はこれまで，free market of ideas を「アイディアの自由市場」と表記するよう努めてきた。本章がこの英語を「思想の自由市場」と表記することもあるが，これは「いわゆる」というニュアンスを出すさいに限定している。

英語でいう idea は，(ア)知性の対象を指す「観念」，(イ)事実の認識を超えた創造的な精神作用を指す「着想，構想」，(ウ)同じく事実の認識にあらざる規範的な精神作用を指す「意見または見解」，また，(エ)認識か価値判断かという区別を重視しないときには「知識」，さらには，(オ)プラトン的な「イデア」または「理念」をいうとき等々，多義にわたる。

これらのうち，本章は，free market of ideas にいう idea とは上でふれた「知識」に相当するとみるのが適切だと考える。となると，free market of ideas は「知識の自由市場」である。

表現の自由は主体の利益を超えた客観的な社会的効用をもっている。この点が，身体・生命の自由という主観的法益とは異なっている。本書が，表現の自由についてのパースペクティブを得るためには客観理論を要す，と論じてきたのはこのことと関連している。社会的効用という視点である。「表現の自由は社会的効用をもっている」とは，言語を中心とする記号が人びとの間で自由に授受されれば——典型的には日常言語による自由な表現行為を通して——誰もが新たな知識を習得でき，将来の確実さをわずかながらでも和らげる，ということを指している。これが「知識の自由市場」というパースペクティブである。

(7) 日本語でいう「思想」とは，主義，主張，人生観等，人の判断とかかわる精神作用をいうことが多い。このイメージで「思想」を捉えるとき，13，19条について通説的憲法がいうように，「人格的生存にとって必要不可欠な」判断作用とその成果が「思想」であり，この自由な流通にとって必要な市場のことが「思想の自由市場」だ，といわれかねない。先にふれた「自律理論」のうちの最も堅いモラリズム・ヴァージョンが「市場」を一瞥もしないのは，モラリズムに特有の内在的制約という仕掛けを用意しているためかもしれない。ま

稿は情報という用語を比喩として用いるに止める。というのも，言論が新しい知識という意味での情報を常に伝達しているわけではないからである。本稿にいう情報とは，事実だけでなく，アイディアや理論のように，知的に有用なすべてをいう」。

た，「自己統治」理論は，「自己統治に必要な情報こそ『思想』と呼ぶにふさわしい」と暗黙のうちに捉えているのかもしれない。たとえ，かような自律理論にも自己統治理論にもコミットしないとしても，idea を「思想」に置き換えて理解するならば，"事実に関する誤り，すなわち虚偽情報は自由市場に流れるべきではない，なぜなら，虚偽は人びとを誤導するからだ" と私たちは主張しはじめるだろう（この点については，すぐ次にふれる）。

(8) 節を変えて，free market of ideas とはいかなるアイディア（着想・構想）であったのか，検討してみよう。この検討を通して，free market of ideas の構想は，決して，人間の理性や民主的熟議によって思想の真偽を追究していくことに期待するものではないこと，さらにまた，自由な情報流通を説くものではないことが判明するだろう。

Ⅳ　Free Market of Ideas の意義

1　"Idea" か "Market" か

(1) アメリカのある論者も，free market of ideas の理解の仕方によって政府介入の容認の程度が変動しがちだ，と論じている。この論者は，idea にウエイトを置くか，それとも market にウエイトを置くかによって論議の方向が変わって来るというのである。この話題を「思想の自由市場」という日本語表記に従って，以下，紹介する。

自由市場論のうち，「思想」にウエイトを置くか，それとも，「市場」にウエイトを置くかが，論者の政府介入許容を左右してくる。「思想／市場」の別は，政府介入を原則排除する「市場」，政府介入を必要不可欠とする「市場」という，非対称性を次のように顕在化させるだろう。

自由に授受される知識とは「思想」のことだ，という点を強調すればするほど，アイディアの自由市場論に流れ出るべき情報の種類は限定されるか，序列化されてくる。この発想が「保護されない言論」類型を示した Chaplinsky の法理の基礎にある[57]。この法理は，一定のカテゴリーに属する言明を「アイディア（思想）表明の必須部分ではない」とか「真理へのステップとして社会的価値は低い」との論拠で，「保護されない言論」さらには「低価値言論」と

---

57) Chaplinsky v. New Hampshire, 315 U. S. 568, 572 (1942).

いう範疇を作り出してきた。この *Chaplinsky* の法理は修正を受けながら現在でも生き続けている[58]）。

「低価値言論」の代表例が営利的言論であり，この範疇に属する言論は，公民にふさわしい討議（知的対話）にとっての関連性の薄い領域だ，すなわち，自由市場論のねらいの周辺部にある，と位置づけられる。

「保護されない言論」の代表例がわいせつ表現であり，この種の言論は人間の頭脳に思想を伝達しているのではなく，下半身を刺激する（行動を惹起させる）情報を発信しているのであって，アイディアの市場に流れ出なくともよい，とされることになる。喧嘩言葉も，認知的な影響よりも物理的な結果発生が強調され，言論ではなく「行動」に近いものとして位置づけされ，「保護されない言論」のひとつとして範疇化されている。

(2) また，民主プロセスにとって必要不可欠な情報流通の自由はあつく保護されなければならないとする，お馴染みの「公的言論」の理論は，「思想」，それも政治的なものに最も大きなウエイトを置こうとする思考のもうひとつの典型例である。「公的言論」の理論は，アイディアの市場の核心部分に民主政関連情報をおいて，この情報が公衆に公平に届けられるよう，あつく保護されるべきだとか，政府が積極的に介入すべきだ，とかいう主張へと展開されていくのである。後者の政府介入は，わが国憲法学におけるお馴染みの用語によれば，「積極目的規制」である（民主政関連情報が高価値言論としてあつく保護されなければならない，という別の論拠についてはすぐ後にふれる）。

(3) 他方，自由市場論のうち，「市場」にウエイトを置けば，議論はいかなる傾向を帯びてくるか。まずは，経済市場とのアナロジーに馴染みやすい営利的言論を例にとってみよう。

　(ア) 消費者は購入の判断にあたって，関連データを評定する強いインセンティブをもっている。商品購入にあたって，無為無策である消費者は現実には少ない。なぜなら，消費者は自分が購入する製品から得られる利益と費用とを内部化するやり方を知っており，取引費用も負担する用意があるからだ。

　(イ) さらに，不良商品を購入した消費者は今後その商品を購入しないだろうし，不良品であるとの情報が他の消費者に伝われば伝わるほど，不良品

---

58) *See, e. g.*, Farber, *The Categorical Approach, supra* note 12, at 920.

Ⅳ　Free Market of Ideas の意義

を生産販売した企業は"罰せられ"市場から撤退を余儀なくされるだろう。

(ウ)　もし，政府が営利的情報の流通を遮断すれば，消費者にとって有益な情報は入手しがたくなって，悪質な生産者も生き残るかもしれない。営利的言論情報は市場に多く流通するほど消費者（知識の受け手）の選択を助ける[59]。社会的厚生関数を上昇させる，といってもよい。

(エ)　したがって，政府が営利的言論を規制する必要性は低くなる[60]。

(4)　ついで，営利的言論または経済市場と対照される，政治的言論の「市場」であれば，どう論議されてくるか，考えてみよう。

ふたつの対立する議論が展開可能である。ひとつ目が「市場の機能に期待するシンプルな市場理論」であり，ふたつ目が「経済理論を援用するやや複雑な市場理論」である。

まず，ひとつ目を紹介してみよう。

これは，政治的な言論こそ，「市場化テスト」されるに絶好の場面である，とみるオプティミスティックな立場である。絶好だとみる理由は，第1に，経済市場よりも政治市場は本来，流動的で競争の激しいところだ，ということ，第2に，有権者の政治的な言明は，政治の消費者としての関心の表れであって，政治の生産者としての政府はこの消費者行動に無関心ではおれないこと，第3に，有権者の政治的選択は，営利的な情報や審美的な情報流通の場合よりも，強い「外部効果」(externalities) をもっているため，政治市場の動きは通常の市場よりも大きな振幅を示すこと（通常の市場よりも政治市場は消費者の選好の変化を増幅させて顕在化させること）と，まとめることができるだろう。

この楽観的な「市場」観は，有権者が公民として等しく自由に対話していけば，"政治的真理"に到達するだろう，という「透明な政治市場」観をその背景にもっている。《欲望の体系のごとき経済市場ではなく，有徳の公民による公共的討議市場を通して真理をテストせよ》と期待する構想である[61]。

---

59)　*See* Virginia State Bd. of Pharmacy v. Virginia Citizens Consumer Council, Inc., 425 U. S. 748, 770 (1990) 〔情報を遮断することの危険と，情報が自由に利用できるときの濫用の危険との間の選択こそ，修正1条のなしたところである〕。

60)　Bambauer, *supra* note 7, at 664.

61)　*See* A. MEIKLEJOHN, FREE SPEECH AND ITS RELATION TO SELF-GOVERNMENT 86 (1948) 〔自己統治は市場を通して真理をテストするプロセスである〕。この著作でマイクルジョンは「われわれは，人間それ自体と同じ尊厳なる地位を人の所有物に与える誤りを，いつもおかしがちである」(*Ibid.* at 2) と明言した。これが，「精神／財産」の二分法のもとでの「表現の自由の優越的地位」，「二重の基準論」の原型となって，戦後

楽観的な上の第1～第3の期待は，次の理由で成立しがたい。第1に，政治市場における競争は，財の市場と比べれば，実に低調である。政治の生産者の数は知れているからである。第2に，一般市民（平均的な有権者）が政治的な知識を収集し処理し発信する費用を負担することは少ない（平均的市民は政治的知識に関してはフリーライダーとなるだろう，と私は先のⅡ3(1)で指摘した）。他方，政治の生産者が政治市場において示す反応は，多数の票を獲得しようと平準化したものとなるか，論点の中心部分を回避する茫洋なものとなりがちである。第3に，政治的知識の外部効果も，政治的な論争が虚偽と妥協によって覆い隠され，顕在化する程度も知れているだろう。

(5) ふたつ目の「経済理論を援用するやや複雑な市場理論」は，「シンプルな市場理論」のごとき楽観的な市場の働きを説かない。この理論の提唱者，D.ファーバァは，上の楽観的で甘い「外部効果」を酸っぱい経済理論に浸してみることを私たちに薦める。

政治過程を酸っぱい経済理論に浸してみる学問が公共選択理論である。

2 公共選択理論からみた，ふたつの市場

(1) ファーバァは，アイディアの市場と政治の市場を分析するにあたって，「市場の失敗」原因のひとつである公共財性に焦点を当て，《公共財は過少供給される，なかでも政治的情報は過少供給される》と「シンプルな市場理論」をアレンジし直すのである。彼のロジックは，おおよそ次のようになっている[62]。

　(ア) 情報は，非排他性，非競合性を示す公共財である[63]。

のわが国の表現権理論（および基本権論）に強い影響を与えてきた。もちろん，この影響は，この著作だけがもたらしたものではない。当時の連邦最高裁の裁判官，H. ブラック（H. Black），W. ダグラス（W. Douglas）両裁判官の"リベラル"な見解が，わが国憲法学に歓迎されたためもある。

62) 本文の説明は，Farber, *Free Speech without Romance, supra* note 50 を基礎としている。この論者の問題設定は実に興味深い。いわく，「表現の自由の特別の地位はこの自由が他にはみられない特異な価値をもっているからではなく，他の公共財と同様に過少生産されるからだ，となぜ私たちは考えようとしないのか。表現は自己表現の領域であって，経済問題ではない，と私たちはなぜ捉えがちであるのか」(at 554)。また，前掲注50)およびその本文も参照。さらに，情報・知識が公共財であること，それに対処するための法的思考については，R. クーター＝Th. ユーレン，太田勝造訳『新版　法と経済学』（商事法務研究会，1997）161頁以下，長谷部恭男『テレビの憲法理論』（弘文堂，1992）12頁以下，同『憲法〔第4版〕』（新世社，2008）114, 202頁もみよ。

63) 私は先の本文Ⅰ(2)で「公共財の生産・供給等の『市場の失敗』が，どこまで，経済理

Ⅳ　Free Market of Ideas の意義

(イ)　公共財である情報から得られる利益は，当該財の直接の購入者に限定されず，大きな集団へと拡散される（フリーライダーを許す）。情報は，低い限界費用で多数者が同時に消費できる。市場における需要は，購入者の利益だけを反映し，フリーライダーのうける利益を反映しない。

(ウ)　多数者が情報に接して新しい知識（知的に有用な情報）を獲得すれば，正の外部性が発生するはずである。

(エ)　ところが，生産者はこの外部効果を考慮に入れないで生産するために，情報は社会的な適正量以下しか生産・供給されない。追加的情報の利益に対して支払ってもいいという人も存在するだろうが，市場は，この個人的な選好を生産のためのインセンティブに変換できないため，それ以上の情報を生産・供給することはない。

(オ)　情報生産を政府が規制すれば，供給曲線は右肩上がりとなり，さらに生産量を減少させる。

(カ)　ある言論には不完全な情報が含まれることがありえて，これが社会に伝播されると，public good とはならず public bad（負の公共財性）をもたらす，ということもありうる。が，個人が合理的であれば，誤った情報を取捨選択するか信頼性に欠ける情報には依拠しないかのいずれかだろう。この選択プロセスは，誤りなしというわけではないので，場合によっては政府の介入が必要となることもある。それでも，知識が自由に授受されれば，個人はそれだけ知識を増すことができその福祉を改善できる，とみてよい。

(キ)　政治的言論は，二重の意味で public good（公共財）である。そこに含まれる情報が 第 1 の public good であり，その情報が誘導する政治参加が第 2 の public good である。情報は通常それでなくても過少供給されが

論からの批判として一般化できるかは，慎重な検討を要する」と指摘しておいた。たしかに，情報は，非競合性・非排他性をもっている。が，しかし，市場において有用と目される情報は，今日においては，私的財としての法的保護が与えられていることのほうが多く，情報の多くは商品（commodity）となっている，といってよいように思われる。たとえ，法的保護が存在しないときでも，情報の生産者はその供給する情報にプロテクトをかけたり，コピー可能な期間に限定をかけたりして，技術的に私的財となるよう工夫している。情報の取引が通常の私的財と異なる点は，情報がコピーフリーであるために，生産者が収益をあげがたい，ということであろう。この困難さは，情報が生産者の手から離れて下流に行けば行くほど顕著となる（くわしくは⇒第 2 章Ⅳ(2)）。が，この傾向も情報が商品となって市場取引の大きなシェアを占めてくるにしたがって，技術的に対処されるだろう。また，前掲注 24) および 55) もみよ。

ちであるところ，政治的情報は公共財であるがゆえに，さらに，過少供給される。

(ク) そのうえ，政治的情報の生産者は，良き統治から得られる最終的な利益のごく小さい部分だけを手に入れるに過ぎないため，言論規制に反対するロビイング支援活動のための金銭的支援も得難い（資金難に陥る）。それだけ政治的言論は制約されやすい。

(ケ) かように，情報の公共財性を論拠とする言論擁護論——表現権は妨害排除請求権にとどまらず，政府みずからが言論を供給したり，言論を助成したりすべきだとの請求を含む——は，政治的言論に特に当てはまる。

(2) 政治的言論に関するファーバァの経済学的な「市場」分析——表現の自由の公共選択理論分析——は，市場の成功と市場の失敗との双方に目配りしながら，《それでなくても過少供給される政治的言論を政府が規制すれば，ますます過少供給されてしまう》，《しかも，政治的言論は過剰規制されやすい》と論ずるところは，一見説得的である。

これと同じことを，憲法学および連邦最高裁は，公的言論への萎縮効果としてとりあげることが多い。ところが，憲法学は萎縮効果がどの程度になれば違憲となるというのか明らかにしたこともなければ，萎縮効果なるものの因果関係を経験的に論証したことがない。論証のないところでは，萎縮効果は，あるともいえるし，ないともいえる[64]。実は，連邦最高裁は萎縮効果が利益衡量の一要素にとどまることを承知しながら，さまざまな「法準則」を作り上げてきたのである[65]。表現権理論が依拠すべきは，萎縮効果論ではなく，それを

---

[64] *See* F. Schauer, *Fear, Risk and the First Amendment: Unraveling the "Chilling Effect,"* 58 B. U. L. REV. 685, 690-92 (1978). シャウアは，すべての法令は多かれ少なかれ「萎縮効果」をもつのであって，この効果を口にするだけでは論点を先鋭にはできない，という。シャウアのこの論攷は，修正1条の哲学が「思想の自由市場の失敗」に寛大で，「政府の規制の失敗」には警戒的なのだ，と巧みに説明している。政府規制が危険回避者を産出するものであってはならず，政府（なかでも，裁判所）はリスク・テイカーをこそ保護せよ，というのである。

[65] 政治的言論に対してもつ萎縮効果を警戒して，連邦最高裁は New York Times Co. v. Sullivan, 376 U. S. 254 (1964) において「現実の悪意ルール」を確立した。最高裁は，たしかに萎縮効果に神経をとがらせたが，その効果をもって問題の州法規定を違憲としたわけではない。*New York Times* の法廷意見をものしたブレナン裁判官は，問題の州法の萎縮効果を，(ア) 損害の発生が推定されていること，(イ) 被告の fault の程度によっては懲罰的損害賠償をも許していること，(ウ) いずれの場合でも賠償額が高額であること，(エ) 個人を特定しないで政府を批判したとしても，それは関連する職にある人物を批判

Ⅳ　Free Market of Ideas の意義

定型化した法準則である。ファーバァの経済的分析は，「過少供給」，「過剰規制」という，一見切れ味のある論拠を提供して，萎縮効果論の隙間を埋めたのである。が，これも法準則の構築にまでは至っていない。

(3)　ここで確認しておくべきことは，経済理論を援用しているこの理論（正確には，経済理論を政治過程に応用しようとする公共選択理論）が「思想の自由市場」のうち，「市場」にウエイトを置いた分析だ，ということである。このことを，ファーバァ自身，次のように確認している。

> 「合理的な個人は，虚偽情報と真実のそれとを対等に受領しようとはせず，信頼に足りるとする論拠がないと判断したときにはその情報を無視するにちがいない。個人は真実の言明よりも虚偽の言明を，うまく選別するはずで，したがって，真実の言明のほうを受け容れがちのはずである。この見方は，『市場は信頼性に欠ける情報を無視するはずだ』というひねりを加えているとはいえ，思想の自由市場論の一変形である」[66]。

たしかに，公共選択理論に依拠したファーバァ理論は，従来型「思想の自由市場」論にひねりを加えた応用編である。彼の視点は，「言論規制者としての政府だけに焦点を当てた『思想の自由市場』論」の欠落部分を，「情報生産者・供給者としての政府」，「私人の言論活動の助成者としての政府」活動で埋めようとした。この理論は，「思想の自由市場」を規範的に構成し直そうとする試みである。すなわち，「思想の自由市場」に流通する情報の質と量とをオプティマルな，あるべき状態に人為的にもっていこうとする試みである。

3　情報の公共財性理論の欠陥

(1)　上のファーバァ提言には，次のような疑問がある。

第1に，この提言を実行するにあたっては，「思想の自由市場」に流通すべき情報の量と質の評定が政府によってなされざるをえない。が，しかし，どの種の情報が高価値であって優先的に市場に供給されるべきか，この情報がどれほど市場に流れ出ていればオプティマルな状況にあるといえるのか，といった評定にあたる政府の適性・能力がはたしてあるものか。この人工的につくり出

することだと変形されていること等の法構造のなかに見出したのである。
66)　Farber, *Free Speech without Romance, supra* note 50, at 561 n. 26. E. BAKER, *supra note* note 7 は，アイディアの市場に関するファーバァ流のアプローチを「市場の失敗モデル」と称して，真実到達に信頼を寄せる「古典的モデル」と区別している。

されるオプティマルな状況は，市場における情報の需給の均衡点とは別もののはずである。

　第2に，たとえ，情報市場において最適またはよりよき情報状態が存在しうるとしても，政府による供給または助成によって供給される情報がこの情報状態へと近づくという保証はない。なぜなら，この情報は需要（消費）されないかもしれないからである。市場に供給された情報は，実は，負の公共財として，または，センス・データとして垂れ流されているということが大いに考えられる。これが人為的な供給調整政策のもつ限界である。

　(2)　ファーバァ理論の難点をひとことでいうなら，サプライサイドの経済学の視点に傾きすぎている，ということである。しかもこの理論は，供給曲線を右側にシフトさせることによって"市場を成長させる"というのではなく，"よりよき市場とする"ことを目論む規範的提言である。彼の理論のねらいは，個々人の選好を最大限満足させることにあるのではなく，サプライサイドの経済学に依拠しつつ規範的な市場をいかにして創造するか，という点にある。

　これは，新古典派の説いてきた一般均衡という状態を規範的モデルとして設定し，政府の力によってこれを実現しようとする理論と同型である。ここには，(ア)経済市場にはたして一般均衡という状態が存在しうるものか，(イ)一般均衡状態が存在するとしても，その状態を「到達されるべき目標」だと規範的に考えてよいものか，(ウ)政府による情報市場への介入が実際に均衡状態を作り出すものか，(エ)情報の流れが，生産・供給，取引，消費といった経済的な営為を伴うものかどうか（情報を財だと捉えること自体に疑問はないか）等々，検討されるべき課題が多く残されている。この疑問は経済市場をどう捉えるか，という根本問題と繋がっている（この点については，第4章において検討する）。

　(3)　ファーバァ理論のかような経済学的な視点に関する私の最大の疑問は，市場に流れ出ているセンス・データのうち，いずれを購入して自分の満足度を1単位上げるかという個々人の自由な判断を真剣に受け止めていないのではないか，という点にある。政府の選択したセンス・データが次々と市場に流れ出る事態は，"あなたのデータ選択が間違っている，または，適切ではない"との判断権を政府に与えるに等しい。言い換えれば，**個々人の選好の推移よりも政府のそれを優位させその購入を推奨している**。この公定の推移選好は，自由市場においては消費者に受容されることはなく，センス・データとして垂れ流されることになって資源を無駄に利用するか，さもなくば，生産者にとっての

Ⅳ　Free Market of Ideas の意義

み効率的な資源配分となるのではないか，と私は懸念している。

(4)　ファーバァの分析は，現実の情報市場の非効率性を論証する経済理論ではなく，資源配分の偏在を矯正しようと新古典派の経済理論を「利用」しているようである。また，彼の公共選択理論は　政府という新規市場参入者または政府の助成を受ける新規市場参入者によって需給曲線が大きく変動するものと予想しているが，この変化は現実には起こりようもない。なによりも，政府（官僚）は中立的な第三者ではなく，情報生産の適正量・質に関する判定者として適格ではない。政府による「助成」は介入・規制とセットとなっている，と予想しておくことが必要である。助成することの政府利益は規制する利益または監視権限とつながって，政府による市場介入の程度は倍増するだろう。それだけ情報の自由で自発的な取引量は減少するだろう。この予想を抜きにして「過少生産／過剰生産」という概念を規範的主張の論拠として用いることに私たちは慎重でなければならない。

「過少生産／過剰生産」という概念は，生産量の現実を表すこともあれば，克服されるべき外部効果を含意することもある。後者についての政府の評定・計算が適正であるとは私には到底思えない。日米ともに，今の政府（官僚団）はあまりに巨大化しているために，負の限界生産力（negative marginal productivity）段階にまで達しており，市場への政府の介入が利益をもたらさないところまできているようである。すなわち，政府による助成は，結局のところ，「政府の失敗」に終わるおそれが大きいということである。

「フリー・ライド」を論拠とする政府のアイディア市場への積極的介入は，実のところ，政府介入がフリー・ライドを推奨するがゆえに市場が失敗するのだ，といえるだろう。ある財の公共財性と政府介入との間には必然的関連性はなさそうだ。

(5)　先に私は，free market of ideas を「思想の自由市場」と訳すことに疑問を呈示した。私はもうひとつ，疑問を抱いている。それは，思想の自由市場論のステレオタイプ的な紹介のされ方についてである。

「思想の自由市場」論とは，「相争う思想を自由に競争させれば真実が勝ち残る」考え方としてたびたび紹介されてきた。が，「思想の自由市場」論は「**思想**」についての真偽を問うものではないはずである。*Gertz v. Robert Welch, Inc.*, 418 U. S. 323, 339 (1974)における有名なフレーズにみられるように[67]，「修正１条においては，誤ったアイディア（思想）などありはしない」(Under the

First Amendment there is no such thing as a false idea.）という主張こそ「思想の自由市場」論に忠実である。「思想」の真偽は問われるべきではなく, 問われるべくもない。

　では, 記述的命題についてはどうか。「ある意見がいかに悪質であろうと, それを糺すのは, 裁判官や陪審員の良心にかかっているのではなく, アイディアの競争に委ねられている。これに対して, 事実を誤って伝えることには, 憲法上何らの価値はない」と Gertz はいう[68]。

　私は, 「事実を誤って伝えることには, 憲法上何らの価値はない」と断言する Gertz に反対である[69]（この点に関しては, 2 (1)の(カ)において紹介したファーバァの見解を参照せよ。アイディアの自由市場論は, 言明者の虚偽表明には寛大で, 政府の真偽判断に対して警戒的であるべきだ, と私はいいたいのである）。

---

67) 名誉毀損事案である Gertz でのこの有名なフレーズは, あくまで傍論において表明されている点には留意を要する。傍論において連邦最高裁がここまで明言したのは, 公衆の関心事にかかる公的なコミュニケーションの事案であれば, 意見の表明は不法行為にならない, と強調するためだったようだ。このフレーズは本文にも引用したように, こう続けられている。「ある意見 (opinion) がいかに悪質であろうと, それを糺すのは, 裁判官や陪審員の良心にかかっているのではなく, 他のアイディアとの競争に委ねられている。これに対して, 事実を誤って伝えることには, 憲法上何らの価値はない」。Gertz でのこの傍論は, これ以降, 「意見の表明／事実の摘示」の二分法のもとで, 意見保護の流れへと判例や RESTATEMENT の第2版を向かわせるポイントとなったのである。

68) Gertz v. Robert Welch, Inc., 418 U. S. at 339-40. さらに Gertz は「名誉毀損の犠牲者にとって第1の救済策は, 自助（言論による対抗）である」というかと思えば (Ibid., at 344), 「真実が虚偽に対抗できることは滅多にない」ともいう (Ibid., n. 9)。

69) 連邦最高裁も, N. Y. Times Co. v. Sullivan, 376 U. S. 254, 279 n. 19 (1964) において, 「（公職者を批判するにあたって）事実の真実性を証明するよう求める法準則は, 公衆による多様な討論を制限し活力を失わせる」と指摘したさい, J. ミルトンを引用して虚偽の言明が真実を際だたせることに貢献している点を強調するに至った。Farber, Free Speech without Romance, supra note 50, at 569 は, N. Y. Times Co. の法理を, 経済学の観点にたって, 次のように解明してみせる。

　新聞社の編集者は, 記事が60％真実（虚偽であることの確率は40％）であること, これを販売すれば10万ドルの増益があること, を知っていたとしよう。さらに, この記事が真実であれば, 社会的な正味利益が100万ドルにのぼるところ, 虚偽であるとして名誉毀損と判定されれば50万ドルの賠償金を支払わねばならない, としてみよう。社会的総利益の計算をもとにして判定すれば, 記事は公表されるべきである。が, 50万ドルの損失に直面している新聞社は, 損得計算をして公表を避けるだろう。この危険回避を回避するには, 新聞社による虚偽の公表を大きく保護する法理が必要となる。萎縮効果または自己検閲とはこのことをいう。

(6) 私は，ここでは，「事実の誤り」の社会的価値を強調したいのではない。「思想の自由市場」にいう「思想」にウエイトを置いたとき，一方で，記述的命題については「事実を誤って伝えることには，憲法上何らの価値はない」といわれ，他方で，規範的命題については「誤った思想などありはしない」といわれ，「事実／規範」の別に応じて憲法保障の領域および程度が両極化してしまうだろう，と強調したいのである。

このふたつの命題が両立するかどうかは，「事実の公表／意見・見解の公表」，「認識／価値判断」という新カント派的二分法の正否にかかっている。この正否は今の私の関心事ではない。私は，特に新カント派の強い影響下にあるわが国の憲法学が「誤った思想などありはしない」と明言することを期待する。また，主義，主張等の判断作用を指す「思想」を念頭に置きながら，「『思想』の自由市場」論が「真実」（事実の真実性）への到達をうたったものだ，と誤導的な紹介を今後はしないよう私は学説に望む。

お わ り に

(1) 市場における自由競争は時間をかければ真実へと人びとを到達させる，という主張に対しては，次のような批判がすぐに持ち出される。

第1に，科学的で客観的な真実（真理）など存在しない[70]。

第2に，たとえ，客観的な真実が存在するにしても，その認識にあたっては，人間の価値観や情報処理能力によってフィルターがかけられている（人間の理解力・情報処理能力が希少である）。

---

[70] ホームズが念頭においている「真理（真実）」とは，諸命題の体系的整合性を確信することを指すのであって，事実（fact）と知性（mind）との合致をいうのではない。ホームズのいいたいことをあえて有り体にいい直すならば，事象がその蒙昧さをはぎ取られて明らかにされる（発見される）ことである。こう理解すれば，本文でふれた第1の批判はホームズにおいては通用力がない。金井・前掲注4）343頁は，ホームズがL. ハンド（L. Hand）宛の書簡において，「私がある事物を真であるということ，それが意味しているのは，私がそれを信ぜざるをえない（I can't help believing it.）ということである」と述べたことを紹介している。それでも，ホームズ流の理解には，命題の整合性が主体の信条に依存せしめられているという点で主観的だ，との疑義が残されている。アメリカにおける「アイディアの自由市場」をめぐる山のような論攷の多くは，自由市場が到達させる「真実」の意義をめぐる論争である。たとえば，*See* SCHAUER, *supra* note 10, FREE SPEECH, at 15-59 ; M. Redish, *The Value of Free Speech*, 130 U. PA. L. REV. 591, 593 (1982).

第1章 「思想の自由市場」論の組み直しに向けて

　第3に，もろもろのアイディアが競争状態におかれていても，その競争によって真実へと到達するという命題は，歴史的にも理論的にも，論証されたことがない。

　本章は，上の第1，第2の批判については反論しない（本章の関心外である）。本章がとりあげるのは，第3の批判である。

　第3の批判を補強するのが，"経済市場においても最善の商品が勝ち残ることはない"という経済市場とのアナロジーを用いる立場である。

　このアナロジーは，先のⅠ(3)でふれたように，"経済市場における自由競争がさまざまな財を淘汰して最善の商品へと到達することはないのと同様に，アイディアの自由市場における自由競争も，最善の知識へ到達することはない"と「思想の自由市場」論を批判する。この論法は，これまで本章が指摘してきたように，経済市場における失敗または機能不全を例示しながら，「思想の自由市場」を国家の手を借りて規整しようとする主張にまで展開されてくる。

　他方，このアナロジーを用いて「思想」の自由競争に期待する論者は，経済市場における自由競争をどうみているのだろうか。また，アナロジーにとどまることなく，ふたつの市場を同型・同質だと考えている論者は，市場をどう捉えているのだろうか。

　この疑問を解決するには，まずは，経済市場の捉え方から再検討することが必要である。

　市場とは何であり，いかなる機能を果たすとみればいいのか。また，市場における自由競争が有効に機能するには，いかなる条件が考慮されるべきなのか。この検討が私の今後の課題である。

　(2)　Idea は思想と同義同範囲ではない。また，idea は単なるセンス・データでもなければ情報という形式でもない（Ⅲ(5)をみよ）。Free market of ideas とは「知識の自由市場」をいうと理解するのが適切である（本章は，これまで「アイディアの自由市場」と表記することによって idea の意味をニュートラルとしてきた。本章が，ときに「知識の自由市場」と表記したのは，idea に思想以上のニュアンスをもたせようと意図してきたためである）。

　また，この自由市場に期待されるものは，真実・真理への到達という積極的な働きではなく，「知識の累積的拡散→動機づけに必要な知識の提供→選択における不確実性の軽減」と構想することが妥当である。ファーバァが，「市場は信頼性に欠ける情報を無視するはずだ」というとき，それは「選択における

おわりに

不確実性の軽減」をいうように私には思われる。

(3) 自由市場における重要課題は，経済の市場であれ知識の市場であれ，資源をいかに allocate するかという効率問題の解決にあるのではない。ましてや，リソースの望ましい布置を実現するためにそれをいかに redistribute するか，にあるのでもない。市場の課題は，「社会の構成員の誰かが，個人としてその相対的な重要性を知っている諸目的にたいして，かれが知っている資源の最良の利用をいかにして確保するか」[71]という点にある。

(4) 経済学における経済自由市場の見方は，あまりにエコノミー（ある企図達成にとっていずれの手段が効率的であるかという課題，または需要と供給とがどのポイントで均衡するかという課題）に焦点を合わせすぎた。「思想の自由市場」論批判はこれに引きずられた。自由市場は，経済的リソースを効率的に配分しているというだけではない。自由市場は，人間行動全般と関連している。そのなかでも，自由市場は知識伝達の累積的な過程であって，これに参加することによってわれわれは自分の将来の行動（選択行動）に見通しをつけるのである。この視点から，自由市場を眺めなおしたとき，市場とは分散している知識をつなぎ合わせ，人びとが取引費用をかけないで自発的に知識を授受するためのネットワークだ，と視野が広がってくる。経済の市場と知識の市場とは，案外，同型であるのかもしれない。

(5) 知識の自由市場という構想は，当初は比喩に過ぎなかった。それが，さまざまアカデミックに肉づけされて，アナロジーへ，さらには経済学の知見と擦り合わせられて「理論」と呼んでよい段階にまでに至ったものと思われる。

理論と呼ばれるに値するには，いかなるアカデミックな操作が必要だったのか，この理論は，どんな条件を満たせば何がもたらされる，といいたいのか。これに関する私の応答は他日を期す。

*　　　*　　　*

兼子仁＝磯部力＝村上順著『フランス行政法学史』（岩波書店，1990）に収録されている磯部力「モーリス・オーリウの行政法学」は，"遅れてきたオーリウ" と評されるほど，晦渋さで知られているオーリウ理論を明快に解析した名論文である。こ

---

[71] F. ハイエク，嘉治元郎・嘉治佐代訳『ハイエク全集Ⅰ-3 個人主義と経済秩序〔新版〕』（春秋社，2008）110頁．

の論文は，公法学にとって基本的枠組みである，行政と統治，行政法における主観法と客観法，公権力と公役務といった重層を掘り進んでいく。なかでも私にとって最も興味を惹いたのが，この論文にみられた「制度」の理論分析であった。

　オーリウは「制度」概念を強調して，主意主義的で個人主義的な法理論を乗り越えようとした。彼は，社会的なるものは個々人に還元して説明できはしないことを知っていた。"この彼の思考は最近の新制度派経済学の説くところと似ている，"これが私の感想であり，本章を執筆する動機だった。磯部論文に触発されて書き始めた私の草稿は，当初，「制度と組織の表現権理論」と題していた。が，これを書き始めると，助走部分が長くなって，まずは，「「『思想の自由市場』論の組み直しに向けて」と改題しその前半分だけを本章の課題とし，表現の自由と制度・組織との関係については，第4章において導入部分だけを論じた。本章の題名と内容は当初の構想とは違ったものになったとはいえ，磯部論文に遭遇しなかったならば，私は本章を書こうともしなかったことだろう。磯部教授の学恩に感謝申しあげる。

＊　　　＊　　　＊

　本章は立教法学 80 号（2010）に公表した「『思想の自由市場』論の組み直しに向けて」の執筆の意図が明確になるよう加筆修正したものである。

第2章　情報財の保護か，知識の自由な流通か
——プライバシーの権利と個人情報の保護

> 他者の有する知識から得られる利益は，科学のすべての進歩を含め，市場メカニズムが提供し方向づけるチャンネルを通して私たちの手許にやってくる。私たちが，他の世界に住む人びとの審美的な努力や道徳的な努力に少しでも参加できるのも，経済的な関係のおかげである。誰もが多くの人びとの行為に大なり小なり依存しているのは，物理的な事実ではなく，経済的と呼ばれる事実であって，このことは否定できない。
> F. Hayek, Law, Legislation and Liberty, Vol. II, at 113 (1976).

はじめに

(1)　佐藤幸治説——日本憲法学における定着

　ここ数十年の日本におけるプライバシー権の研究は，佐藤幸治教授の諸論攷によって道筋をつけられた。その嚆矢となったのが，1970年の画期的な作品，「プライヴァシーの権利（その公法的側面）の憲法論的考察(1)(2)」（法学論叢86巻5号，87巻6号）である。これは，プライバシーの思想的・哲学的な意義から始めて，アメリカ連邦議会（委員会）におけるヒアリング，各種レポート，そして学説さらには盗聴に関する判例の展開に至るまで，縦横無尽に論じつくしたもので，教授の強靱な思索力と幅広いパースペクティヴを感じさせる力作だった。教授のプライバシー観が総論的に展開されているのが，この論攷(1)の前半部であった。いわく，「われわれは，プライヴァシーの権利が人間が人間たるための基本的な事柄にかかわるものであるということが分かる。この人間が人間たるための基本的な事柄を『人間の尊厳』とか『個人の尊厳』という言葉に言い換えるならば，プライヴァシーの権利によって保護しようとするものはまさにかかる『人間の尊厳』あるいは『個人の尊厳』だということができる」。この論攷以降も，教授は，次々とプライバシーに関する考察を深められ，プライバシー権をこう定義されるに至った。

「プライヴァシーの権利とは、『個人が道徳的自律の存在として、自らが善であると判断する目的を追求して、他者とコミュニケートし、自己の存在にかかわる情報を開示する範囲を選択する権利』のことである」[1]。

この佐藤説は、その論文の表題からもわかるように、公法上のプライバシー権を論じたものだった。が、この限定は、次第に等閑視されて、「自己情報コントロール権」説と通称され、プライバシー権は、公法私法を問わず、自己に関する情報、すなわち、個人を特定化できる情報を情報主体がコントロールする権利だ、と説かれはじめた。そして、今日では、プライバシー権を自己情報コントロール権として捉えることは、わが国憲法学における通説の地位にあるとまでいわれている[2]。

(2) アメリカでの状況——学説の混迷

これに対してアメリカにおいては、「今日に至るまで、プライバシーに関する有意義な定義は存在していない」[3]、「プライバシーの権利は、輪郭が不明確で、理論的にも茫洋としたままである」[4]、「大山鳴動してネズミ一匹それも子ネズミ」[5]といわれているのが実情である。ある論者は、プライバシー権と呼ばれている権利には独自の実体はないとその権利性を否定するかと思えば、別の論者は、プライバシーを人間の尊厳や人が人であること（personhood）に

---

1) 佐藤幸治「プライヴァシーの権利と個人情報の保護」宮田豊先生古稀記念『国法学の諸問題』（嵯峨野書院, 1996) 59頁；同『憲法〔第3版〕』（青林書院, 1995) 453～54頁。
2) 参照、竹中勲「憲法上のプライバシーの権利と最高裁判所」阿部照哉先生喜寿記念論文集『現代社会における国家と法』（成文堂, 2007) 32頁, 渋谷秀樹・赤坂正浩『憲法 1 人権〔第4版〕』（有斐閣, 2010) 254-256頁, 芦部信喜・高橋和之補訂『憲法〔第4版〕』（岩波書店, 2007) 119頁。判例は憲法学における通説を採用しているとは私には思われないので、本文での記述を「判例・通説」とはしなかった。下級審判決ではあるが、週刊誌 FLASH プライバシー侵害訴訟に関する東京地判平成 18・3・31 判タ 1209 号 60 頁は、自己情報コントロール権としてのプライバシー権について「法的保護に値しないと解するのが相当である」と判断している。堅実な思考である。この地裁判決については、後の第3章脚注 136) もみよ。
3) See D. Solove, *Conceptualizing Privacy*, 90 CAL. L. REV. 1087, 1088 (2002). アメリカにおけるプライバシー（権）をめぐる論争展開に関しては、A. Peikoff, *The Right to Privacy: Contemporary Reductionists and Their Critics*, 13 VA. J. SOC. POL'Y & L. 474 (2006) が詳細かつ有益である。
4) See N. Richards, *Reconciling Data Privacy and the First Amendment*, 52 UCLA L. REV. 1149 (2005).
5) H. Kalven, Jr., *Privacy in Tort Law — Were Warren and Brandeis Wrong ?*, 31 LAW & CONTEMP. PROB. 326, 337 (1966).

論拠づけて，権利としての統一性を持たせようとする。さらに別の論者は，プライバシー権存立の危うさを回避するために「データ保護」法制を検討しているかと思えば，ある者は，個人情報に財産権的な理論構成[6]をほどこしてはじめてその権利性の弱さをカヴァできるのではないかと論じている。かように，プライバシー権の母国，アメリカの理論状況は錯綜し混迷している。

I　プライバシー(権)の捉え方

1　プライバシー権論の混迷原因

(1)　どう類型化して論ずべきか

この錯綜混迷の原因は，㋐プライバシーそのものの類型論（taxonomy）についてさえコンセンサスがない，㋑プライバシー選好そのものが主観的で，多様である，㋒「プライバシーそのもの／プライバシー権」という区別が十分に意識されていない，㋓プライバシー権を論ずる場合，「不法行為プライバシー（Tort Privacy）／情報プライバシー（Information Privacy）」のいずれを念頭において論争しているのか明確さに欠けていること等にあるように思われる。

上の㋐にいうプライバシーの類型論は，プライバシーの「権利」性を論ずるものではなく，プライバシーそれ自体が，人間や社会にとっていかなる意義・機能を持っているかという点を，人類学，社会学，社会心理学，政治学，精神医学等々のそれぞれの専門領域が，それぞれの見識を語るものであって，統一性に欠けることは致し方ない。こうした幅広い論争のあるなかで，法的な議論として注目されるべき類型が，「領域プライバシー／意思決定プライバシー／情報プライバシー」，「物理的プライバシー／情報プライバシー」，「不法行為法上のプライバシー権／情報プライバシー権」または「非開示としてのプライバシー権／情報コントロールとしてのプライバシー権」である。これらのうち各々の最後の項にあるのが，わが国の通説とされている「自己情報コントロールとしてのプライバシー権」にほぼ相応している。これと対照しながら，物理的，不法行為上，非開示等の項にみられる特徴が取り出されるのである

---

6) 本稿にいう「財産権的理論構成」または「財産権モデル」とは，金銭に換算可能な客体を交換価値に基づいて取引対象とする構想をいう。また，個人情報の財産化とは，有り体に言えば，個人情報を商品化（commodification of personal information）して取引の対象とすることをいう。

（または，これらの特徴が情報プライバシー権にみてとれるか，論じられるのである）。

　上の(イ)にいう「主観的で多様である」とは，何をもって"None of your business"または"Let me alone"と考えるかは主観的な選好の問題だ，ということである。プライバシーの権利性に疑問を呈する論者の念頭にあるのも，このプライバシー選好の主観性である。

　ついで，上の(ウ)にいう「プライバシー／プライバシー権」の区別とは，学際的に捉えられた(ア)のプライバシーのうち，"権利"と呼ぶにふさわしい実体的法益を取り出そうとする類型論である。そのさいには，一方の論争は，何をもって権利と考えるか，その権利はいかなる権利の束からなっているか，という法哲学的な論争となり，他方では，判例上「プライバシーの権利侵害」とされてきたものに統一的な実体的法益が読み取れるか，という判例分析的な論争として展開されてきている。

　最後の(エ)，「不法行為プライバシー／情報プライバシー」は，「メディア・プライバシー／コンピュータ・プライバシー」と言い換えられることがあるように，「公表されない秘匿領域の保護／収集蓄積利用されない個人情報の保護」の別を表している。わが国憲法学の通説といわれる「自己情報コントロール権」説は，後者の項にかかわるプライバシー権の捉え方である（もっとも，両者を統一的に捉えようとする立場もみられる）。

(2) 個人情報に実体的法益はあるか

　法哲学的な論争であれ，判例分析上の論争であれ，その法的な論争の行き着くところが，上の類型での(エ)にいう「不法行為プライバシー／情報プライバシー」という類型論である。この類型は，《プライバシー権と呼ばれているものに，独自の実体的な保護法益はあるのか》という論争を振り返るにあたって重要である。

　不法行為プライバシーにおける法的な保護対象は，要秘匿性のある個人情報または生活領域であって，かつ，public domainには属していないものである。これに対して，情報プライバシーの捉え方は論者によって微妙な違いがあるとはいえ，個人を特定しうるデータ（個人に関する形式的な知識），すなわち，秘匿性のない個人識別情報を保護対象とするのが一般的である。本章はふたつの広狭関係に注視して，不法行為プライバシーを「狭義のプライバシー」と呼ぶことがある。

　情報プライバシーをこのように捉えたとき，その実体的な保護法益は何であ

るのか，権利と称するに値する実質を持っているのか，疑問になってくる（はずである）。というのも，伝統的な「不法行為プライバシー権」でさえも"独立の権利ではない"とする見解があることと比較したとき，「情報プライバシー権」がはたして権利と呼ぶに値するものか，権利論として当然に疑問視されてくるからである。そればかりではない。情報主体が自己情報に対して権利（排他性または潜在的な排他的法力）を持っているとした場合，この権利は自由な情報流通（思想の自由市場および経済自由市場における知識の自由な取引・授受）を阻害するのではないか，という疑義も生じてくる。この疑義は，表現の自由を重視する人びとからは，"情報プライバシー権は対立利益を十分に考慮していない""情報プライバシー権は，人を黙らせる"という批判へ，さらに，「法と経済学」に従事している人びとからは，"情報プライバシー権は取引費用を高めて社会的効用を低減させる"という批判として展開される。双方ともに，自己情報コントロール権には，built-in limitation が欠けているのではないか，対立利益を十分考量しないままの権利主張となっているのではないか，と懸念しているのである。

2　プライバシー権・再訪

(1)　プライバシー権に integrity があるのか

日本の法学者が考えてきた以上に，アメリカにおけるプライバシー権は未成熟であり脆弱である。ある著名な法学者は，「プライバシー権の素性は高貴であっても，文明社会において同権利の重要性は，最も低い」とまで明言するほどである[7]。それどころか，以下にふれるように，不法行為プライバシーについてすら，独立の権利として成立しがたい，と診断する論者も少なくない。殊に，「情報プライバシー」ともなると，その重要さを強調する論者は後を絶たないものの，これを真正の権利である，または，憲法上の基本権である，との論拠づけに成功してはいない。

アメリカにおけるプライバシー権に関する論争のなかでも私が気づいている顕著な傾向は，次のとおりである。

第1。不法行為プライバシー権に関してさえ，integrity に欠け独立の権利とはいえない，とする論者が多い。この論者は，身体の自由や財産権へと還元されるべし，と主張するところから，「還元論者」〔reductionist〕ともいわれ

---

[7] R. Epstein, *Privacy, Property Rights, and Misrepresentations*, 12 GA. L. REV. 455, 463 (1978). また，同旨，Kalven, Jr., *supra* note 5.

る[8]）。ここでわれわれは，不法行為法の大家にしてRESTATEMENT（Second） OF LAW OF TORTS でプライバシーの項目を担当したW. プロッサ（W. Prosser）自身が還元論者であって，"プライバシー権といわれているものに統一的な法益を発見することは困難だ" と語っていたことを想起すべきだろう[9]）。

第2。反還元論者も[10]），個人情報すべてがプライバシー権だとは主張してはおらず，「プライバシーとは，他者のアクセスを制限すること」と不法行為イメージをプロトタイプとして，それ特有の権利性（排他的権利性＝right to exclude）を軸に，非還元性を論じているのである[11]）。それだけ権利論論争の

8）プライバシー権といわれているものは，いくつかの伝統的な権利に「還元」されてはじめて理解可能となるとする「還元主義」学派としての代表的論者がJ. トムスン（J. Thomson）である。See J. Thomson, *The Right to Privacy*, 4 PHIL. & PUB. AFF. 295, 328 (1975).

9）See W. Prosser, *Privacy*, 48 CAL. L. REV. 383 (1960). プロッサは，この論文において「プライバシー侵害」と称させられてきたものが実は，別個の法益であるとみて，侵害方法別に4つ類型を示したのだった。彼の還元主義的な発想は，「プライバシー」が融通無碍に拡張されないように留意し，他に救済方法のない領域に限定されるべきだ，と考えていたことによるのである。さらに，彼はHANDBOOK OF THE LAW OF TORTS の初版（1941）の1054頁では，プライバシー事案は，いずれ，intentional infliction of emotional distress（IIED）へと吸収されるだろう，とも予測していたほどだった。もっとも，その後の版においては，この部分は削除されている。また，不法行為プライバシー概念をも否定する古典的論攷として，D. Zimmerman, *Requiem for a Heavyweight: A Farewell to Warren and Brandeis's Privacy Tort*, 68 CORNELL L. REV. 291 (1983) 〔以後，"*Requiem for a Heavyweight*" と引用する〕；Kalven, Jr., *supra* note 5, at 328 を，それぞれみよ。H. キャルヴァン Jr.（H. Kalven, Jr.）は，(a)プライバシー権は，さまざまな権利——身体の不可侵性（自由），精神的静謐利益，名誉等——のリストの言い換えであること，(b)これら既存の権利がプライバシー権といわれている領域を有益にカヴァしていること，(c)既存の法益はプライバシーよりも重要であること等を論じた。

10）「反還元主義」学派の業績としては，R. Gavison, *Privacy and the Limits of Law*, 89 YALE L. J. 421 (1980)；Ch. Fried, *Privacy*, 77 YALE L. J. 475 (1968)；E. Bloustein, *Privacy as an Aspect of Human Dignity: An Answer to Dean Prosser*, 39 N. Y. U. L. REV. 962, 984 (1964) 〔以下，"*Human Dignity*" と引用する〕をそれぞれ参照。また，こうした流れの全体像については，Peikoff, *supra* note 3；D. SOLOVE, UNDERSTANDING PRIVACY 14-39 (2008)；佐藤幸治「権利としてのプライバシー」ジュリスト臨増『情報公開・プライバシー』ジュリ742号（1981）158頁以下をみよ。還元主義論争を解読するにあたっては，それぞれの論者が不法行為法のレベルで議論しているのかどうか，言い換えれば，コモン・ローにおけるプライバシー権の位置づけを論じているのか，それとも，制定法上のそれを論じているのか，読者は常に留意しておかねばならない。

11）*See, e. g.,* Gavison, *supra* note 10, at 429〔秘密・匿名・孤独の複合体であって，他者のアクセスを制限すること〕；T. Gerety, *Redifining Privacy*, 12 HARV. C. R.-C. L. L. REV. 233, 236 (1977)〔親密行動情報を管理すること〕；R. Murphy, *Property Rights in*

焦点と射程は限定されている。

　第3。不法行為プライバシーのなかでも，プライバシー提唱の契機となったマス・メディアによる「私事の公表」事案（cases of public disclosure of private facts）においても，不法行為の成立を認める裁判例は少なく，マス・メディア勝訴とされることが圧倒的である。ある論者はいう。「不法行為プライバシーは，失敗作だった。伝統的なコモン・ロー上の権利〔名誉毀損や不法侵入〕を補充してきた点にかぎっていえば，この不法行為は成功したといえるものの，〔原告が〕情報開示から保護されることは〔判例上〕ほとんどなかった」[12]。このことは，プライバシー権の脆弱さと無関係ではない。

　以上の3点に気づいただけでも，われわれは"不法行為法上のプライバシー権がかくも脆弱であるのであれば，いわんや情報プライバシーにおいてをや"との印象を抱くはずである。

　顕著な傾向は，これだけではない。

(2)　寄生的利益としてのプライバシー権？

　次のいくつかの引用文に接してわが国の法学者は，どう感ずるだろうか。

　　「個人情報の収集がプライバシー侵害となるケースは，プライバシー権とは異なる権利の侵害またはプライバシー権にかかわらない権利侵害のときだけである」[13]。

　　「過去の違法行為または不道徳な行為〔に関する情報〕は，明らかに，その人が友情，尊敬または信用に値するか否かを評定するための資料である。この秘匿を法的に保護するとなれば，それは，市場における財の虚偽の広告の

Personal Information: An Economic Defense of Privacy, 84 GEO. L. J. 2381, 2384 (1996)〔客観的にみて私的な個人情報を管理すること〕等，圧倒的な数の論者は，個人情報のうちの何らかの特性に焦点を当てて，保護されるべき個人情報を画定しようとしている。が，成功例はない。この点については，See SOLOVE, UNDERSTANDING PRIVACY, *supra* note 10, at 24-29.

12) Murphy, *supra* note 11, at 2388.〔　〕内は阪本。私生活の公表事案が連邦最高裁においてまで争われることは数少ないが，それでも，最高裁はマスメディア勝訴としてきている。また，不法行為事案の法域である州においては，たとえば，前科の公表をプライバシー侵害だ，と判断した裁判例は，キャリフォーニア州を除いて，まず存在しない。このことは，わが国の判例・通説を比べて実に興味深い（⇒第3章）。

13) See Thomson, *supra* note 8, at 328. この論者のいい方は，わが国のいわゆる個人情報保護法1条の規定のしかたと符合している。これは単なる偶然ではないように思われる。

法的扱いと矛盾してくるだろう」[14]。

　「社会の評判・評価（reputation）を『権利』として扱うことも〔経済学の見地からすれば〕ナンセンスである。なぜなら，評判・評価とは他者がわれわれについて考えているところをいうのであって，誰も他人の思考をコントロールする権利を持つはずはないからだ。これと同様に，他者に知られている情報をコントロールして彼らが抱いている見解を操作する権利は誰ももてはしない。プライバシーの名のもとでなされようとしていることは，まさにこのコントロールである」[15]。

　上の第1のものは，プライバシー権が独立の権利として成立しがたく，他の権益に寄生する利益であることを，中間のものは，一定種の個人情報（日本法においては，不法行為プライバシーの中核として扱われている種類の個人情報）が不法行為プライバシーのもとですら保護に値しないことを，最後のものは，自己情報にはコントロール権が付与されるはずはないことを，それぞれ率直に述べている。

　上の引用文とさほど異ならない所見を持ってきた私は，本章では「情報プライバシー」をとりあげ，はたして，情報主体が自己情報を「コントロール」できる（すべき）ものかどうか，つまり，排他的支配可能性を有するものかどうかについて検討していく（もっとも，コントロール権が管理権のみならず処分権を指すのかどうか明らかにされたことはないが，本章では排他性イメージを浮かび上がらせるために「支配可能性」と表記する）。

(3)　Second-order としてのプライバシー権？

　排他的支配可能性を論ずる前に，われわれは，まず，日米の権利体系におけるプライバシー権の位置づけの根本的な違いに留意しておかなければならない。

　日本においては，プライバシー権（自己情報コントロール権を含む）は，重要な人格権のひとつとして位置づけられるのが通例である。これに対してアメリカにおいては，人格権なる概念は定着していないばかりか，その英語表記すら定着しておらず，ある者は right to personhood といい，またある者は personality right という。少なくとも，英米法において personal right といわ

---

[14]　*Ibid.*, at 269. ただし，〔　〕内は阪本。
[15]　R. POSNER, THE ECONOMICS OF JUSTICE 253 (1981). ただし，〔　〕内は阪本。また，後掲注82）もよみ。

れるときの personal には「人格的」という意味あいはない（⇒第5章Ⅰ）。

　プライバシー権概念が人格的な色彩から解放されているアメリカにおいては，先に引用したごとく，「プライバシー権の素性は高貴であっても，文明社会において同権利の重要性は，最も低い」といわることもあるように，その実体は高貴なものとして扱われないのである。たとえば，狭義のプライバシー権（不法行為プライバシー）について，"この権利は道具的権利または intermediate な権利（中間財）だ"ともいう論者もみられる[16]。有り体に言えば"不法行為プライバシー権は second-order の権利だ"というのである[17]。

　なるほど，moral rights という概念はアメリカ著作権法に知られてはいる。しかし，この権利もアメリカにおいては日本法でいう「人格権」を基底としてはいないし，この権利がはたして排他性・支配可能性を持つか，また，持たせることが賢明であるか，大いに論争されているところである。また，アメリカの名誉権も，その論拠は，ある人が生活しているコミュニティにおいて受ける良き評判・信用（good reputation）というプラグマティックな利益に求められており，人格権という高貴な法益ではない。プライバシー権についても，アメリカ法におけるこの権利の位置づけ傾向は同じであって，その法的保護の論拠は，人間に自ずと備わっている人格（正確には人格性）から発するものではなく，日常的な人間の交渉・つき合い（社会的活動）のなかに求められるのが一般的である。

(4) 次節への見通し

　アメリカの法学のなかで，近時，特に不法行為理論においては「法と経済学」（Law and Economics）が注目されている。この学問は，権利の基底を道徳性に求めることは少なく，効率性判断（経済的評価）を主としている。この学問においては，ある客体の排他的支配可能性のモデルは，財産権（所有権）である。個人情報保護についても，法と経済学は，個人情報の排他的支配可能性を財産権的な理論構成によって説明しようとする。情報主体が自己の個人情報を排他的に支配できるとすれば，それはこの情報を「所有」しているためでは

---

16) See Ibid., at 274 ; Murphy, supra note 11, at 235. もっとも，アメリカにおいても，プライバシー権は「それなくしては人間ではありえない法益」である，とする論者も少なくない。See, e. g., Fried, supra note 10, at 484.

17) See Epstein, supra note 7, at 463 ; Murphy, supra note 11, at 2382. マーフィ（R. Marphy）は，プライバシー権は2級の権利だという主張には正面から反論されたことがない，という。また，この論争に関しては，Peikoff, supra note 3 を参照せよ。

ないか，というわけである（以下，法と経済学の発想を「（自己情報の）財産権モデル」という）。これは，日本法における人格権的発想から最も遠い学問領域だろう。

　不法行為プライバシーを論ずるにあたっても，情報プライバシーを論ずるにあたっても，日米の法的思考の違いは大きく深い。

　はたして，「法と経済学」は，自己情報の排他的支配可能性について，どう論ずるだろうか。

II　アメリカにおける自己情報コントロール権説とその論拠

1　自己情報コントロール権説の背景

(1)　「不法行為プライバシー／情報プライバシー」

　「はじめに」で言及した佐藤教授の論攷は，1970年の作である。その頃，アメリカにおいては，連邦議会における各種委員会は，データバンク社会の到来を目前にして，多種多様な個人情報が特定の行政機関に収集・蓄積・利用されているのではないか，このプラクティスが個人の自由，なかでも，プライバシーを浸食するのではないか，審議していた。この審議の方向に強い影響を与えたのが，当時コロンビア大の教授であったA. ウェスティン（A. Westin）の大著，PRIVACY AND FREEDOM (1967) だった。同書においてウェスティンは，"プライバシーとは，自己情報に関して，いつ，誰が，どのようにアクセスするかをみずから決定することだ"と述べた。この学説が政治過程に強い影響力を与え，Fair Credit Reporting Act of 1970 や Privacy Act of 1974，さらには，Dep't of Health, Education & Welfare（当時）が1973年に公表した「公正情報取扱原則」(Code of Fair Information Practices) をもたらしたのである。以来，ウェスティン流のプライバシーの捉え方が「情報プライバシー」((information〔al〕privacy) と称され，「不法行為プライバシー」(tort privacy) と区別されてきたのである。

　この「不法行為プライバシー／情報プライバシー」という違いは，重要である。

　不法行為法制は，個人の権益が「侵害」されないよう保護するための法制度，言い換えれば，咎められるべき（blameworthy な＝道徳的に非難可能な）被告の行為を liability rule に乗せて司法的紛争解決を得るとともに，事後，類似の行

Ⅱ　アメリカにおける自己情報コントロール権説とその論拠

為を抑止するための法体系である。英米のコモン・ローでの liability rule は，**情緒・感情の利益を保護する体系ではなく，"No Claim for Mental Suffering Only"（感情侵害を理由とするだけでは，訴訟原因として不十分である）という原則によってきている**[17a]。

この法制度のもとでは，プライバシーの法益は人の感情や尊厳を傷つけられないこと，または，精神的平穏の保護にあるのではないのである。不法行為プライバシーは，private affairs, private fact, private sphere という私事性に該当し，なおかつ，public, publicity, open という要素に該当しない事実について，むやみに公表されないこと，または，不当に侵入されないことを保護しようとしている。前者の公表の不法行為は「私事の公表」事案（Public Disclosure Cases），後者の侵入の不法行為は「私生活への侵入」事案（Intrusion Cases）と通常呼ばれ，それぞれ，被告の blameworthy な行為を取り出そうとしているのである。そのことは，プライバシー侵害となるための要件に表れる（以下では，「私事の公表」事案における要件についてのみ論ずる）。

(2)　「私事の公表」事案における個人情報の保護領域

何をもって "private" といい，何をもって "public" というかの線引きは難しい。

プライバシーの保護領域について論争を喚ぶ最大の原因は，プライバシー選好の主観性・多様性にある。平たく言えば，人によって，「他人には知られたくない事柄」の質・量が大いに異なっているため，保護領域について他者による線引きが困難だということだ。この困難さを回避するために，「私事の公表」事案においては，いくつかの仕掛け（要件）が用意される。第1は，周知の事柄，言い換えれば，public domain に属する事実は，private の範囲ではない，と切除される。第2は，「通常人」概念の援用である。これは，通常人であれば，問題となっている事実を公表されれば不安・不快の念（offensiveness）を覚えるのが当然だ，とすることによって private 領域を限定するための仕掛けである。さらに念入りに，被公表事実が highly offensive であることも求められる（くわしくは⇒第3章Ⅶ）。

[17a] POSNER, THE ECONOMICS OF JUSTICE, *supra* note 15, at 290 は，「不法行為法は，精神の平穏さ，自尊心その他の『私的な』利益や感情を保護しようとしてはいない」という。プライバシーを侵害したといわれる言明が不法行為として成立するには原告の取引機会を実際に阻害したことを要する，というのである。これが，"No Claim for Mental Suffering Only" の思考である。

以上の私事性を限定するためのいくつかの仕掛けは，"No Claim for Mental Suffering Only" を貫徹するために，被告の公表行為の blameworthy な性質（道徳的非難可能性）を浮かび上がらせてこれを liability rule に乗せるための工夫である。

そればかりではない。

再度，「私事の公表」事案において，まず原告が主張すべきポイントを確認してみよう。いわゆる prima facie case（一応，有利な主張）となるためのポイントである（くわしくは⇒第3章Ⅶ）。

原告は，㈠被公表事実が原告に関する私事に属しており，㈡ public domain（周知の事柄）に属してはいないものであって，㈢これを被告が fault をもって，㈣不特定・多数の者に公表したこと等を主張・立証しなければならない[18]。

この原告の負担は，名誉毀損事案と対照的である。名誉毀損法制は，摘示事実が public domain に属することの主張・証明を被告に負担させ，これに成功したとき被告を免責する[19]。というのも，この法制は，被告が虚偽事実を摘示したこと自体 wrong であり blameworthy だとしてきたため，問題の言明を違法だと推定するからである。これに対して，真実情報の公表について法的責任を問うにあたってプライバシー法制は，被告の公表行為を違法だと推定しない。これは，真実情報の自由な流通という公序を維持し，表現の自由を萎縮させないための配慮である。だからこそ，「私事の公表」事案においては，被公表事実は原告の private な事柄であり，public になってはおらず，highly offensive であって……と絞り込まれるのである。不法行為プライバシー

---

[18] See RESTATEMENT (SECOND) OF TORTS §652 D (1977); P. McNulty, *The Public Disclosure of Private Facts: There is Life after* Florida Star, 50 DRAKE L. REV. 93, 133-34 (2001). しかも，「公表」要件を満たしたかどうかは厳格に認定される。アメリカにおける厳格な publicity 要件に関しては，RESTATEMENT (SECOND) OF TORTS §652 D cmt. a. を参照せよ。また，日本法とアメリカ法との publicity 要件の比較は，第3章Ⅶ4でふれる。

[19] 私は，わが国のプライバシー権侵害に関する諸裁判例が，違法性阻却事由として，名誉毀損における「公共の利害」，「公益を図る目的」を援用してきたことを何度も批判してきた。このふたつは，保護法益も，侵害方法も，別個独立のはずだからである。アメリカ法における名誉毀損法とプライバシー法との違いを詳細かつ明確にしておくことは重要な課題である（が，紙幅の関係で本稿はそれを詳論しない）。アメリカ法においても両者は，互いに影響しあっているために，一方の概念や要件等が他方にも無反省のまま用いられることがあるのは日本の場合と同じである。名誉とプライバシーとの違いを「法と経済学」の立場から明晰に分析したものとして，POSNER, THE ECONOMIS OF JUSTICE, *supra* note 15, at 287-99 が有益で参考になる。

において保護される個人情報は，それだけ限定されているわけだ。このことは RESTATEMENT (SECOND) OF TORTS が挙げている「性的関係，家庭内のいざこざ，不名誉な疾病，個人的書簡」という例をみれば[20]，はっきりとみてとれる（くわしくは⇒第3章Ⅶ2）。

　以上の不法行為プライバシーに対して，個人識別情報を保護対象とする「情報プライバシー」という主張は，個別的にみれば法益の「侵害」とはいいがたい個人情報の取扱を法制度設計するための概念のように私にはみえる（このことは，すぐ次でふれる）。情報プライバシーという法概念は，不法行為領域においては通用力はなく，社会構造変化・法律制定志向型プライバシー概念だ，と言い換えてもよい[21]。この概念と，不法行為プライバシーにおける個人情報との溝は深く大きい。

(3) 社会構造の変化——G. オーウェル・イメージからF. カフカ・イメージへ？

　この溝を埋めようと，社会科学者や個人情報保護法または情報プライバシー研究の専門家（以下，「情報プライバシー学派」という[22]）の多くは，社会構造の変化に訴えかけてきた。まずは，G. オーウェル・イメージがとりあげられた。オーウェル（G. Owell）が，その小説『1984』において描き出した，全体主義国家でのビッグ・ブラザーによる恒常的監視の政治体制である[23]。ところが，オーウェル・イメージの政治的モデルでは通用力がない，と情報プライバシー学派は1990年までに気づきはじめた。というのも，大量に個人情報を収集利用している組織体，なかでも，民間企業は，政府（正確には行政機関）とは違って，個々人の行動を個別に「監視」することには関心を持っていない，と気づ

---

20) *See* RESTATEMENT (SECOND) OF TORTS §652 D cmt. b (1977).

21) Warren & Brandeis, *The Right of Privacy*, 4 HARV. L. REV. 193 (1890) が提唱した不法行為プライバシー概念自身も，社会構造対応型であったが，これは，「構造変化＋メディアの暴露主義」を指摘して，司法的救済を論拠づけるためのものであった。もっとも，救済の理論としては，独自の法益の実体を精緻に解明していないように思われる。後掲注60)におけるD. Zimmerman の所見をみよ。

22) 本文にいう「情報プライバシー学派」とは，プライバシー研究のなかでも情報プライバシーまたはデータ・プライバシー擁護に熱心なschoolを指しており，特定の集団を意味してはいない。その代表的な論者として，D. ソロヴ（D. Solove），A. アレン（A. Allen），J. ライデンバーグ（J. Reidenberg），M. ローテンバーグ（M. Rotenburg）を挙げることができる。以下，本稿は，この意味での「学派」というタームを，特定分野の専門研究者を表すために用いる。

23) *See, e. g.*, J. ROSENBERG, THE DEATH OF PRIVACY 128 ff. (1969); O. DIAL & E. GOLDBERG, PRIVACY, SECURITY, AND COMPUTERS 12 (1975).

かれたのである（以下，個人情報を収集・利用している組織体を，「企業」という）。

そこで，情報プライバシー学派のひとりは，「カフカ・イメージ」に訴えはじめた。すなわち，企業が断片情報をコンピュータ・ネットワークにおいて連結して，対象となっている人物の像（プロフィル）を作り上げている状況を，F. カフカ（F. Kafka）の小説『審判』でのイメージを用いて説明しようとしたのである[24]。これは，断片的情報の収集または利用だけでは，情報主体のプライバシー侵害とはならないとしているコモン・ローの思考を，社会構造変化に訴えて揺さぶる戦略である。この戦略は，世論と議会を動かすことを意識したためか[25]，権利の分析（先にふれた「還元主義」論争）や，司法的救済のための要件論には深く分け入ってはいない。そのぶん，情報プライバシー学派の説く自己情報コントロールにいう「コントロール」の意義も論拠も，十分に精査されたものではないのである。

2　新たな法的アーキテクチャ構想──公序としての情報プライバシー論

(1) 脱秘匿性パラダイム？

社会構造変化論は，企業や行政機関の遵守すべき個人情報取扱ルールまたはデータ・ベース社会にふさわしい法的アーキテクチャを新たに作り上げようとする構想である。

情報プライバシー学派がかく主張する背景には，現行のアメリカの個人情報保護法制は満足できない，または，明白な失敗作だ，という彼らの不満が流れている（連邦の公的部門については，1974 年のプライバシー法が存在している）。アメリカでの民間部門における個人情報保護は，包括的な法律によっておらず，セクター別の最小限規制のもとで，関係業界の自主規制に期待する，という基本原則によってきている。これは，欧州のデータ保護法制と対照的である。情

---

[24] *See* D. SOLOVE, THE DIGITAL PERSON: TECHNOLOGY AND PRIVACY IN THE INFORMATION AGE 33-38 (2004); Solove, *Privacy and Power: Computer Databases and Metaphors for Information Privacy*, 53 STAN. L. REV. 1393 (2001); Do, *supra* note 3. このモデル提唱者は，カフカ的世界が人間の自律性を次第に浸食するおそれを強調してもいる。

[25] この代表的な著作が，SOLOVE, THE DIGITAL PERSON, *supra* note 24 である。彼の言い方をポジティヴに反転させると，"情報プライバシーは，個人の自律および公民社会の形成（または熟慮民主主義社会）にとって必要だ" という主張になる。*See* J. Cohen, *Examined Lives: Informational Privacy and the Subject as Object*, 52 STAN. L. REV. 1373, 1423-28 (2000); P. Schwartz, *Privacy and Democracy in Cyberspace*, 52 VAND. L. REV. 1609, 1647-58 (1999).

報プライバシー学派の主流は，アメリカにおける自主規制中心の基本政策に変更を迫るために，情報主体と情報企業との情報格差とそれに伴う権力格差や，個人の自律性浸食という社会構造の変化を強調するのである。そのさいの梃子が「情報プライバシー」である。彼らの主張によれば，新たなアーキテクチャは，「秘匿性パラダイム」に依拠してきた従来のプライバシー概念を乗り越えた，予防的な法制度とならなければならない。個々人をマイクロ単位でみれば，彼の権益を違法に侵害してはいないとはいえ，社会的なマクロの単位でみれば，人間の行動を変化させかねない情報取扱（information practices）が構造化されているのだ[26]，というわけである（社会構造と個々人の行動とを関連づけて，ある法理論を作り上げようとしている点で，これは，フェミニズム法学派の論調と似ている）。

(2) 情報プライバシーからデータ保護へ？

論者によっては，「情報プライバシー」に代えて，「データ保護」という別の用語を選択すべきだという[27]。この論者が「プライバシー」ではなく，「データ」保護という用語と接近法を好む理由は，次のとおりである。

第1に，プライバシーなる概念は，もともと捕らえどころがないところを，それを「情報－プライバシー」と表現するとなると，当該用語でもって何を概

---

[26] わが国においては，佐藤幸治，市川正人，竹中勲らは，アメリカにおける情報プライバシー学派のこの視点を修正して，個人情報をいくつかの層に分けながら，データ・バンク社会の問題，特に，国家の機関（行政機関）による個人情報収集・蓄積等に対処しようとしている（アメリカの情報プライバシー学派の関心は，民間部門の法的規制に主に向けられている）。市川説については，市川正人『ケースメソッド憲法』（日本評論社，1998）82-83頁，竹中説については前掲注2）参照。ということは，本文に述べた視点，さらには，それへの批判は，そのままわが国の情報プライバシー学派に通用しないことに留意されなければならない。たとえば，佐藤幸治教授は，個人情報を「プライバシー固有情報／プライバシー外延情報」に分類し，後者について，こういわれている。「公権力が正当な政府目的のために，正当な方法を通じて〔プライヴァシー外延情報を〕収集・保有・利用しても，直ちにはプライヴァシーの権利の侵害とはならない。しかし，このような外延情報も悪用されまたは集積利用されるとき，個人の道徳的自律の存在に影響を及ぼすものとして，プライヴァシーの権利侵害の問題が生ずる。"データ・バンク社会"の問題は，まさにこれである。この問題は，公権力との関係にとどまらず，私人間でも生ずる」。佐藤，前掲注1）「プライヴァシーの権利と個人情報の保護」59～60頁。〔 〕内は阪本。私は，自己情報コントロール権説が公的部門と私的部門とを同列に扱っていることについて，深い疑問を抱き続けている。

[27] *See, e.g.*, N. Richards, *The Information Privacy Law Project*, 94 Geo. L. J. 1087 (2006).

念づけようとしているか，ますます曖昧となる（新たな法的アーキテクチャを構造づけるにあたって，有用なタームではない）。「情報プライバシー」または「自己情報コントロール」なる用語は，物理的なプライバシー（たとえば，騒音や迷惑電話という情報によって隔絶状態を侵されない自由），意思決定上のプライバシーも（たとえば，医師と情報交換することによって中絶するかどうかを決定する自由）も，保護領域に取り込んでしまい，輪郭を失う[28]。

　第 2 に，プライバシーなる用語は，その語感として，「公然性／非公然性」，「公事／私事」，「public／private」と深く結びついてきてきたところであって，要秘匿性を捨象しようとするにあたって情報「プライバシー」と表現することは適切ではない。たしかに，情報プライバシー問題が「公／私」二分法では捉えきれないところにあるという問題意識は理解できるところであるが，それでも，情報「プライバシー」として論じようとされている事柄は，プライバシーの語感を乗り越えてしまっている。プライバシーという言い回しを断念して，欧州において主流の「データ保護」法制と位置づけるほうが「公／私」二分法から自由であり，分かりよい[29]。

　第 3 に，「自己情報コントロール」権としてプライバシー権を定義づけることは，支配可能性のない（極めて少ない）情報についての支配を論じようとしており，権利論としては失敗である。個人情報に関し支配可能性を論拠づける唯一の理論構成は，財産権的な接近法であるが，これでは有名人の個人情報だけを保護対象とすることになりかねない。プライバシー概念または個人情報概念から距離をとって「データの正確性，最新性，関連性」等に焦点を当てた別種の主張を展開するほうが賢明である。

　第 4 に，1960 年代からの数十年間は政治的なイデオロギーや対国家との関係で論争されてきたプライバシー論争の重心は，市場における個人情報の取引

---

[28] 意思決定のプライバシー（decisional privacy）と称されているものは，厳密には，個人の自律的な決断を指すのではなく，intimate な事項の自発的な意思決定，すなわち，性的な生活領域における決定事項に限られている。そう指摘するものとして，See Murphy, *supra* note 11, at 2381. そう解すれば，このプライバシーも，要秘匿性と関連していることになる。

[29] もっとも，欧州の規制方式は広範すぎ非実効的であり，独立の統制または監視委員会を設置するとなると，この部門が個人情報システムを一元的に監視することになって，かえって個人や組織体にとって脅威となる，という反論もある。アメリカのように，市場での解決策を模索しつつ，まずは民間部門の自主規制に期待する体制のほうが健全な社会かもしれない。

Ⅱ　アメリカにおける自己情報コントロール権説とその論拠

問題にシフトしてきた。このことを考慮すれば，市場取引においては，従来の「公／私」という垢にまみれた言葉よりも，「公・私」に無差別な"個人データ"という言葉を使用する方が論議を軽快なものとするだろう[30]。

(3) 公序としてのデータ保護？

以上，「情報プライバシー」に代えて「データ保護」と表現するほうがよいとする提言は，「公／私」の別を相対化してきた社会構造の変化を直截に捉えている，ともいえる。また，個人情報の実体的保護法益の不明確さを考えたとき，**「個人情報保護」法とは，データをデータとして保護する法制**だ，と割り切ることもできる。

ところがそれでも，「データ保護」と言い換えればコモン・ローの壁を揺さぶりうる，というわけでもなさそうだ。

情報プライバシー保護であれデータ保護であれ，また，オーウェル・イメージであれカフカ・イメージであれ，"社会構造変化は個人の自律性を浸食していくのだ"とか"大企業や大組織による個人情報の収集・蓄積・利用は経済格差と権力格差を生み出す"との主張は，主観的利益である自己情報コントロール権の論拠を提供してはいない（権利問題として処理しなくても，新たな公序を構想することだ，といえば足りる）。

このことを「法と経済学」の視点を用いて問い直してみよう。

3 「法と経済学」からみた情報プライバシー論

(1) 情報取引における「市場の失敗」

「法と経済学」学派であれば，上で論じてきた社会構造変化論を次のように説明し直すだろう。

社会構造の変化という視点は，ミクロ経済学でいえば「市場の失敗」のことである。つまり，任意になされている生産や取引にあたって関係諸企業が負の外部効果を発生させているにもかかわらず，どの企業が外部効果を発生させているか，特定が困難な状況下で（ちょうど，工業地帯の工場群が公害を発生させ

---

[30] *See* S. Davies, *Re-Engineering the Right to Privacy: How Privacy Has Been Transformed from a Right to Commodity*, in P. AGRE & M. ROTENBERG, TECHNOLOGY AND PRIVACY: THE NEW LANDSCAPE 156-57 (1998). それでも，情報プライバシー学派が，個人情報保護とプライバシー権とを切断しようとしない理由は，「データ保護」の法制度の実現がひとえに立法裁量とされてしまうことへの懸念にある。また，欧州のデータ保護法も，プライバシー権をその基礎づけとしていることも，理由のひとつである。

ているように），その社会的費用（個々人にとっては権利侵害とはいえない程度の負担）を情報主体に押しつけている，という状態である[31]。また，情報プライバシー学派のいう「情報格差」とは，情報の非対称を指す。これも市場の失敗をもたらす要因であって，これを是正するには，個人情報を業として収集利用している企業に対して，一定種の個人情報の収集を禁止したり，情報取引の実態につき情報開示するよう義務づけるとよい[32]。

　「法と経済学」学派がいうように，情報プライバシー問題の微妙さは，(i)情報主体が消費者として任意に提供した（または違法な手段によって収集されたわけではない）個人情報は下流（downstream）に流れ出て集積されるにつれて「複合汚染」されるかもしれない点，(ii)その意味で，個人情報を収集・利用する企業のうちどれが「加害者」か判定することは困難である点，(iii)消費者である公衆が負担する費用（「被害」）も分散されてしまっており，「被害者」を特定することも困難である点，(iv)消費者のプライバシー選好は多様で主観的であるため，どの「費用」をもって権利侵害というか判定困難である点等にある。この状況を法学の言葉で表せば"権利侵害のケースとして扱いがたい問題領域だ"ということである。この課題を「自己情報コントロール権」という主観的法益に訴えかけても，コモン・ローの壁は突破できそうもない。実体的法益の輪郭を曖昧にしたまま抽象的な「権利」を説いたとしても，個人情報の収集・利用行為と「権利」侵害との因果関係の証明に成功することはなく，論議を混乱させるばかりである。

---

31) 企業が，個人情報収集利用にあたって社会的費用を情報主体に押しつけている，という主張がどこまで通用するものか，経済学者であれば，問い直すだろう。たとえば，G. Stigler, *An Introduction to Privacy in Economics and Politics*, 9 J. LEGAL STUD. 623, 625 (1980) は，企業はその保有するデータの誤りを少なくしようとするインセンティブを持っていること，情報収集・蓄積・加工にそれ相応の費用を支払っていること等について経済学の見地から論じている。スティグラー（G. Stigler）は，情報主体が自分の情報は自分でコントロールできるはずだ，と主張するのであれば，企業も自分の費用で収集・加工した情報は自分でコントロールできるはずだ，と主張して不合理ではない，といいたいのである。

32) 連邦法に限っても，民間部門の収集利用する個人情報を規制する法律や，情報主体に自己情報へのアクセス権を法認している法律は多数にのぼっているが，これらは，結局のところ，非効率で，「立法の失敗」の効果を情報主体に押しつける結果となる，と論じている経済学者の見解については，Stigler, *supra* note 31, at 627 を，また，その種の法制がコミュニケーションにおける効率性を妨げ，誰の利益にもならないとする「法と経済学」の見解については，POSNER, THE ECONOMICS OF JUSTICE, *supra* note 15, at 245ff. をみよ。

個人情報の収集・利用の形態が多様であることも，情報プライバシーの課題を複雑にしている。収集形態を考えただけでも，(ア)自発的取引のさいに，情報主体が利用方法・提供先等について明示的に同意しているとき，(イ)自発的取引のさいに，利用方法等について明示的には同意してはいないとき，(ウ)国家機関が提供する役務の見返りとして収集するとき，(エ)国家機関が情報主体の同意を得ないで収集するとき，といった類型がある。これらのうち，(ア)～(ウ)においては，コースの定理（Coase Theorem）に従っていえば，権利の割当如何よりも，当事者の取引費用（交渉を阻害するすべての要因）の高低こそが情報プラクティスに決定的な影響力をもつことになるだろう（この点については，後のⅣ 1でふれる）。《権利のアプローチよりも，効率性のアプローチを》ということだ。

(2) 内部化のためのメタファー？

情報プライバシー学派のなかには，企業の個人情報プラクティスがwrongであり，消費者の自己情報コントロール権を侵害していると断定する者もみられるが，より慎重な論者は，社会構造の変化を主観的利益と直結させないで，企業の「信託の責務」（fiduciary duties）と関連づけようとしている[33]。ところが，この場合の「信託」は，実は，メタファーにとどまっている。というのも，信託責任または説明責任という用語は，法的には厳密な意義・内容をもってはいないことを提唱者自身自覚しているからである（コモン・ローは，この種の法的関係を信託として捉えておらず，したがって，企業に法的責務を負わせてきてはいないのである）。それでも，論者がこのメタファーに訴えかける理由は，新奇で曖昧な自己情報コントロール権に依存することなく，企業が遵守すべき情報

---

[33] See SOLOVE, supra note 24, at 103-09. J. Litman, *Information Privacy/Information Property*, 52 STAN. L. REV. 1283, 1308 (2000) は，消費者が企業に開示する自己情報は，特定目的だけに利用されるものとの期待のもとで任意に提供されるのであって，企業がこの信頼に反して顧客の個人情報を利用・提供することは，信頼違背（breach of confidence）である，と主張しつつも，現行の不法行為法のもとにおいては，この違背は違法と判断されがたい，という。たしかに，信頼違背は，医師と患者のような特殊な人間関係においてのみ限定的に成立してきたものであるから，保険会社，銀行，電話会社，インターネット・ウェッブサイト等と顧客の関係をconfidentialだとはいいがたい。ところが，J. Reidenberg, *Privacy Wrongs in Search of Remedies*, 54 HASTINGS L. J. 877, 881 (2003) は，企業か政府機関かを問わず巨大組織にみられる過剰な個人情報の収集・利用をprivacy wrongだと決めつけている。この見解は，コモン・ローの伝統を無視した暴論である。個人情報を収集することは，その方法がoutrageousでないかぎり，コモン・ロー上違法ではない。See RESTATEMENT (SECOND) OF TORTS §652b.

取扱ルールを直截に浮かび上がらせようとする点にある[34]。

「法と経済学」学派であれば，このメタファーを《企業は，外部費用を内部化する責務を負っている》と言い換えるだろう（この点については，後のⅣで再びふれる）。

4 「法と経済学」学派が自己情報コントロール権説を警戒する理由

(1) 自己情報コントロール権への警戒心

社会構造の変化をどう捉え，どんなメタファーで訴えかければ世論を喚起し，企業の自覚を促すに賢明であるか，という論争は別にして，自己情報コントロール権という主観的法益を語ることに批判的な論者は多い。その批判としては，大きく，3つの流れがある。

第1は，既にふれた「還元主義」論争にみられる権利論からの批判である[35]。

第2は，表現の自由学派からの批判である。この学派も一枚岩ではないが，共通する姿勢は，①真実に関する情報は，思想の自由市場維持の観点からすれば，自由に流通すべきこと，②私法によるものであれ，公法によるものであれ，情報流通を制限する法令の構成要件（輪郭）は明確でなければならないこと（表現の自由を萎縮させてはならないこと），③ある法益を害する「おそれ」を理由にして自由な情報流通を制限するとすれば，その理由づけは，表現の自由保障の観点からすれば，安易すぎること，④侵害の有無について抗弁しようにも反証することが困難（Defensing the Indefensible）な法益を保護する法制は，知識の自由な授受にとって危険であること等である（表現の自由学派の警戒については，後の第3章Ⅰ1でふれる）。

第3が，「法と経済学」学派からの批判である。

この学派は，プライバシーを分析するにあたって，プライバシーなるものが「権利」であるのか，自己情報コントロールなるものが信託の「責務」であるのか，といった「権利か責務か」という哲学的論争には関心を示さない。プライバシーの定義にも，また，プライバシーの道徳的な価値にも関心を寄せない。

この学派にとって権利のモデルは property rule を基礎とする財産権（所有

---

34) 私は，個人情報保護法の制定にあたっては，情報プライバシー学派の「自己情報コントロール権」を口にするよりも，情報収集・保有組織体の責務から接近するほうが生産的で明晰ではないか，と論じたことがある。私見は，本文でふれた，「信託の責務」論と発想を同じくしている。拙稿「個人情報の保護と自己情報コントロウル権」法律のひろば44巻5号26頁以下（1991）を参照願う。

35) 前掲注8）ないし9）においてふれた「還元主義」をみよ。

権）である。所有権こそ，その主体が自由に支配できる利益のモデルであり，資源を効率的に配分するための動因である。《権利は，社会的効用を増加させるとき，法主体に割り当てられる》のであって，主体の道徳性・人格性のゆえではない。この学派のいう権利承認の論拠づけを逆立ちさせれば，《所有権行使に関する不法行為責任は，故意過失要件を所与として，社会的効用を減じているときに問われる》となろう。

(2) 財産権としての自己情報と社会的効用

「法と経済学」学派の視点から情報プライバシー概念をみるとき，すぐに，ふたつの論点が浮かび上がってくる。第1は，なぜ，情報主体は，その自己情報に対して排他的支配可能性を持ちうるのか，言い換えれば，個人情報を財産権として理論構成できるかどうか，第2に，自己情報に対する排他的支配権を財産権として主体に割り当てれば社会的効用は増加するかどうか，である。

結論を先取りしていえば，効率性を重視するこの学派は情報主体に財産権を割り当てることに警戒的・批判的である。というのも，自己情報コントロール権がいったん法認されれば，それは誰の利益にもならないどころか，かえって社会的損失を増大させる，とみるからである。この学派は，真実情報が市場において自由に流通すればするほど知識量は増加し，効率的な意思決定を可能とする，と考えている。この観点からすれば，個人情報保護関連法は**取引相手に関する差別化情報の流通量を減少させ，社会的費用を増加させている**ことになる[36]。もし，真実情報の「支配」権が法認されれば，人びと（取引相手）の知識量は低下し，人を不完全情報状態に置き効率性ロスを生じさせる，というのである[37]。

はたして，自己情報コントロール権説は，「法と経済学」学派の分析に耐え

---

[36] *See* Stigler, *supra* note 31, at 628-33. 経済学者G. スティグラーの言いたいことは，こうである。もし雇用者が就職希望者に関する個人情報の収集を制限されているとすれば，試用期間，監視体制を強化するだろう。また，被用者の犯罪傾向が不明なときには，雇用者は転職の回数を重視するだろう。債務者が債務のデータを消去できる権利を与えられれば，次の債権者となろうとする人は，与信期間を短縮されるだろう。いずれにせよ，これらの代替策は，情報が開示されている場合と比べて，非効率で取引費用が高くつく。さらに，いわゆるプライバシー保護法制は，"プライバシー"といわれている類型の差別化に成功していないだけに，社会的費用をさらに増大させてしまう。スティグラーは，情報公開や情報開示義務を含めた情報統制政策は，非熟練労働者や低額の借用希望者に対して，あたかも，差別税として機能するだろう，ともいう。*See ibid.,* at 632.

[37] *See* Murphy, *supra* note 11, at 2385.

第2章　情報財の保護か，知識の自由な流通か

うるほどの堅固な基盤を持っているのだろうか。

(3) 自己情報の財産権的モデルの契機

　自己情報コントロール権説の主たる提唱者，ウェスティンも，なぜ情報主体が自己情報の支配可能性を持つのかについては確信をもてなかった。彼は，先のⅡ1でふれたその著書 PRIVACY AND FREEDOM（1967）において，個人情報を財産権として理論構成できないか問題提起していた（at 324-25）。その後，A. MILLER, THE ASSAULT ON THE PRIVACY: COMPUTER, DATA BANKS, AND DOSSIERS 211（1971. 邦訳『情報とプライバシー』〔ダイヤモンド社，1974〕243～245頁）も，情報主体が自己情報をコントロールできるとするには，財産権的発想が最も簡明であろうが，人間の価値にかかわるプライバシーを財産権と考えることには強い反対が予想されると指摘していた。その後しばらく，この個人情報を財産権として理論構成できるかどうかという論議はとりあげられなかったものの，1990年代後半になると，「法と経済学」の隆盛を背後にして，個人データの財産権的保護の理論が一挙に噴出した[38]。そのきっかけになったのが，PRIVACY AND SELF-REGULATION IN THE INFORMATION AGE（U. S. Dep't. of Commerce ed., 1997）と題する商務省の報告書である。

　報告書における理論展開は，経済学に強く影響されて，次のようになっている（以下の理論が説得的で有効に機能するかどうかについては，後のⅣにおいてふれる）。

　㋐　情報化社会におけるプライバシーの危機は，「市場の失敗」が原因となっている。つまり，企業は市場での個人情報収集利用に伴う利益を内部

---

[38] 個人情報の財産権的理論構成に出る代表的論者としては，L. レッシグ（L. Lessig），R. マーフィ（R. Murpry），D. フリードマン（D. Freedman），J. キャン（J. Kang）を挙げることができる。これらの論者のなかにも，レッシグのように，財産権モデルを提唱するにあたって，サイバースペース上に流通している個人情報に限定しているものもあれば，マーフィやフリードマンのように，そうでないものもある。レッシグについては，L. レッシグ，山形浩生・柏木亮二訳『CODE――インターネットの合法・違法・プライバシー』（翔泳社，2001）〔以下，『CODE』と引用する〕，同『CODE VERSION 2.0』（翔泳社，2007）を，マーフィーについては，Murphy, *supra* note 11 を，フリードマンについては，D. Freedman, *Privacy and Technology*, in E. PAUL et al. eds., THE RIGHT TO PRIVACY（2000）を，J. キャンについては，J. Kang, *Information Privacy in Cyberspace Transactions*, 50 STAN. L. REV. 1193（1998）をそれぞれ参照せよ。もうひとつの個人情報保護の方向である，「契約法的な理論構成＋財産権モデル」については，後掲注57)およびその本文をみよ。

Ⅱ　アメリカにおける自己情報コントロール権説とその論拠

化しているのに対して，損失を外部化してしまっており，この費用が個人のデータの取引価格にうまく反映されていないことによる。

(イ) この現状を打破するには，個人情報を財産権として扱い，この情報取引を市場化することを考えればよい。

(ウ) 財産権として個人情報を保護する法制は，表現の自由（自由な情報流通）ともうまく調整することができる。というのも，情報主体は，財産権である自己情報を市場での情報流通（取引対象）に乗せるかどうか選択できるのだから（opt-in, opt-out を選択でき，個人情報の取扱を内部化することができるから）。

　上の報告書を含め，個人情報の財産権化をめぐる賛否の応酬は絶えるところがない[39]。が，どうやら，一時隆盛を極めた財産権モデルは次第に色あせてきて，今では旗色が悪いように私にはみえる[40]。個人情報を財産権だと理論構成すること自体に難点があること，財産権だとしても市場の失敗を是正できそうにもないこと，財産権的な排他性を個人情報に与えれば与えるほど自由な情報流通を阻害すること等がその理由である。いうまでもなく，アメリカにおいても，人間の尊厳に関連している個人情報を，財産権のひとつまたは亜流として捉えることには，直覚的な異論がなお根強い[41]。この最後の異論に対し

---

[39] 情報主体が自己情報を市場の取引ルールに乗せるかどうかを選択できれば，主体にとっても利益となり，市場における情報量も増大して，一石二鳥となるだろう。この「内部化」の具体例として，I. Ayers & M. Funk, *Marketing Privacy*, 20 YALE J. ON REG. 77 (2003) は，電話による営利的な勧誘市場であるテレマーケッティングを採りあげ，勧誘に同意するかどうかを消費者に選択させ，カスタマイズさせたうえで通話時間に比例して，逆課金（相手方から代金を徴収する）する方策を提言している。

[40] Litman, *supra* note 33 は，個人情報を保護しようとして情報プライバシー領域に財産権ルールを持ち込めば，自由な情報流通を阻害するだけでなく，個人情報の取引市場は現状よりも企業優位となって，プライバシー保護にも役立たないだろう，と結論する。

[41] たとえば，Bloustein, *Human Dignity, supra* note 10, at 988 は，個人識別項目の営利的無断利用は「人を商品に変え，人をして経済的需要や他人の利益に奉仕させること」であって，プライバシーの基底にある人間の尊厳に反する行為だ，という。この見解からすれば，個人情報を経済市場の取引対象とすることは論外だ，ということになろう。個人情報の財産権的理論構成に強く反対するものとして，*See* Cohen, *supra* note 25 をみよ。彼女は，個人情報を物（客体）としてこれに価格をつけることは，人間の尊厳と主体性を軽んずることになる，という。哲学者によくみられる批判である。R. ポズナーは，E. ブルーシュティン（E. Bloustein）流の主張について「これは不法行為の理論ではない」と一刀両断にしている。*See* POSNER, THE ECONOMICS OF JUSTICE, *supra* note 15, at 256.

ては，L. レッシグ（L. Lessig）のように，"パンドラの箱は既に開けられたのだ，現実を直視して対策を考えるべきだ" と，割り切るものもみられる[42]。

プライバシー領域の論議においては装飾性の高い概念が歓迎され，財産権的な視点は欠落しがちである。"だからこそ，財産権的な視点が重要になってくるのだ" という R. エプシュティン（R. Epstein）の逆説的な言い方も[43]，ここで引用するに値するだろう。人間の尊厳論は，あるべき社会を探るモラリスティックな議論であって，現実的対策にはならないのだ。

(4) 小括と次節への見通し

財産権的理論構成をとるかとらないかは別にして，個人情報に情報主体の支配可能性を承認しようとする考え方に批判的な論者は，アメリカにおいては，消え失せることがない[44]。自己情報に対する支配権が法認されたとすれば（または法律上の権利として制定法に正式にとり入れられたとすれば)[45]，知識の自由な授受が大きく阻害されるだろうと多くの論者が気づいているためだ。

知識の自由な授受は，アイディアの自由市場と経済市場という 2 つの側面をもっている（⇒第 1 章Ⅳ）。自己情報コントロール権説は思想の自由市場と両立しがたいと主張する一団の論者が表現の自由学派，経済自由市場をシュリンクさせると論ずるのが「法と経済学」学派である。本章は，このうち，後者の議論に次第しだいに分け入る予定であるが，その前に，日本の憲法学の通説といわれる「自己情報コントロール権としてのプライバシー権」に関して私がなぜ，

---

42) 参照，レッシグ，前掲注 38) 訳書『CODE』291 頁。また，個人情報が既に商品化されている現状については，さしあたり，P. Schwartz, *Property, Privacy, and Personal Data*, 117 HARV. L. REV. 2055, 2091 (2004)〔以下，"*Property, Privacy*" と引用する〕参照。人権としての個人情報を考えている人にとっては，個人データを財産だと構成してプライバシー保護の手段とすることは，投票権を売買の対象とするのと同じくらい，道徳的に許せない発想なのだろう。See P. Samuelson, *Privacy as Intellectual Property?*, 52 STAN. L. REV. 1125, 1143 (2000). それでもレッシグは，"この期に及んで，そんなこと言っておれない" というのである。

43) *See* R. Epstein, *supra* note 7, at 463. ただし，エプシュティン自身は，この論文において，R. ポズナーによる「法と経済学」の方法論の限界と難点（道徳理論に欠けた権利論であること，社会的効用の増減につき論証されていないこと）を論じていることは，ここで急いで付け加えておかねばならない。

44) たとえば，Murphy, *supra* note 11 ; Litman, *supra* note 33 ; POSNER, THE ECONOMICS OF JUSTICE, *supra* note 15.

45) プライバシー権そのもの，そして，自己情報コントロール権が，「権利」としての基本的属性を持っていないという法哲学上の議論の詳細を本章は論じないが，前掲注 8) における「還元主義」についてだけを参照願う。

どんな疑問をもっているのか，論じてみることとする。

Ⅲ　自己情報コントロール権説とそれへの批判

1　日本における学説状況

(1)　通説としての自己情報コントロール権説への批判

　自己情報コントロール権説は，本章の冒頭でふれたように，佐藤幸治教授によって先鞭をつけられ，わが国の今日の憲法学の通説の位置を占めるに至っている[46]。

　自己情報コントロール権としてのプライバシー権に対して，私は，これまで複数回，批判をしたことがある[47]。そのさい，私の発想の根底にあったのは，次の諸点である。

　第１。「プライバシーそのもの／プライバシー権」を区別すること。プライバシーそのものは，社会学，社会心理学，動物行動学，政治学等々，それぞれの切り口で，それぞれ固有な定義を与えることができるものの，法学においては，法的利益として切り出すさいには（つまり，プライバシーを権利として論拠づけるには），法学固有の視点をもって，法学になじまない特徴づけを捨象しながら接近するよう留意しなければならない。不可視のもの（たとえば，人間の心理や内心での反応）や，流動的で可変的なもの（たとえば，社会における個人のペルソナ）をプライバシー権として語ることは，法学にはなじまない[48]。

　第２。プライバシー権を論ずるにあたっては，不法行為上のプライバシー権をその原型（プロトタイプ）として置くことが必要である。この視座を軽視すればするほど，プライバシー権理論はプライバシーよりも抽象度の高い用語・概念をもって論拠づけようとされがちとなる。たとえば，人間の尊厳，個人の自律または

---

46)　前掲注２)にあげた一連の業績をみよ。

47)　たとえば，拙著『プライヴァシー権論』（日本評論社，1986），『憲法理論Ⅱ』（成文堂，1993）[203]，『憲法２　基本権クラシック〔全訂第３版〕』（有信堂，2008）102頁等。また，拙稿「プライバシーの権利」奥平康弘・杉原泰雄『憲法学２　人権の基本問題Ⅱ』（有斐閣，1976）18頁も参照願う。

48)　Epstein, *supra* note 7, at 464 は，「不法行為プライバシーの底流にある，自己のイメージの所有という利益は明らかに弱く，すべての状況において主体が排他的支配可能性をもっている論拠とはなりがたい」という。ポズナーによる同旨の指摘については，前掲注15)およびその本文を参照。そのうえで，棟居快行『人権論の新構成』（信山社，1992）173頁以下と比較せよ。

personhood の利益をもって論拠づけようとする over-inclusive な傾向がそれである。人間の尊厳や自律に関連する個人情報は，公的生活においてこそ重要な利益であって，プライバシー権それ自体を論拠づけはしない。もし私が，尊厳や自律といった重い響きを持つ用語に代えて[49]，「自由」という用語によってプライバシー権を論拠づけたとき，読者は納得するだろうか。プライバシー権よりも上位概念または抽象度の高い用語をもってプライバシー権に接近する手法は，プライバシー権の解明には失敗している。人間の尊厳や人格的自律とプライバシーとを関連づけたとしても，それはプライバシーの重要さを論ずるものであって，権利を論拠づけてはいない。プライバシー権を支えるための論議は，プライバシーに特有な見方またはプライバシーよりも細かい用語・概念に依拠するものでなければならない。不法行為法上のプライバシー権を論ずるにあたっては，公開（公表），私事性，要秘匿性，不快性等の成立要件やその細かい視点を活かすことのほうが重要で（Think small !），哲学的な論拠づけ，または，人権論の茂みに深入りする必要はないだろう[50]。

---

[49]「人間の尊厳」や「自律」という概念を基本権の基底としようとする以上，それぞれ何を指しているのかが明確にされなければならない。その作業のないかぎり，これらの本質的に論争を喚ぶ概念は，いかなる利益をも論拠づけうる。それだけ，これらの用語と概念は，包括的で秘儀的である。

　私は，カントのいう「人間の尊厳」および「自律」は，彼のいう定言命法を基礎としたものと理解している（自分のことは自分で決める，という世俗的な意味合いではなく，道徳的な正しさがその中核として含意されている。この点については後掲注 51）を参照願う。英米の論者（哲学者や法学者）は，自律という言葉を無定義のまま，あるいは，論者固有の見方に従って展開し，概して，自律に自発性というニュアンスを持たせている。これは，英米の論者がカントではなく，J. S. ミルに学んできたためだろう。実際には，「カント／ミル」の違いは大きい。英米の論者のなかで珍しく「尊厳／自律」それぞれの定義を示している C. Taylor, Sources of the Self : The Making of Modern Identity 15 (1989) は，知的に誠実に，それぞれを次のように定義しており，特筆に値する。すなわち，自律（autonomy）とは，自己のアイデンティティを創造する能力をいい，尊厳（dignity）とは，尊重を命じてやまないわれわれの感覚をいう，と。尊厳は，自律と違って，他人を尊重する行為形式を画定する間主観的な規範だ，というのである。

[50]「私事の公表」事案においてアメリカの判例がみせている慎重な手順については，前掲注 18)の前後の本文を参照。この手堅い手法は，曖昧な「公／私」二分法を補っているのである。私は，以前，「プライヴァシー概念再訪」伊藤満先生喜寿記念『比較公法学の諸問題』（八千代出版，1990）188 頁以下で「公／私」二分法の曖昧さに疑問を呈したことがあるが，アメリカの判例が本文に述べたような手順を踏んでいることを知り，今では，私の疑問が性急すぎたことを反省している。

第3。プライバシー権と類似の概念である名誉権，信用，精神的平穏，身体の不可侵性等との識別に常に留意すること。これらは，実体的法益の性質も，不法行為の成立要件も，違法性阻却事由も，それぞれ異にしているはずである。ここでは，旧稿の反復を避けるが，自己情報コントロール権説が，プライバシー権と名誉権以下等との区別——定義のみならず，実体的法益，成立要件等々の識別——を可能としているのか，私はこれまで常に疑ってきた。

　その他，自己情報コントロール権説に対しては，(i)保護領域に置かれる個人情報の範囲は明確であるか，(ii)なにゆえ，一定種の個人情報が保護領域とされるのか，(iii)情報主体が自己情報を排他的に支配できる（すべきである）という理由はどこにあるのか，(iv)支配可能性はどこで終わるのか等々，疑問は尽きない。

(2) 人格権としての自己情報コントロール権

　自己情報コントロール権説に出る論者は，私の疑問に対して，こう回答するだろう。

　(ア) 保護されるべき個人情報（自己情報）は，無限定ではない。保護対象は，道徳的自律の存在に必要な情報である（情報プライバシー学派のなかには，すべての個人情報をプライバシーに含める立場もある。私にとっては，この立場は論外である）。

　(イ) 自己情報の排他的支配可能性は，人格権という実体的法益から出ている。人格権は，物権的請求権と並び称せられるほど，日本法に定着しており，強い法力をもっていることも承認されてきている。

　(ウ) 人格権そのものが本来的に内容豊かであり，多様に作用するために，対立利益とのカテゴリカルな衡量を事前にすませておくことは，困難である。自己情報コントロール権の限界は，対立利益の性質，制約の目的・内容・必要性等を考慮することによって画定せざるをえないところである。

　この回答の曖昧さをつき，これを批判することは困難ではない。が，わが国の人格権理論を根本から覆そうとなると，これは私にも不可能のように思われる。というのも，「人格権」という概念・用語は，正確な意義を精査されないまま[51]，わが国の法学と法体系に深く深く溶け込んでいるからだ[52]。それで

---

51) カントは，夙に「動物性／人間性／人格／人格性」という区別と序列を強調した。特に，『人倫の形而上学的基礎づけ』においてカントは，人格とは「行為に対して責任を

も私には,"人格権が物権と同じような強い法力をもつ"という判例・通説的理解が理解できない。判例・通説に必要なことは,人格権が物権と同程度の法力をもつ理由を明らかにすることであって,都合のよい結論を説くことではない。

　残念ながら,わが国の法状況を考慮すれば,人格権を与件として扱う以外ない。それでも,人格権としての情報コントロール権は,相手方の行為に違法性がないとき,または,違法性が弱いとき,**相手に対して不作為や作為を義務づけたりする法的論拠となりうるか,疑問視されなければならない**[53]。不法行為法上の人格権は,個人情報の取引にみられる社会的費用の問題解決にとって適切であるとは思われない。

2　取引不能ルールのなかの個人情報?

(1)　Inalienability Rule

　ある個人情報が人間の道徳的自律にとって必要不可欠だとする見解は,個人情報の取引市場に関して,こう言いたいのかもしれない。

　　《人間の尊厳を基礎づけている道徳的自律領域にかかわる個人情報は,本来,取引対象とすること不能 (inalienability) のはずである》。

　　《道徳的自律に必要な個人情報を市場における取引対象——有償であれ

　　帰すことの可能な主体」と定義している。この意味での「人格」からは,主観的な法益である「人格権」は出てこないはずである。おそらく,人格権の淵源は,カントのいう道徳的人格性,つまり,道徳的諸法則のもとにあって,理性的存在者たることにあるものと思われる。前掲注49)も参照願う。シニカルにいえば,法学者が口にする「人格権」は,使い勝手がよい,万能の杖であり,反論を許さない高貴で秘儀的な言葉である。

52)　R. ポズナーのひそみに倣っていえば,"プライバシー権の人格権的理論構成は,プライバシーの権利を理解させるよりも,プライバシーに対する尊敬の念を喚起することにある"と私は感じ続けてきている。*See* POSNER, THE ECONOMICS OF JUSTICE, *supra* note 15, at 274.

53)　たしかに,不法行為プライバシーにおいても,"プライバシーとは,主体が誰にいつアクセスさせるか決定する情報（または領域）をいう"と原告の行為の自由に言及されることがある。が,不法行為法において決定的な要素は,アクセスの許されない領域にアクセスした不法行為者の侵入行為の違法性にある。他者によるアクセスをコントロールする,というプライバシー概念は,アクセスを許容する領域を限定しておらず,成立しがたい。*See* SOLOVE, UNDERSTANDING PRIVACY, *supra* note 10, at 18-21. また,自己情報の排他的支配可能性を否定する見解として,前掲注7)のエプシュティンの論攷をみよ。誰もが知りうる情報,なかでも,ある人物の真実情報について,情報主体が排他的支配権をもって管理すべきだ,という法理論は成立する余地がないはずである。

Ⅲ　自己情報コントロール権説とそれへの批判

無償であれ——とすることが人間の道徳的自律性を浸食する》。

アメリカの法制は，liability rule, property rule, そして inalienability rule の3つのルールからなるといわれることがある[54]（この最後の inalienability rule を「取引不能ルール」と呼ぶことにしよう）。先に私は，不法行為プライバシーは，被告の行為を liability rule に乗せて，その道徳的非難可能性（blameworthiness）を探り，事後類似の行為を抑止（deter）する法制度だと指摘した（⇒Ⅱ1(2)）。

人格権としての自己情報コントロール権の構想は，人格と不可分と考えられる個人情報が金銭に換算できない本質を持っている点を重視して，まずは，一定範囲の個人情報を取引不能ルール——liability rule にではなく——にのせようとするのかもしれない。

しかしながら，この発想は，ある情報主体の情報が public domain におかれていれば，この情報が**同主体の人格的生存の基礎であったり不可欠であったりしたとしても，他者（周囲の人びと）がこれにアクセスして勝手に処理できるという意味で，非排他的で非競合的な知識**となっているという点をまったく念頭に置いていない。これは人格的利益だけを重視する一面的な見方だ，といわざるをえない。一面的な道徳理論は right talk だとはいいがたい（社会構造の変化を強い主張として展開する論法にとどまり，権利を基礎づけることにはならない。このことに気づかないまま，自己情報の人格権性だけを主張することは，人格的な論法ではない）。

個人情報は，その一部は public domain あるいは commons 領域に置かれており，一部は not common でありながらも（コモンズには属しておらず），not owned（特定の主体の所有になじまないこと）というハイブリッドな性質をもっている。個人情報は，一部はコモンズに生えている牧草と同じように誰もがアクセスでき，他の一部は誰もが常にアクセスしうるわけでもなく，かといって，私有地に生えている牧草のように特定の主体が常に所有しているものでもない。この多層にわたる個人情報について，アメリカの論者は財産権的な理論構成によって，日本の論者は人格権的理論構成によって，情報主体の支配可能性を説こうとするが，この法的論拠や法的概念の解明に成功してはいないように私にはみえる。言い換えれば，情報主体がなぜ排他的支配可能性を法認されるのかにつき，「個人情報－情報主体－支配可能性」の間に，失われた輪（missing

---

[54] See G. Calabresi & D. Melamed, *Property Rules, Liability Rules, and Inalienability: One View of the Cathedral*, 85 Harv. L. Rev. 1089 (1972).

ring）があるように思われてならない。

(2) **個人情報の支配可能性を求めて**

個人情報の支配可能性の法的論拠について，あらためてアメリカの議論を概観してみよう。

アメリカの論者は，次の3つのいずれかを展開し，これを梃子に法律制定を手に入れようとしている[55]。

第1は，個人情報を個人の自律または個人の尊厳という利益に基礎づけることである[56]。この論法の典型が，データ・ベース保有者と情報主体との間にみられる情報格差・権力格差を強調し，"データ・ベースの客体となった個人が主体とならなければならない"という情報プライバシー学派の主張である。その論拠として，同学派は，データ・ベース社会が個人の自律を浸食しつつあること，個人の尊厳または個別性を浸食するに違いないこと等々を指摘して，人間の自律や尊厳を基底とする主観的利益を浮かび上がらせようとする。が，その論法は，日本の人格権としての自己情報コントロール権説の位置づけとは対照的に，プラグマティックではなく，抽象度が高すぎるとみられているせいだろう，多くの賛同を得てはいない。その理由は，本章のこれまでの行論で既に検討してきたところであるが，ここで確認しておけば，(i) 主観的利益の論証

---

55) *See* M. Peek, *Information Privacy and Corporate Power: Towards a Re-Imagination of Information Privacy Law*, 37 SETON HALL L. REV. 127, 129 (2006).

56) 人間の尊厳を論拠とするものとして *See, e. g.*, Bloustein, *Human Dignity, supra* note 10；Do, *Privacy is Dear at Any Price: A Response to Professor Posner's Economic Theory*, 12 GA. L. REV. 429 (1978)〔以下，Bloustein, *Privacy is Dear at Any Price* と引用する〕。これらブルーシュティン論文は，人間の尊厳だけでなく，ときに individuality，ときに human personality，ときに personal dignity との表現を多用しており，それだけ，焦点を絞り切れていない。自律を論拠とするものとして，*See, e. g.*, Th. Scanlon, *Thomson on Privacy*, 4 PHIL. & PUB. AFF. 315 (1975). J. ROZEN, THE UNWANTED GAZE (2000) も，この「尊厳学派」に数え入れてもよいだろう。J. ロウゼン (J. Rozen) は，情報プライバシーの論拠として，①断片的な情報に基づいて評価されないこと，②人間の尊厳とかかわっていること，③自由の淵源でもあることを挙げている。これに対して，R. Post, *Three Concepts of Privacy*, 89 GEO. L. J. 2087, 2091-92 (2001) が指摘するように，①は，誰でも知りうる公的な情報に基づいて，誤って評価されることはよくあることで（ひとつの印象的なエラーのために，いつもヘタなショートだ，と評価されるように），プライバシー特有の法益ではない。言い換えれば，他者によるこの評価は，問題の情報が私的か公的かどうかとは無関係である。公的な生活においても，他者の評価に人びとは重大な関心を持っている。ということは，ロウゼンのあげる②および③もプライバシーに特有ではない。

としては，over-inclusive であること，(ii)自律や尊厳という用語は論者の数だけ存在すること，(iii)自律や尊厳という言葉は個人情報保護の重要性を説くことに成功しているものの，対立利益との考量を通過していない，道徳的訴えにとどまっていること等である。

　第2は，契約法的理論構成である[57]。この立場の代表者がP. サミュエルスン（P. Samuelson）である。彼女の秀作は，個人情報は収集されることがないとするデフォルト・ルールを採用し，情報主体が自分の個人情報を契約によって企業に販売できるようにする，という「契約法的な理論構成＋財産権モデル」法制を提唱している。それは，財産と秘匿性との混合利益である営業秘密と同じように，個人情報を property と confidentiality との混合物だとみて，opt-in のデフォルト・ルールを採用する法制のもとで，情報主体が自己情報の「販売」を希望するときにはデータ収集会社と契約する，という構想である（もっとも，サミュエルスンの提言はサイバースペース上の取引だけを念頭に置かれたものである。本章は，これに関しては，これ以上ふれない）。

　第3は，個人情報に財産権的な属性を見出そうとすることである[58]。

　これらの接近法のうち，アメリカにおいて最も論争の的となっており，本章の主たる関心対象であるのが，この第3の見解である。これを「個人情報の財産権モデル」と呼び，そのねらい，利点，弱点等については，次節Ⅳで検討することとしよう。

　アメリカにみられている上の第2，第3の接近法は，第1にみられる抽象度の高い議論に飽き足らず，これに代えようとする苦悩，または，「失われた輪」を発見しようとする苦悩を表している。これとわが国の論調を比べた場合，わが国には「人格権」概念が存在しているため，「個人情報－人格権主体としての情報主体－支配可能性」と連結され，失われた輪はないかのごとくである。

　ところが，正直言って，情報プライバシー（すべての個人情報）が「人格権」の一部として法的に保護される，という理由を理解することは私には困難である。私の氏名，年齢，性別，顔かたち等は，たしかに私のキャラクターという意味での「人格」である。私のスポーツ好き，判読困難な私の手書き文字も私の「キャラを立たせている人格（personality）」かもしれない。しかしながら，これらが「人格権」を支えるはずの「人格性」の内実だとは私には思われない

---

[57] *See, e. g.*, Samuelson, *supra* note 42 ; S. Bibas, *A Contractual Approach to Data Privacy*, 17 HARV. J. L. & PUB. POL'Y 591, 592 (1994).

[58] *See, e. g.*, D. Freedman, *supra* note 38.

のだ。私のキャラを立たせている形式（個性を持つこと individuality）と，私が人格性に満たされていることの間には共通性があるとは思われない[59]。氏名，年齢，性別，肖像，電話帳登載の電話番号，勤務先等々を「人格権」として法的に保護しようとする発想は，人の生活様式や行動の所産すべてに関する支配権を法認しようとすることに等しい[60]。

(3) Reputation を操作する権利？

アメリカの不法行為法は，「名誉／プライバシー」を（日本法に比べれば）明確に区別している。名誉毀損とは原告の生活圏に虚偽情報を流してその good reputation を低下させることを，私事の公表事案におけるプライバシー侵害とは，真実情報を広く流して高度の不快不安の念を原告に覚えさせること，である。

このふたつの不法行為のうち，より大きな社会的損失をもたらすのは，名誉毀損のほうだ，といわれる[61]。というのも，名誉毀損は，原告の生活するコミュニティでの，いわば同輩・知り合いに虚偽情報が伝播されたために（アメリカの名誉毀損は，不特定多数の者への開示である必要はない），周囲の人びとからこれまで受けてきた良き評価（good reputation）を低下させる不法行為である。しかも，この不法行為は虚偽情報の伝播であるためにコミュニティの効用も低下させている。

これに対してプライバシー侵害は，被告が真実情報を不特定多数に開示した

---

[59] 私は，個性を持って自由に自発的に責任をもって行為することを，J. S. ミルに従って「道徳的な自由」であると捉え，この意味での自由をカントの自律重視の，堅い道徳的自由論とは区別するようにしている。この違いを，前掲注49)において，「カント／ミル」と表現した。これが，autonomy と personality との違いである。本章ではこれについて詳論することができないが，この違いが憲法13条の「幸福追求権」の実体的法益の解釈に反映して，「人格的利益説／一般的行為自由説」論争となる。さしあたり，拙著『憲法2 基本権クラシック〔全訂第3版〕』（有信堂，2008）98頁をみよ。

[60] D. Zimmerman, *Information as Speech, Information as Goods: Some Thoughts on Marketplaces and the Bill of Rights*, 33 WM & MARY L. REV. 665, 701 (1992)〔以後，Zimmerman, *Information as Speech* と引用する〕は，(ｱ)漠然と"プライバシー"の利益と称されてきた法領域は，財産法体系を共通するところが多いこと，(ｲ)不法行為プライバシーは人の行動の所産・軌跡に財産権を付与しようとする理論となっていることを指摘したうえで，プライバシー権の主張はとどまるところを知らず表現の自由にとって危険であるという。

[61] *See* POSNER, THE ECONOMICS OF JUSTICE, *supra* note 15, at 292. 同旨として，*See* Murphy, *supra* note 11, at 2384.

Ⅲ 自己情報コントロール権説とそれへの批判

ために，原告の将来の「取引」（コミュニケーション）費用を増加させる不法行為である。真実情報を知ったコミュニティでは，原告に関する知識の取引費用が少なくてすむ。こう考えてくると，プライバシー侵害は名誉毀損ほどには保護する必要がないとみられるために，判例においても原告勝訴となることが少ないのである。

再度，名誉権とプライバシー権との違いを分かりやすく言うとすれば，こうなる。

名誉とは生活圏において実際に受けている good reputation を法益としているのに対して，プライバシー権は，見知らぬ者を含めた不特定多数の者に対して，真の自分の姿を隠し，自分の reputation を操作することを法益としている。先にふれたように，R. エプシュティンが「プライバシー権は，secondary-order の権利だ」といい[62]，R. ポズナー（R. Posner）が「道具的権利だ（中間財だ）」とプライバシー権を位置づけているのは，こうした見方を基礎としている。アメリカの判例・学説は，わが国のように，プライバシー権を，名誉権と並んで，「人格権」またはそれに類する権利として祭り上げることはない。

ポスナーは，次のように明言している。

> 「民事法・刑事法の双方が，『世間用に作り上げた自我』（constructed public self）を保護している。名誉毀損法，プライバシー法（「誤認を生ぜしむる公表」を含む）がこれである。
>
> これらの法制のうち，最も課題を抱えているのがプライバシー法であって，この法分野は，真実情報によってこの自我を侵害しないようにとたびたび活用されるところである」[63]。

プライバシー権は，真の自分・自我を隠しておいて，世間を操作する権利となってしまっている，とポスナーはいうのである（くわしくは⇒第3章Ⅲ2(1)）。

たしかに，プライバシー権の最初の提唱者ウォレンとブランダイス（S. Warren & L. Brandeis）は，財産権とは別個の，「不可譲の人格」（inalienable right to personality）を基底とするプライバシー権を提唱した。「ところが，これが不法行為プライバシーの失敗の原因だった」と，「法と経済学」に通じたある論者はいう[64]。裁判所は，財産権保護には躊躇しないのに対して，人格

---

[62] 前掲注17)およびその本文参照。
[63] R. POSNER, OVERCOMING LAW 532 (1995).
[64] See Murphy, supra note 11, at 2389. Zimmerman, Information as Speech, supra note

（personality）をコントロールする権利のごとき無定型で「不可譲の」権利には冷淡だったのだ[65]。このことに気づいた実務家（原告側の弁護士）は，勝訴の見込みの薄いプライバシーに代えて，財産権的な色彩をもつ権利，たとえば，パブリシティの権利，著作権，営業秘密，信託違背等に訴えかける戦術を好むという。これらの権利侵害事案においては，損害を可視化できるばかりでなく，被告側から主張される「ニュース価値」特権（newsworthiness privilege）や「公衆の関心事」（public interest）の抗弁に巻き込まれることがなくなるからだ。

(4) 次節への見通し

有力なアメリカ法理論は，わが国の人格権的な見方とは180度違って，㋐秘匿性を核としてきた伝統的なプライバシー権も，実は，人間の尊厳とか自律性といった高邁な利益を基底としてはおらず，㋑寄生的利益にすぎず，㋒権利であることすら疑わしく，㋓たとえ権利であるとしても "second-order right" にすぎない，という。アメリカにおいては，実にAmerican-likeに，人格権よりもプラグマティックな理論構成または経済学的な接近法が好まれるようだ。

そうなると，個人情報に財産権的な理論構成を施こそうとする発想が登場するのも当然である。

情報プライバシーの弱点は，個人情報の排他的支配可能性の論拠づけに成功していないことにあった。もし，個人情報が財産権的な性格ありと解明できれば，この弱点は克服できる。また，個人情報の取引における最大の問題点は，企業が外部費用を消費者に押しつけている点にある（⇒Ⅱ3⑴）。個人情報を取引可能（alienable）な財だと考えて市場での取引の対象にすれば，社会的費用を内部化できるかもしれない。

さらに，個人情報の財産権モデルは，あるべき人間像を語ることによって人を黙らせることがなく，現実の人間社会の実相を直視しながら，経験的な分析

60, at 699 は，Warren & Brandeis 論文のねらいは，個別的な損害の救済論拠を論理的に解明することよりも，「不可侵の人格」へのコントロール権を説くことに急であった，という。権利を支える細かい分析というより，保護の必要性と重要性ばかりを強調している，とでもツィンママン（D. Zimmerman）はいいたいのだろう。

65) See Murphy, *supra* note 11, at 2390；Zimmerman, *Information as Speech*, *supra* note 60, at 715-17. 本文に述べたことを言い換えれば，原告の財産権的法益は，被告の主張するであろう "speech common" 理論（表現の自由）を破りやすい，のである。しかも，財産権的な法益であれば，一身専属的なプライバシー権とは異なり，相続人までその恩恵に浴することにもなる。

も可能となる。醒めた（冷淡な）思考である。

　財産権モデルの発想と接近法と結論に学ぶべきことは多い。このことを次節において概観してみる。

Ⅳ　個人情報の財産権モデルのねらいと通用力

1　財産権モデルの背景

(1)　個人情報取引市場の現状

　本章は、先のⅡ3において、個人情報の市場は失敗していることについてふれた。

　企業が消費者に押しつけている社会的費用を内部化することはできないものか、企業と消費者の情報の非対称性を是正できないものか、こうした「市場の失敗」対策は経済学または「法と経済学」の得意とする領域であり、その実績もある。本節では、個人情報の取引の現状と対策についてもう少し深入りしてみよう。

　まずは、学派のいかんを問わず、異論のない現状認識から。

　アメリカにおける個人情報取引市場または情報プライバシー問題は、次のような状況にある[66]。

　(ア)　個人情報は、通常の知識・情報と同じように、公共財としての性格を持っている。非排他性、非競合性という性質である。

　(イ)　企業は公共財である個人情報を収集蓄積利用すればするほど、利益を獲得できる。このインセンティブがさらに個人情報の収集蓄積利用へと企業を誘引する。これに対して、情報主体（消費者）は、自分の情報が過剰に収集されていることに気づくことが少なく、企業活動を規律しようとしてもコストばかり高く利得は低い。経済学の言葉でいえば、企業は個人情報の収集・利用に伴う利益を内部化し費用を外部化してしまっている（消費者全体に、その費用を押しつけている）。

　(ウ)　個人情報保護のためのシステムやソフトウエア（Privacy Enhancing Technologies = PET）が開発されているものの、どれも確実な保護対策となっていない（Web Bugsのような保護のためのソフトがスパイウエアとして

---

[66]　アメリカの個人情報市場の現状については、さしあたり、Schwartz, *Property, Privacy, supra* note 42, at 2062 ff. をみよ。

利用されることもある)。

(エ) 現行の liability rule は，結果不法に対する金銭の支払いを法認するだけである。**「被害者」の受取額を「被害者」自身に事前に決定させないこと**が，この法制の特徴である。

(オ) 民間部門の個人情報取扱に関する法的規制も，不十分なセクター別となっており，統一性に欠けている。現行は，民間の業界団体による自主規制方式によっているが，この方式は消費者有利とはなっていない（自主規制の基本方針があるにしても，それは，一方的に，周知されないまま，変更されることが多い）。

以上の(ア)〜(オ)の現状は，《個人情報取引においては，「市場の失敗」が顕著である》，と簡潔に表現し直すことができる。

個人情報市場における「市場の失敗」について，もう少し説明を加えると，こういうことである。

情報収集・利用する企業は，情報の取扱にあたって真のコストを負担していない。この状態は，情報収集・利用にあたる企業に助成していることと同じとなる。このとき，企業は，市場のコスト以下で個人情報を入手できるために，接触を望まない消費者の個人情報にまで過剰投資（金銭支出）したり，プライバシー選好の表出を高めるための技術導入に過少投資したりすることになる。そうなると，情報プライバシー保護対策が革新されなくなる。

(2) 「市場の失敗」を是正するには

個人情報に関する財産権モデルが，情報（個人情報を含む）は公共財だ，という出発点にたって理論を組み立てるさい，参考にしたのが知的財産権の法制である。知財法制は，過少生産され，過少取引される公共財としての情報について，情報主体に支配可能性を付与することを通して，新しいアイディア・情報を市場に提供させようとする構想である。

当然のことながら，「法と経済学」学派ならずとも，法学者は，個人情報の財産権化の理論は，知財法制の論拠とは違っていることを十分に知っている[67]。個人情報を財産権として理論構成する目的は，情報を生産・流通させ

---

[67] *See* Samuelson, *supra* note 42, at 1140-41. 彼女は，有体物ではないデータに財産権としての性質を付与すれば，知財法を混乱させるだろう，という。同旨，R. Dreyfuss, *Warren and Brandeis Redux: Finding (More) Privacy Protection in Intellectual Property Lore*, 1999 STAN. TECH. L. REV. 8 (1999); Litman, *supra* note 33.

Ⅳ 個人情報の財産権モデルのねらいと通用力

るためでもなければ，研究開発費を回収できるようにするためでもない。財産権モデルは，自己情報を商品化すれば，(a) 主体が情報移転（取引）を事前に拒否でき，しかも，(b) **自己情報の値段を自分で設定し交渉できる**，という法制の実現をねらっているのである[68]。これが実現されたときには，あるリソース（個人情報）を欲する企業人は，相手方（情報主体）と値段交渉せざるをえなくなる（社会的費用を内部化せざるをえなくなる），というわけだ。

このように，「法と経済学」学派のうちの財産権理論派のねらいは，あくまで，情報主体にその自己情報の支配可能性，すなわち，情報取引への参加の利益とインセンティブを創造して，自己情報をどう利用するかの選択権を与えようとする点にある。

ここでわれわれは，再度，コースの定理を思い出すとよい。

同定理は，《取引費用が高いため交渉を阻害するときには，資源が効率的に利用されるかどうかは，所有権の割当にかかっている》という[69]。

これまでの個人情報取引においては，取引費用の高すぎることが——個人情報がどのように収集・利用されているかモニタリングするコストが高すぎて——消費者の市場参加を妨げてきた。そうであれば，個人情報を財産権だとみて，この権利を情報主体に割り当てればよい，というわけだ。そうすれば，情報主体は，自己情報の収集・利用をモニタリングしようとするインセンティヴをもって情報取引市場に参加しやすくなる。そうなれば，企業も社会的費用を消費者に押しつけることができなくなり，その費用も内部化されるばかりでなく，情報主体の地位も良化され，しかも，社会的効用も増大することになる。

2 財産権モデルの利点と難点

(1) 財産権モデルの利点

この学派が提唱してきた，個人情報に関する財産権モデルの利点をまとめれば，次の2点のようになろう[70]。

第1点。情報主体が自己情報の販売権を持つことになって，主体は自己情報の値打ちを予測しながら，プライバシー選好に応じてその価格を自分で事前に

---

68) 参照，レッシグ，前掲注38) 訳書『CODE』290頁。
69) 参照，R. コース，宮沢建一／後藤晃／藤垣芳文訳『企業・市場・法』（東洋経済新報社，1992）第6章；R. クーター＝Th. ユーレン，太田勝造訳『新版 法と経済学』（商事法務研究会，1997）130頁。また本書の第4章「はじめに」も参照。
70) See Samuelson, *supra* note 42, at 1130.

決定でき，事後も市場の動きをみながら価格を自由に変動させることができるようになることである。

　第2点。現在は社会的費用となっているものを企業が内部化できるようになることである。そうなれば，企業は収集し提供するデータが何であるかを知り，無駄な収集・利用をやめ，よりよき投資判断をすることができることにもなる。

　以上の2点とは別に，財産権モデルは，国家による公法規制を最小化できる，という副次的な利点をも持つ。財産権モデルによれば，EU指令が求めるような監督機関は不要であるばかりでなく，企業は内部監督部門を設置することも不要となる（EU指令の17，18条は，この設置を義務づけている。財産権モデルは，欧州のデータ保護型では硬直的にすぎ，個人情報保護にとって効率的ではないことにも配慮しているのである）。

　「法と経済学」学派は，ウェッブ利用者86％が，有料または相当の対価があれば，自己情報を開示してよいと回答している，という経験的な調査結果にも言及して，財産権モデルの実現を訴える[71]。世論は個人情報収集業者が不正に収益をあげているのではないかと敏感で（消費者は無能ではない！），経済学的なアプローチは，こうした世論と市場の動きにも応えようとしているのである。

(2) 財産権モデルの難点

《財産権は，主体間の同意による自由な取引を可能にして当事者の利益を最大化し，資源を効率的に配分し社会的効用を増加させる。ならば，自己情報における財産権を情報主体に割り当てれば，情報主体にとっても，取引相手にとっても利益となり，社会全体の利益増進にとっても望ましいはずだ》という命題は，魅力的にみえる。が，難点も多い（もっとも，以下にふれる難点は，現在のITの技術水準や市場システムを念頭に置いているためかもしれない。個人情報を商品化すれば，市場は，予想もできなかったブラウザを創造するだろう）。

---

71) See ibid., at 1134. このサミュエルスン論文は，主体に情報処理の管理権を持たせながら，この権利を有償で販売することを企業と契約する法制を構想する。もっとも，かくいう彼女も，個人情報市場の確立，主体の登録手続等実現に要するコストは，企業にとっても個人にとっても無視できず，さらには，本人確認のコストがこれに加わることを考えれば，個人情報市場のインフラ整備は複雑となろうから，今後を予想することは容易ではない，と予想している。See ibid., at 1137. いずれにせよ，本文にみられるウェッブ利用者の数値は，人間の尊厳論や自律論がいかに論者の頭のなかだけの論拠づけであるかをうかがわせる。

Ⅳ 個人情報の財産権モデルのねらいと通用力

　以下，財産権モデルの難点について論じてみよう。

　反対論の急先鋒は，先にふれたように，人間の尊厳を映し出しているはずの個人情報を商品化することへの直観的な異論である[72]（この主張については，本節は検討しない）。

　この急先鋒以外の，商品化警戒論は，①市場がうまく機能しないこと（個人情報市場は失敗している），②プライバシーは希少財であるのに対して個人情報は公共財であるところ，後者を財産権として扱うとなると，情報の自由流通を損ない，正確かつ効率的に人の評定ができなくなること，③財産権化したとしても，下流（downstream）における情報交換を制限できなくなってしまうこと等を難点としてあげる[73]。

　これらの難点といわれるものについて，以下，順に分析してみよう。

　〔A〕まずは，「市場の失敗」からみていこう。

　個人情報市場がうまく機能するかどうかは，プライバシー価格の差別化を消費者が手に入れることができるかどうかにかかっている（「価格の差別化」とは，生産されたものに対する需要の弾力性に応じて，生産者がそれぞれ価格を設定することをいう[74]）。

　個人情報価格の差別化の現状をみると，個人情報市場は，消費者に自己情報の収集に合意するか，それともしないか，という二者択一方式を迫っており，差別化に失敗している。

　差別化に成功するためには，企業は，情報主体のプライバシー選好を知ったうえで，各人の設定する威嚇値（threat value）以上の価格を弾力的に設定しなければならない（威嚇値とは，Xが自己情報を開示しないことに置く価格のことをいう[75]）。ところが，**各人のプライバシー選好は主観的で多様であって，これに応じた弾力的価格の設定は困難である**（この困難さは，情報という公共財に

---

72) See, e. g., Cohen, *supra* note 25; Bloustein, *Privacy is Dear at Any Price, supra* note 56.

73) See Schwartz, *Property, Privacy, supra* note 42, at 2076; Samuelson, *supra* note 42, at 1138; Litman, *supra* note 33. また，M. Lemley, *Private Property: A Comment on Professor Samuelson's Contribution*, 52 STAN. L. REV 1545（2000）も参照。情報取引の過程の下流になればなるほど，問題の個人情報が当初は任意に開示されたものか，公的記録から収集された情報をもとに誰かが加工したものか，といった判別はつかなくなる。この下流に対してまで，情報主体が「それにも自分の管理権が及ぶのだ」と主張することは正当だろうか。

74) See R. POSNER, ECONOMIC ANALYSIS OF LAW 283 (6th ed. 2003).

75) 参照，クーター＝ユーレン，前掲注69)訳書116頁。

特有である。この点については，下流における利用制限の困難さとも関連しており，すぐ後の〔C〕で解明する）。

〔B〕次に，個人情報の公共財的性格を論じてみよう。

財産権モデルは，財産権としての個人情報権を法律によって創設しようと試みようとしている。が，しかし，情報の公共財的な性格のゆえに，情報主体が自己情報を排他的に利用したり処分したりすることは不可能である。一物一権とはいかないからである。財産権としての個人情報権が創設されたとしても，「市場の失敗」は是正されそうにもない。

そればかりでなく，個人情報権は，市場における知識の自由な取引量を減少させ，人びとの自由で正確で効率的な意思決定を妨げることにならないか，という負の効果も考慮に入れられなければならない。個人情報の公共財としての性格は，自由な社会においては維持されなければならない価値である。

L.レッシグのように，"われわれは理想的な社会はどうあるべきかを論議しているわけではなく，現実の社会の実情を勘案して，主体にコントロール権を与えるために情報主体に財産権を割り当てるべきだ"[76]と考えるのが賢明であるのか，それとも，R.ポズナーのように，"個人情報権という財産権を情報主体に割り当てることは，社会的効用を低減させることになって賢明な選択ではない"[77]と考えるべきなのか。それとも，この二者択一ではなく，適度な財産権を主体に付与することを通して，または，契約法的理論構成にもよりながら，個人情報を保護しつつ他方でプライバシー・コモンズをも確保して「コモンズの悲劇」を回避する，中庸で賢明な具体策[78]をもっと深く検討すべきなのか（あるいは，将来のIT技術が法理論を不要とするだろうか）。現段階で，見通しをつけることは難しい。それでも，次にみる理由を考慮に入れたとき，個人情報の財産権モデルには大きな難点があるといわざるをえない。

〔C〕最後に，下流における情報流通を簡単にみてみよう。

財産権モデルの最大の難点は，下流における自己情報の譲渡可能性を情報主体が統制できないことにある。これが，個人情報財産権と，車その他の通常の所有権との違いである。

---

76) 参照，レッシグ，前掲注38)訳書『CODE』291頁。

77) See POSNER, THE ECONOMICS OF JUSTICE, *supra* note 15, at 211 ff.

78) 個人情報を収集できるが，売買することはできない，という限定的財産化モデル（準財産化モデル＋契約法的理論構成）もありうる。この点については，前掲注57)およびその本文でふれた。

車の所有者Aは，自分の利益になると考えたとき，その車をディーラーに販売するだろう。Aは，ディーラーがこれを転売することによって利益を得るだろうと予想はするが，車がどう転売されていくか，関心を持たないのが通常である。

これに対して，個人情報の売買については，車と同じようにはいかない。というのも，情報主体は，利用目的 P_1 については，Y会社に自己情報を販売してよいと考えているが，利用目的 P_2 についてはそうでない（会社Zには販売して欲しくない），と考えているかもしれない（車の売却であれば，売却後の利用目的は重要関心事ではない）。ところが，いったん自己情報をY社に「販売」した後，情報主体は個人情報取引の下流を統制できない。たとえ下流を見通して，そこでの販売価格を上乗せして「販売」しようとしても，下流における利用を見通すことができない以上，どう見積もっていいものか判定しがたいだろう。個人情報が商品化されればされるほど，市場での自由な取引対象となる。その流通過程の下流になればなるほど，情報主体の支配可能性は弱まり，情報プライバシーの保護水準は低下していくだろう。たとえ法律によって無断の転売を禁止したとしても，企業は，禁止違反の費用を上乗せして売買するだろう[79]。この難点も，情報の非排他性，非競合性という公共財的属性と関連している。この性質と，市場での取引とを両立させることは容易ではない。

難点は，それだけではない。

(3) 財産権モデルの社会的費用？

個人情報に対する主体の排他的支配権は，知識の自由な取引・授受，なかでも，表現の自由を制約する強力な論拠となりかねない。このことは，既に著作権保護との関連で大きな論争を喚んでいる。これまで何度もふれてきたように，プライバシー権は論拠薄弱なものであって，表現の自由と対立したとき，原告がプライバシー侵害を理由としても勝訴の見込みは薄い。こう見越す原告は，事案によっては，プライバシーに代えて，著作権侵害を主張する傾向にある，ともいわれてきている[80]。

---

79) See Schwartz, *Property, Privacy, supra* note 42, at 2091.
80) もともとプライバシー権は財産権的な理論構成によっていた，と指摘していた先駆的な業績として，See Zimmerman, *Information as Speech, supra* note 60 をみよ。ツインママンは，財産権の利益は見えやすいのに対して，表現の自由のもたらす利益は遠方にあって霞んでしか見えないという。See ibid., at 673．また，Murphy, *supra* note 11, at 2392 は，私事の公表事案においてプライバシー侵害の主張が表現の自由に負けるのは，

アメリカ著作権法制は，Fair Use および Public Domain の法理によって，表現の自由との調整を組み込んでいる（もっとも，表現の自由学派はこの調整に満足していない）。個人情報を財産権として扱う法制は，表現の自由との折り合いをどうつけるのだろうか。

情報主体に排他的な管理権（厳密に表現すれば「排他的支配権」）を法認するとなれば，影響を受けるのは，実は，表現の自由だけではない。《結局は，人びとの社会的交渉・接触における取引費用を高めてしまう》と「法と経済学」学派はいう。同学派がいいたいことは，おそらくこうであろう。

> 《規範的なコースの定理からすれば，取引費用さえ低ければ，個人情報における財産権の究極的な配分は最初の財産権の割当によって影響されることはない。ならば，**個人情報保護の制度は，権利を確立するよりも，取引費用を低くするよう工夫されるべし**》[81]。

この工夫は，デフォルト・ルールとして，opt-in か，それとも，opt-out か，という選択問題となっていく。このうちのいずれが賢明であるかの評定は，経済学に委ねるほうがよさそうだ。

3　小　　括

経済市場における個人情報取引を念頭に置いて，個人情報を財産権的に理論構成できないかという発想のメリットや難点は別にして，この理論的試みは，なにゆえ情報主体が自己情報の支配可能性をもちうるのか，支配可能性とは，いかなる法的手段として発現されるのか，という疑義を真剣に受けとめ，回答しようとする苦悩を表している。このモデルの欠陥をあげつらうことは困難ではないし，その行き詰まりも目に見えている。それでも，われわれに必要なことは，これを批判することよりも，日常的となった個人情報の取引を市場モデルにのせて，個人情報の支配可能性を真剣に追い求めようとするこの姿勢を賞賛することだ，と私は感じている。

あるアメリカの「法と経済学」学派のひとりは，こう述べている。

情報における財産権を主張しないで，融通無碍にプライバシーの「権利」を主張するからだ，という。
81)　参照，クーター＝ユーレン，前掲注 69)訳書，144 頁。

「個人情報の財産権モデルを考えようとしたとき，われわれはすぐに壁にぶつかる。"私について同僚が考えていることをコントロールする権利を私が持つといいうる論拠はいったい何なのか？" この解は，"None" である。そう知った私は，次に，同僚に対して，私に関する情報を言い歩いてはならない，という権利であれば主張できるというだろう。ところが，このことも，社会的な対話を妨げる費用を莫大なものにしてしまって，まったくありえない」[82]。

おわりに——本章のまとめに代えて

以上の本章における私の思考の道筋をまとめると，次のようになる。

(1) アメリカにおける伝統的な不法行為領域におけるプライバシー事案での原告は，一方で，被公表事実が private affairs, private fact, private sphere という私事性に含まれることを，他方で，public, publicity, open に該当しないことを主張すれば，prima facie case（一応有利な主張）となるとされてきている（くわしくは⇒第3章Ⅶ）。この意味でのプライバシー保護は，個人識別情報を保護しようとする法制とは明確に区別されなければならない。本章は，前者を「不法行為プライバシー」，後者を「情報プライバシー」と呼んできた。

(2) 不法行為プライバシーであってさえ，その権利性を疑問視する論者は後を絶たず，また，プライバシー権の実務的な実益性を否定する論者もみられる。さらにまた，不法行為プライバシー法には，表現の自由にとって警戒されるべき論点が多く残されている，という論者もいる。この指摘は重い（⇒第3章）。

(3) 情報主体がその個人情報を排他的に支配できる場合は，publicity の権利の主体となるとき，または，個人情報に対する著作権を有するときである（これらにおいても，支配権は絶対的ではなく，実体的にも例外が多くあり，時間的にも限定的なものとなっている。しかも，著作権の保護対象は，表現方法であって，事実およびアイディアにかかる個人情報部分ではないことに留意）。これ以外に，個人情報の支配権を法認するとなると，不法行為プライバシーとは比較にならないほど，知識の自由な授受を阻害して社会的効用を大きく低下させ，結局は誰の利益にもならない結果を招くかもしれない。

---

82) Murphy, *supra* note 11, at 2384.

(4) 情報プライバシー問題の根底には，消費者の開示した個人情報を企業が利用するさい，外部効果を消費者に押しつけているのではないかという不公正感がある。特に，一定の個人情報ファイルが財産権となって市場での取引対象――有償無償を問わない取引――となっている現状に鑑みれば，個人情報取引を内部化するためにも，個人情報に関する財産権モデルをもってこの現状を打破することが考えられる。

(5) ところが，個人情報は公共財としての性格を持っているため，個人情報取引を内部化することは容易ではない。また，個人情報が取引流通過程の下流へと流れていくほど，情報主体がその個人情報を統制することは困難になる。財産権モデルは，個人情報の無断利用を促進するかもしれない。情報取引における自己情報コントロール権の財産権モデルは，当初の目論見を達成できない。

＊　　　＊　　　＊

　本章は，自己情報コントロール権説が表現の自由を萎縮させないか，個人情報の財産権モデルが表現の自由制約的にならないのか，アメリカにおける論争[83]にも分け入って検討する予定であった。が，紙幅は尽きた。表現の自由についても，佐藤幸治先生の業績は私にとって眩い。私は，本章のテーマとしたプライバシーのほかにも，幸福追求権，表現の自由，憲法訴訟，行政権概念等々，無数の課題について，佐藤先生から実に多くを学んだ。先生の洞察を理解せず，性急で皮相なる批判をしたこともある。私が批判するたびごとに，佐藤先生は「学界のモデルになる論争をしましょう」と寛大に受け容れてくださった。その度ごとに，私は先生を仰ぎ見た。

＊　　　＊　　　＊

　本章は，佐藤幸治先生古稀記念論文集『国民主権と法の支配［下巻］』（成文堂，2008）に公表した「プライバシーの権利と個人情報の保護」のタイトルを変更したうえで，第1章との連続性がみてとれるように加筆修正したものである。

---

83) E. Volokh, *Freedom of Speech and Information Privacy: The Troubling Implications of a Right to Stop People from Speaking About You*, 52 STAN. L. REV. 1049, 1063 (2000) は，財産権ルールを明確に限定するルールがないとすれば，表現の自由規制的な動きを止められなくなる，との懸念を表明している。また，W. Gorden, *A Property Right in Self-Expression: Equality and Individualism in the Natural law of Intellectual Property*, 102 YALE L. J. 1533 (1993); Zimmerman, *Information as Speech, supra* note 60 も参照。

第3章　プライバシーの権利と表現の自由

> 人々が語り，かれらの言説が限りなく増殖するという事実のうちに，それほど危険なことがありましょうか。一体，危険はどこにあるのでしょうか。
>
> 　　　　M. フーコー，中村雄二郎訳『言語表現の秩序〔改訂版〕』
> 　　　　　　　　　　　　　　　　（河出書房新社，1981）9頁

はじめに——本章の問題設定

1　「私生活上の事実の公表」型プライバシー侵害

　(1)　プライバシー（権）は，わが国の実定法上の根拠規定を欠いていることもあって，その意義や実体の根源となると，法学界の合意に欠けている。にもかかわらず，わが国の判例・学説は，プライバシー保護に積極的で，実際，その保護領域は実に広範囲となってきている[1]。それどころか，学説のなかには，不法行為法上のプライバシー権を，結果不法の救済にとどめる法原則に満足しないで，情報プライバシー（いわゆる自己情報コントロール権）まで保障することが望ましいかのような論調にでるものもみられる[2]。

　本章で私は，《わが国の判例・通説はプライバシー保護に傾きすぎている》と論じていくが，この主張を一般化するつもりはない。本章はあくまで，表現の自由と対立する局面である「私生活上の事実の公表」（public disclosure of private facts）[3]という伝統的な不法行為法上のプライバシー事案に焦点を絞って，この傾向を批判していく。批判にあたって本章は，(ｱ)《わが国の判例・通説は，プライバシー概念を広範囲に拡大しすぎている》，(ｲ)そのため，《表現の自由とプライバシーとの対立の調整に，不法行為の成立要件の析出段階で失

---

[1] 参照，後掲注105)。
[2] この点については，後掲注105)と136)でふれる裁判例および学説を比較せよ。
[3] 「私生活上の事実の公表」は，論者によっては「私生活の公表」または「私事の公表」と表現することもある。本章では，特段の事情のない限り，「私生活上の事実の公表」と表記する。

91

敗している》，(ウ)《免責事由[4]の段階での調整にも成功していない》，という点を論証していく。論証にあたって本章は，アメリカにおける不法行為プライバシー(権)の概念，成立要件，免責事由等と日本法の現状を比較対照する。

(2) 私が上のように展開していく背景には，本章の主題と関連する，次の2点についての危惧がその底流にある。第1は，"自己情報コントロール権としてのプライバシーが公式の権利となったときには，表現の自由はさらに危機に瀕するだろう"という危惧であり[5]，第2は，「氏名・肖像等の無断利用」事案における日本法のプライバシー概念も拡大されており，この傾向も表現の自由との調整問題を真剣に受け止めていないのではないか，という危惧である[6]。

本章は，情報プライバシーおよび氏名・肖像等の無断利用の問題点には直接ふれない。本章のいう「プライバシー」とは，私生活上の利益と関連する，不法行為法上の伝統的な意味で用いることとする（情報プライバシーとの区別を明確にするために，本章は，「不法行為プライバシー」との表記にでる）。また，不法行為プライバシーの隣接分野である名誉毀損の問題点も採りあげるが，これも，原則として，不法行為法領域を指す。

---

4) 不法行為法においては，「違法性阻却事由／責任阻却事由」の別を重視しないで「免責事由」という用語によることが多い。本章でも，ひろく「免責事由」と表記することとする。

5) （不法行為プライバシーとは異なる）情報プライバシーが表現の自由を浸食するだろうと論じたアメリカの代表的論攷として，See E. Volokh, *Freedom of Speech and Information Privacy: The Troubling Implications of a Right to Stop People From Speaking About You*, 52 STAN. L. REV. 1049 (2000). 情報プライバシー，すなわち，自己情報コントロール権としてのプライバシーを不法行為理論に持ち込むとなると，表現の自由のみならず，ひろく，情報流通の自由がもつ社会的効用を阻害する（⇒第2章）。にもかかわらず，わが国の判例が，その方向にあることや，相当数の法学者がこの方向を歓迎している点については，後掲注105)をみよ。

6) アメリカにおいては，肖像・氏名等の個人識別項目の無断利用は，通常，営利的冒用について不法行為責任を問おうとする類型である。この類型において原告が有すると主張される法益は，プライバシーとは別個の財産権である，と多くの論者は理解している。この理解のもと，アメリカ法は，これを publicity の権利（right to publicity）としてプライバシーとは独立した法益として位置づける傾向を示している。Right to publicity とは，日本法とは違って，市井の人が有する権利ではなく，有名人（public figure）が自分の個人識別項目にもつ財産的利益である。かように限定されている right to publicity であっても，表現の自由を制限するのではないか，と疑問視するアメリカの論者は多い。See E. Volokh, *Freedom of Speech and the Right of Publicity*, 40 HOUS. L. REV. 903 (2003); G. Franke, *The Right of Publicity vs. First Amendment: Will One Test Ever Capture the Starring Role?*, 79 S. CAL. L. REV. 945 (2006).

はじめに

2　プライバシー(権)の脆弱さ

(1)　わが国の場合，実定法上の明文規定を欠くプライバシー（権）は，名誉毀損という明文規定によっても保護されてきていることを考えると，プライバシー概念を不法行為法に持ち込むこと自体が不要なのかもしれない。特に，表現の自由と対立するプライバシー関連のわが国裁判例をみると，私は，わが国のプライバシー概念の捉え方を"不要ばかりか有害無益"だと評したくなってくる。この点の詳細な理由を，プライバシー権の母国，アメリカにおけるプライバシー権論（判例・学説）を参照しつつ日本法に照射して，明らかにしていくことが本章のねらいである。

(2)　日米ともに，プライバシー（権）の歴史は，名誉権と比べれば，実に短い。実際のところ，プライバシー権は，その母国，アメリカにおいてさえ，確固とした基盤に支えられてはいないのである。

その証左は，次のとおりである。

第1。プライバシー事案として処理されてきた判例には，何らの統一性はなく，雑多な法益の寄せ集めにすぎない，とのコメントは不法行為法の大家，W. プロッサ（W. Prosser）をはじめとして，今でも消え去ることがない[7]。後にもふれるように，プロッサの4類型——①私生活上の事実の公表（public disclosure of private facts），②私事への侵入（intrusion into private affairs），③誤認を生ぜしめる公表（publicity placing one in false light），④氏名・肖像等の営利的無断利用（appropriation of name or likeness）——は，"プライバシー権の侵害だ"とされてきた判例には，統一的な法益が発見できないからこそ，侵害方法を記述してみようという視点から雑多な先例を束ねてみた[8]，という成果である。

第2。アメリカの相当数の学者は，「プライバシー権」を法哲学的に精査

---

[7] プライバシー（権）概念の脆弱さを詳細に論じた論攷として，*See* A. Peikoff, *Beyond Reductionism: Reconsidering the Right to Privacy*, 3 NYU J. L. & LIBERTY 1 (2008) 〔プライバシー権なる法的タームは，自由または財産権に変換されるべきである。権利は客観的な法益を保護するのであって，主観的なものにまで拡大されてはならない〕; A. Peikoff, *The Right to Privacy: Contemporary Reductionists and Their Critics*, 13 VA J. SOC. POL'Y & L. 474 (2006) 〔プライバシー権を伝統的な権利へと還元すべきだとする学説に対する批判に対して，非還元論者はどう回答するだろうか〕。

[8] 後掲注79)-81)およびそれらの本文をみよ。

したとき,そこには確固たる論拠が欠けている,と論じている[9]。ある者は,liberty として論ずれば足るといい[10],別の論者は property right として論ずべきだというかと思えば[11],さらに別の者は confidentiality に代替させるほうがよいといい[12],またある者は,問題の保護法益を"プライバシー"とネーミングするのが明らかなミスであって,人間の尊厳に書き換えるべきだ[13],というように。この最後の主張の影響力は,アメリカにおいては最小である。

　第3。アメリカの50州のうち,判例法または制定法によって「私生活上の事実の公表」を不法行為としているのが41州。残りの州は,プライバシー概念の曖昧さを理由に,成立を拒否している(ヴァージニア,ミネソタ,ネブラスカ,ニューヨーク,ノースキャロライナの5州は,このタイプを不法行為とすることを明確に拒否している,という。ちなみに,プライバシー侵害の4類型すべてを,判例法または制定法によって,不法行為とする法域は,54のうち29だという[14])。この慎重な態度の背景には,表現の自由との対立問題が流れている(本章は,この点の詳細を次第に論じていくだろう)。特に注意すべきは,承認州においても,「私生活上の事実の公表」が不法行為にあたると判断されることは,極めて少ないという点である[15]。

---

[9] J. THOMSON, THE REALM OF RIGHTS 280ff. (1990). また,プライバシーをめぐる論争全般については,参照,D. SOLOVE, UNDERSTANDING PRIVACY 1-37 (2008).

[10] See Peikoff, *Beyond Reductionism, supra* note 7.

[11] See R. Posner, *The Right of Privacy*, 12 GA. L. REV. 393 (1978); G. Stigler, *An Introduction to Privacy in Economics and Politics*, 9 J. LEGAL STUD. 623 (1980). その他の文献については,第2章を参照願う。

[12] See N. Richards & D. Solove, *Privacy's Other Path: Recovering the Law of Confidentiality*, 96 GEO. L. J. 124 (2007).

[13] See, e. g., J. Miller, *Dignity as a New Framework, Replacing the Right to Privacy*, 30 T. JEFFERSON L. REV. 1 (2007).

[14] See R. Connallon, *An Integrative Alternative for America's Privacy Torts*, 38 GOLDEN GATE U. L. REV. 71, 77 n. 57 (2007). この論者によれば(*Ibid.*, at 78),10州の憲法がプライバシー権を明文規定しているが,キャリフォーニア州以外,不法行為法への理論的影響はない,という。キャリフォーニア州は,後の本文でも紹介するように,プライバシー保護については,合衆国のなかで異例の州である。

[15] 後掲注58)およびその本文をみよ。また,*See* R. Posner, *Free Speech in an Economic Perspective*, 20 SUFFORK U. L. REV. 1, 43 n. (1986)〔州の裁判例において原告勝訴の事例はほとんどない〕。

3 「私生活上の事実の公表」の不法行為

(1) 連邦最高裁まで争われた「私生活上の事実の公表」事案は，数少なく，サンプリングに不十分であるが，連邦最高裁において，プライバシー権の側が勝利した例はない[16]。このタイプの事案は真実情報の公表につき法的責任を問おうとするものであるだけに，最高裁判例は，表現の自由または自由な情報流通保護との対立に神経質となっているのである（アメリカ法は，虚偽情報の公表が原告の good reputation を毀損することを名誉毀損として法処理し，真実情報の公表が原告をあまりに embarrass させるとき典型的なプライバシー侵害として法処理するのである⇒第2章Ⅱ1(2)および同章Ⅲ2(3)）。

連邦最高裁判例は，次のⅠでふれるように，異形の (oddly) 不法行為領域である名誉毀損法を，表現の自由と両立するように留意して，正常化（表現の自由を保障する連邦憲法修正1条に適合）させようとした。この最高裁の姿勢は，真偽の判断のつきがたい言明につき，被告に真実性の証明を負担させておきながらも，原告には，その被る損害の証明も被告側の fault も証明不要としている法制を「異形」とみたのである[17]。

本章は，連邦最高裁が名誉毀損法制（民事にかぎる）と表現の自由（連邦憲法修正1条）との対立をどこまで，どのように調整しようと苦悩してきたか，詳細に論ずることをしない（別の機会に譲る）。ここで，必要最小限のことを述べるとすれば，アメリカ名誉毀損法制（なかでも，libel の法制）についての違憲の疑義は，次の諸点にある（*New York Times Co. v. Sullivan*, 376 U. S. 254〔1964〕以降は，この疑義の一部が解消されているが）。

(a) 言明内容のもつ傾向から，言明者の fault を推定するという，厳格責任（strict liability rule）の法制によってきたこと（厳密にいえば，摘示事実が虚偽であるかどうかについて被告の fault の有無を考慮することなく責任を負わせてきたこと）。

(b) 言明内容が defamatory であるかどうかが，「合理人の合理的な読

---

[16] *See* H. Zuckman, *Invasion of Privacy — Some Communicative Torts Whose Time Has Gone*, 47 WASH. & LEE L. REV. 253, 261 (1990)．また，後の本文Ⅱでの2(2)を，さらに後掲注118）およびその本文もみよ。

[17] 以上本文指摘のほかにも，名誉毀損法には疑義が残されている。後掲注20)-21)をみよ。これらの疑義のいくつかは，「私事の公表」というプライバシー侵害の法制について特にいえる。後掲注61)-62)およびそれらの本文をみよ。

み方からすれば」とか「コミュニティ・スタンダードからみれば」といった，被告にとってみれば反証不能な判定方法によっていること。

(c) 言明内容が defamatory であれば，当該言明は違法であると推定されてしまっていること。この推定原則のために，真実性の証明も，「公衆の関心事」の証明も，被告が負担せざるをえない法制になっていること（*New York Times* 以降は，一部，これが修正されている）。

(d) 刑事における名誉毀損であれば，問われるはずの，mens rea の要件（言明の誹謗的な箇所を個別的に知っていることの要件）が不問とされていること。

(e) 毀損の程度と損害の程度が不明のまま，general damages の賠償が容認されてきたこと。

(f) 言明内容と損害発生のと間の関係について明確な証明が不要とされていること。

(g) 事案によっては，被告が懲罰的金銭賠償の責任を負わされること。

以上，要するに，成立要件と救済方法を統制する法準則が欠けていたこと，これが名誉毀損法制の修正1条上の疑義である。

(2)「私生活上の事実の公表」の不法行為法は，名誉毀損法よりも，もっと異形となっている。この疑義はアメリカの法学者全般に行きわたっている。ある論者は，不法行為法理論の本質から外れた「私生活上の事実の公表」事案は，不法行為から消え去るだろう，とまで予言した[18]。この予言は的中したとはいいがたいものの，別の論者は，《連邦最高裁判決をみると，消滅のサインがいくつか発信されている》という[19]。

名誉・プライバシーの不法行為のどこが，異形だというのか，そして，「私生活上の事実の公表」の不法行為のどこが格別に異形だというのか。表現の自由にとって，どの点が危険だというのだろうか。

---

[18] *See* D. Zimmerman, *Requiem for a Heavyweight: A Farewell to Warren and Brandeis's Privacy Tort*, 68 CORNELL L. REV. 291 (1983).

[19] *See* P. McNulty, *The Public Disclosure of Private Facts: There is Life after* Florida Star, 50 DRAKE L. REV. 93 (2001).

I　異形の法制としてのプライバシー法

1　Tortious Speech と言論の自由

（1）　名誉・プライバシーに関する不法行為法（これらは，アメリカにおいて，"tortious speech" と呼ばれることがある）は，通常の不法行為に比べて「異形の法制」となっている[20]。というのも，tortious speech 領域においては，(ア)言論によって侵害されているといわれる法益の内実・外延が明確ではなく，(イ)「権益侵害」，「損害の発生」，「因果関係」といった成立要件が厳密に問われず[21]，しかも，(ウ)抗弁（defenses）も定型的でなく，裁判所（裁判官）の利益衡量を許容しているからである[22]。そのぶん，いかなる表現が，どこまで保護されるのか，予見性に欠けるのである。

ある論者は，コモン・ロー上の名誉毀損法制が異形であることを次のようにのべている。

> 「名誉毀損に関するコモン・ローは，不法行為法のなかでも，現実の損失に関する証明なしでも損害賠償の救済方法を認めている点で異形（oddly）である。名誉毀損訴訟における伝統的な法理によれば，ある事実を他者に伝達したという事実があれば，そのことをもって侵害行為（injury）が推定されるのである。侵害の生じていないところで賠償額を決定する大幅な裁量権限

---

[20]　プライバシーに関する紛争は，主にマスメディアとの対抗関係のなかで生じてきたために，当初より，判例も，表現の自由にある程度まで配慮してきた，ともいえる。See M. FRANKLIN, et.al., MASS MEDIA LAW 366 (7th ed. 2008). それでも，修正１条上の疑義が残されている，と多くの論者は考えているのである。後掲注 30) もみよ。

[21]　いくつかの州は，libel per se と呼ばれる考え方を温存してきた。すなわち，すべての種類の libel に，損害が実際に発生することを成立要件としていなかったのである。R. Bezanson & B. Murchison, *The Three Voices of Libel*, 47 WASH. & LEE. L. REV. 213, 217 (1990) は，この名誉毀損法の姿勢について，次のように説明している。

> 「問題の言明の中心的な意味が中傷的（defamatory）であれば，損害発生のおそれありと推定されると同時に，同言明と相手方の被る被害との間には因果関係あり，とされるのである。コモン・ロー名誉毀損が，因果関係の証明にこだわっていない理由は，ここにある」。この事情はプライバシー侵害事案について特にいえる。

[22]　アメリカでの代表的な抗弁である「公共の関心事」（public interests），わが国での「公共の利害」の曖昧さについては，後にふれるところであり，アメリカについては後掲注 125)，日本については後のⅧ 1(5)をみよ。

を陪審にあたえることは，毀損的虚偽の公表を理由とする責任法制の威力を不必要なほど高め，表現の自由の活力ある行使にとって禁圧的に働くだろう。そればかりでなく，推定的な損害賠償の法理は，虚偽事実を公表によって被った損失を補償することを超えて，アンポピュラーな意見を陪審が禁圧しようとする動機づけになる」[22a]。

以上の基本的な事情は，日本法においても変わらない，いや，日本法においては格別に顕著であるように思われる。

(2) Tortious speech においては，言論と対立する法益の明確さ，現実損害の発生や因果関係は，なぜ厳格に問われないのか。

私の診断はこうである。

(A) 不法行為法は，被害者の事後的な妥当な救済という見地から，具体的妥当性を尊重すべきであり，予見可能性を重視する必要性は低い[23]。

(B) ある言明が名誉・プライバシーにもたらす被害は，金銭的な影響よりもずっと微妙である[24]。名誉・プライバシーは，本来，金銭に換算できない法益保護にかかるものであって，その損害を可視化し証明することは困難である。

(C) ある言明の公表は，その受け手の意識のなかに一定の理解をもたらす。原告は，この理解を受け手の意識から消し去ることの困難さを知っている。この，困難であると感じさせることが，原告に与える損害であり[25]，ここに因果関係もみてとれる。

(D) 原告の内部に生ずる受け手の感覚を第三者（裁判所）が理解するには，問題の言明内容のもつ一般的な傾向（社会通念）によって判定する以外にない。

(3) 以上の(A)～(D)の特徴を一行で言い表すとすれば，こうなろう（故意・過失を含めた fault 要件は与件とする）。

《被告の言明内容は，社会通念に照らして，明らかに他人に知られ

22a) S. Gilles, *Taking First Amendment Procedure Seriously: An Analysis of Process in Libel Litigation*, 58 OHIO ST. L. J. 1753, 1780-1782 (1998).

23) たとえば，加藤一郎編集『注釈民法(19)』（有斐閣，1965）4～5頁参照［加藤一郎］。

24) *See* PROSSER & KEETON ON THE LAW OF TORTS 842-45 (5th ed. 1984).

25) *See* Bezanson & Murchison, *supra* note 21, at 217.

Ⅰ　異形の法制としてのプライバシー法

たくない情報（名誉毀損の場合には，誹謗・中傷的言明）の公表であって，許容しがたい不法行為に該当する》。

　これは，被告の不法行為責任が，その言明内容1点にかからしめられていることを指し示している。なるほどこの法的評価は，社会通念という，一見すれば，客観的フィルターを経由させているようでありながら，実のところ，言明内容の許容度から人（原告および一般人）の主観的反応を推し測っている。こうなると，被告は，原告の主観的反応にも，社会通念にも[26]，損害の発生に関しても，反証することが不能かまたは困難である（⇒第5章Ⅳ(3)）。にもかかわらず，原告は法理論上，その反証を求められている。この法構造こそ，名誉・プライバシー法制が異形だ，とか，自由闊達な表現にとって危険だ，といわれる所以である。

　(4)　特に，「私生活上の事実の公表」の不法行為は，名誉毀損と比べて，異形度が強い。
　アメリカの名誉毀損においてはその成立には，(i) 被告の原告を中傷する言明行為が，(ii) 原告の生活しているコミュニティに hatred, contempt, または ridicule を引き起こし，(iii) ために，これまで原告が作り上げてきた人間関係・取引関係を変化させるおそれが証明される，という要素が必要とされている。この名誉毀損法は，(a) 被告の行為が原告の法益を毀損し，(b) 損害を発生させ，(c) 行為と損害との間に因果関係がみてとれる，という**不法行為法の本道に，かろうじてとどまっている**[27]。それでも，従来の名誉毀損法が，被告の fault も，損害の発生も，法上推定し，general damages の支払いを命じてきたことの憲法上の疑義は，つとに指摘されてきた。

　「私生活上の事実の公表」の不法行為は，原告のいかなる法益を危殆に陥れるのか，その損害とは何であるのか，被告の行為と損害との間の因果関係の証明は求められているのか？　この疑義は，不法行為法の理論としても，表現の自由という憲法理論としても，真剣に問い直されなければならない。

---

[26] 被告としては，裁判所または陪審員が「通常人」基準をどうみるかを予想する以外，対策の施しようがない。この点を指摘する論攷として，See S. Ingber, *Rethinking Intangible Injuries: A Focus on Remedy*, 73 CAL. L. REV. 839, 849-50 (1985).

[27] R. EPSTEIN, TORTS 479 (1999) は，人間関係の利益のロスという要件が名誉毀損法を不法行為法の本道にとどめている，と述べている。

2　厳格責任と言論の自由

(1)　私は，本節 I 1の(2)で，「故意・過失の要件をふくめた fault 要件は与件とする」との留保を付した。

実のところ，プライバシーに関する不法行為における fault も，かつての名誉毀損法と同様に，言明内容から推し量られているのではないか，という疑義を私はもっている（私の疑義が誤りであることを望んでいる）。

「はじめに」の 3(1)で概観したように，アメリカの名誉毀損法は，ながく，厳格責任の原則（strict liability rule）によっていた。名誉毀損の言明は，古くから刑法上違法で有責の wrong であると扱われてきたために，不法行為法上，厳格責任の法制とされてきたのである（過失理論が完成する以前に，名誉毀損は不法行為に該当するものと扱われてきた）。そのため，英米法は，誹謗的文書を意図的に（intentionally）公表する行為を違法であるとして，公表者に厳格責任，すなわち，摘示事実が虚偽であるかどうかについての被告の fault の有無を考慮することなく責任を負わせてきたのである。

不法行為法の大家，W. キートン（W. Keeton）はいう。

> 「この責任構造は，公表内容が虚偽であると証明されれば，真実であると信ずるにつき合理的な理由があることをいかに被告が主張しようと，被告が責任を負うという意味で，non-fault の法制として特徴づけることができるだろう」[28]。

この法制は，わが国の「真実相当性の理論」を寄せ付けないほど，名誉保護的だった。*New York Times Co. v. Sullivan*（1964）における「現実の悪意ルール」（actual malice rule または *Sullivan* rule[29]）は，コモン・ロー上の原則であった厳格責任の法理を，修正 1 条によって「革命的に」覆したのである。

(2)　たしかに，名誉保護の不法行為法とプライバシー保護法制は，成立要件から免責事由までを異にしている。プライバシー法は，名誉毀損法にみられた厳格責任の体制によってはおらず，fault を要件としている，といわれる。が，この要件がはたして独立に機能しているかどうか，再検討を要する。さらには，プライバシーという法益の曖昧さを考えたとき，そしてまた，表現の自由

---

28) W. Keeton, *Defamation and Freedom of the Press*, 54 Tex. L. Rev. 1221, 1222 (1976).
29) 後掲注 45)参照。

保障の観点からこの法制を見直したとき[30]，プライバシー法は，名誉毀損法に負けず劣らず，いや，それ以上に不法行為法の本道から外れており，以下，次第に明らかにしていくように，多くの疑義を抱えている。また，表現の自由保障の観点から，プライバシー法制を見直したとき，この法制には法準則（legal rule）が欠けているのである。Legal rule に欠ける法制は，Rule of Law の理念と相容れない。Legal rule に欠ける法制のもとで，裁判官が個別的衡量によって tortious speech の限界を決定することは，裁判官による支配となる。Legal rule に欠ける法制のもとで，裁判官のプライバシー選好を反映させながら，ある言明行為を不法行為だとして原告のプライバシー選好を守ることは表現の自由を萎縮させる。

II　自由な情報流通の国——例外の国アメリカ

1　法準則 Legal Rule の国

（1）　アメリカは，比較法的にみて，表現の自由（表現権）をあつく保護せんとする「例外の国」である[31]。

アメリカにおいて「権利」が口にされるとき，それは対立利益との個別衡量を寄せ付けないほど，強力なまたは優越的な法力が念頭に置かれている。そのなかでも，表現権は基本権のなかでも憲法理論上，絶対権に近似した地位を与えられており，対立利益との個別的衡量を可能なかぎり排除する思考に浸潤されている。実際，判例・学説は規制利益との比例性（proportionality）を問う

---

30) 連邦最高裁判決のなかでも，私事公表の法的規制が表現の自由を萎縮させると正面から論じた判例が，*Florida Star v. B. J. F.*, 491 U. S. 524 (1989) である。この事案は，フロリダ州において，ジャーナリストが合法的に入手した情報をもとにして，あるメディアが，強姦犯人の写真とともに，被害者の完全な実名を報道したことのプライバシー侵害が問われたものである。*Florida Star* は，傍論においてではあるが（419 U. S., at 539），fault の証明を憲法上の要件であると論じたことも，最高裁が「私生活上の事実の公表」の不法行為化に警戒的であることの表れである。*Florida Star* は，名誉毀損と対照しながら，最低限，名誉毀損においては虚偽であることについて過失の証明が憲法上必須とされているのに対して，フロリダ州法が真実情報についての言論保障の程度を名誉事案よりも低下させていることを重視し，これは「倒錯している (perverse)」と指摘したのである。後掲注 114) もみよ。

31) *See* F. Schauer, *The Exceptional First Amendment*, in M. Ignatieff (ed.), American Exceptionalism and Human Rights 29ff. (2005).

たりすることを極力避けようとする。

　表現の自由に関する連邦最高裁判決は，大陸にはみられない，次のような特徴を示している。

　第1は，**表現の自由の限界を画すにあたって法準則（legal rules）中心の展開を示してきていること**。法準則とは，いくつかの要件からなる定式をいう。すなわち，司法事実の司法審査を通して，問題の言明が一定の要件を満たすと判断されれば，所定の効果を発生させるための準拠枠のことである[32]。法準則は，基準（standard）とは違って，結論を誘導する力をもった定式をいうのである。連邦最高裁は，表現の自由の事案においては，格別に法準則指向的態度にでており，個別的な利益衡量を避けようとしてきている[33]。この点は，大陸（なかでも，ドイツの学説・判例）の思考とは対照的であり[34]，表現の自由を制限するにあたって，関連性のない諸要素が利益衡量要素に含まれないようにする，アメリカ独自の創意である。名誉・プライバシーについていえば，憲法上の「現実の悪意ルール」しかり，公的記録（public record）の理論しかりである。連邦最高裁判例の法準則指向の姿勢は，ある規制が表現の自由を萎縮させないよう，神経質なほど配慮していることの表れである。

　第2は，表現の自由にいう自由を消極的な意味，すなわち，国家からの強制・妨害を排除する法力として捉えてきたこと。言い換えれば，最高裁は，アイディアの市場における情報流通の適正な質・量を，表現の自由の保障の名のもとで，国家の手によって創出・操作することに警戒的である[35]。ある意味での積極的自由論に簡単に与することはない。

　第3は，表現の自由の機能を個人的な利益と関連づける傾向にあること。こ

---

[32] 法準則の意義と役割，さらには standard との違いについては，*See* K. Sullivan, *The Supreme Court 1991 Term: Foreword: The Justices of Rules and Standards*, 106 Harv. L. Rev. 22, 57ff. (1992); P. Schlag, *Rules and Standards*, 33 UCLA L. Rev. 379 (1985). また，参照，梶原健佑「衡量枠と準則――表現の自由論における司法審査基準の再検討」山口経済学雑誌58巻5号（2010）25頁以下。

[33] このことを簡明に言い換えると，standard ではなく rule によって紛争解決しようとする姿勢である。両者の区別は，相対的ではあるものの，rule とは，カテゴリカル・アプローチによって，事前にある定式とその要件とを作り上げておいて，要件事実をその要件に当てはめることによって結論を導き出す手法である。

[34] *See* R. Errera, *Freedom of Speech in Europe*, in G. Nolte (ed.), European and US Constitutionalism 42 (2005).

[35] 後のⅧでの2(4)をみよ。

の傾向に関しては，学説内に論争を喚んでおり，現時点でのコンセンサスはないようではあるものの，Revisionists の台頭が学界に顕著である。Revisionists と呼ばれている論者とは，1990年代後半以降の連邦最高裁判例の流れに変化をみてとる一群のことである。彼らは，連邦最高裁判例が一時の民主プロセス関連的表現，すなわち，「公的言論」の保護から，最近では個人的・主観的な自由（それも消極的な自由）保護へと転換している，と主張している[36]。最高裁判例の全体の流れが Revisionists の主張のとおり展開してきているとは思われないとはいえ，少なくとも，名誉・プライバシー事案における最高裁の姿勢は，民主プロセス論を基礎とする「公的言論」擁護論ではない[37]。最高裁は，「公的言論」擁護論には実体的な道徳的判断が忍び込んでしまう，と考えているのかも知れない。

　第4は，hate speech（ヘイトスピーチ）規制を違憲だとしているように，最高裁は，表現の自由規制論拠として道徳的な観点（法益）を重視せず，モラリズム的発想を排除しようとしてきていること[38]。表現の自由と対立する利益が，たとえ万人の疑問を寄せ付けない道徳的価値を持っているとしても，その定義や実体的価値の不明瞭なとき，最高裁は，その法益を規制理由とすることを警戒している。表現の自由と対立する法益は，外延がはっきりしており，その実体も権利または自由の名で説得的に展開されなければならないのである（表現の自由と対立するプライバシーは，この観点に立ったとき，その権利性に疑問がもたれるのである。この点については，後にふれる[39]）。

　(2)　以上の傾向は，プライバシー裁判例に——その数は限られているが，連邦最高裁の判例にも——次のように，顕著に表れている。

　(ア)　上の第1点，法準則（legal rules）との関連でいえば，他人に知られたくない私的・個人的情報が公表されたとしても，当該情報が public domain に属するものであれば，public record または public information として，その公表

---

36) *See, e. g.,* J. McGinnis, *The Once and Future Property-Based Vision of the First Amendment,* 63 U. CHI. L. REV. 49 (1996); D. Rabban, *Free Speech in Progressive Social Thought,* 74 TEX. L. REV. 951 (1996).
37) 後掲注101)およびその本文をみよ。
38) ヘイト・スピーチに関しては，さしあたり，梶原健佑「ヘイト・スピーチと『表現』の境界」九大法学94号（2007）49頁参照。また，後掲注91)，96)およびそれらの本文もみよ。
39) 後掲注61)〜62)およびその本文をみよ。

につき法的責任を問わないする「法準則」が形成されている。この法準則は，裁判官による個別的利益衡量を当初より排除しようとする工夫である。

　(ｲ)　上の第2点，表現の自由の消極的な法的性質についていえば，最高裁は，州法または州の判例法が表現の自由を制限しているとき，この制限をstate actionとみて，妨害排除権としての表現の自由を前面に出す。**連邦最高裁にとっては，私法（不法行為問題）であるか，そうでないかという違いは，形式の問題にすぎない**[40]。また，情報流通の適正化との関連でいえば，自由の質・量は政府によって管理・決定されるべきものではないという観点に立って，連邦最高裁は，公衆の関心事（public interest）について，実体的な価値判断を避けようとしている[41]。さらに，情報プライバシー保護についていえば，アメリカ法は，EUの個人情報保護法制タイプ（個人データ流通の政府による監視体制）によることを拒否し，経済市場における自由な情報流通を優先させる基本方針を貫いている（⇒第2章Ⅳ2）。表現の自由においてたびたび口にされる「思想の自由市場」も，かような経済市場における知識の自由な授受優先の思考を表している。

---

40)　有名な N. Y. Times Co. v. Sullivan も，私人間の紛争だった（州のコモン・ロー上の紛争だった）。原告（被上告人）Sullivan が本件は連邦憲法問題ではない，と主張したことに対して連邦最高裁は，こういう。
　　「本件は私人間の民事訴訟である。とはいえ，アラバマ州裁判所が同州のある法準則を適用したこと，この適用は上告人の憲法上の表現の自由を侵害し無効の制約であることを上告人が主張しているとき，民事事件における法適用の事案であることや，その法とは州制定法によって補充されているコモン・ローにすぎないという点は，重要ではない。ここでは，州権限を用いる形式が決定的ではなく，どのような形式であれ，州権限が実際に行使されてきたか否かこそ決定的である」。
　　かくして，N. Y. Times Co. v. Sullivan は，州裁判所の下した不法行為判決に対して連邦憲法上の統制を加えた。これによって，名誉毀損の不法行為について厳格責任を問うてきた州のコモン・ローは，連邦憲法の表現の自由保障規定（修正1条）によって，もはやこれまでの原則を維持することができなくなったのである。厳格責任の意味するところについては，前掲注21)のほか，山口成樹「名誉毀損法における事実と意見(一)」都立法学会雑誌35巻1号（1994）113頁の正確な記述が参照されるべきである。成立要件について，こう述べられている。
　　「コモン・ローにおける文書による名誉毀損の成立要件は，①言明が原告の名誉を毀損するものであること，②言明が虚偽であること，③言明が第三者に公表されたこと，④公表につき被告に故意または過失があること，である。①②につき被告の故意または過失は要求されない。損害の発生は擬制され，②の虚偽性は推定されるので，原告はさしあたり①③④を証明するだけで足りる」。

41)　後掲注120)およびその本文参照。

(ウ) 先にいう第3の民主プロセス論との関係でいえば，プライバシーにかかる連邦最高裁判例は，公表された情報の属性を重視しないで，情報の入手方法を決定的要素とする傾向を示している。この姿勢は，あるいは，すぐ前の(1)でふれた revisionists の主張を裏づけるものかもしれない。が，そう結論するにはサンプル数が少なすぎる。もっとも，上の(イ)でふれたように，最高裁判例が，公衆の関心事（public interest）について，実体的な価値判断を避けようとしていることを重ね合わせると，民主制維持論の色合いは霞んできているともいえよう。なお，州の判例は，判定に迷う「公衆の関心事」の理論に代えて，newsworthiness いう用語により，メディアの判断を尊重する傾向にある[42]。

(エ) 先の第4点，脱モラリズムとの関係についていえば，プライバシー概念を道徳的な価値と関連づけることを避け，対立する表現の自由の限界についても，上の第3点について述べたように，一定の道徳的な価値に資するかどうかという評定を避けている。さらに，**最高裁判例は，プライバシー権を人間の尊厳や人格（personhood＝人格性）と関連づけることが少ない**（たとえ，関連づけるとしても，それは法益の重要さを強調するためのレトリックにとどまっている）[43]。もしプライバシー権を，垂訓の臭いのする人格権または人間の尊厳に関連づければ，その保護領域は拡散し，他方，表現の自由を民主制と関連づければ，その保護領域は限定される，と気づかれているからである[44]。

---

42) Ⅷでの2(1)をみよ。

43) See SOLOVE, *supra* note 9, UNDERSTANDING PRIVACY, at 30. また, R. Murphy, *Property Rights in Personal Information: An Economic Defense of Privacy*, 84 GEO. L. J. 2381, 2391 (1996) は，判例は人格（personality）をコントロールする権利のごとき，無定型で「不可譲の」権利主張に対して冷淡だ，と断言する。人間の尊厳論に訴える論攷の代表としては, See T. Scanlon, *Thomson on Privacy*, 4 PHIL. & PUB. AFF. 315 (1975); E. Bloustein, *Privacy as an Aspect of Human Dignity: An Answer to Dean Prosser*, 39 N. Y. U. L. REV. 962, 984 (1964); Bloustein, *The First Amendment and Privacy: The Supreme Court Justices and the Philosopher*, 28 RUTGERS L. REV. 41 (1974). たしかに, S. Warren & L. Braideis, *The Right to Privacy*, 4 HARV. L. REV. 193, 197 (1890) も「不可侵の人格に対する権利」に言及している。が, R. ポズナー（R. Posner）は，この主張を「これは不法行為の理論ではない」と一刀両断に切り捨てる。See POSNER, THE ECONOMICS OF JUSTICE 256 (1981). ポズナーは，不法行為理論とは道徳的非難可能性のみならず，損害の発生とその救済方法に焦点を置くものだ，といいたいのだろう。人間の尊厳をプライバシー権の基礎づけとすることに対する批判論としては, See, e. g., R. Gavison, *Privacy and the Limits of Law*, 89 YALE L. J. 421, 438 (1980)〔尊厳や人格はプライバシーとは何ら関係がないやり方で侵害されうる〕。また, R. エプシュティン（R. Epstein）の不法行為論の捉え方と，プライバシー不法行為の慎重な見方については, EPSTEIN, TORTS, *supra* note 27, at 519ff. をみよ。

2 「私生活上の事実公表」事案に関する連邦最高裁判決

(1) 世界的にみて，"アメリカの表現権理論が例外的であって，アメリカ法理論は名誉・プライバシーの保護に過小で，表現の自由保障が過大だ"ともいえるだろう。その典型例が名誉毀損における憲法上の「現実の悪意ルール」である。名誉毀損における *New York Times Co. v. Sullivan*, 376 U. S. 254 (1964) において連邦最高裁が突然に創りあげた「現実の悪意ルール」[45]の評判は，実は，アメリカでは芳しくない[46]（日本においては，言論保護的であると積極的に評価されていることと対照的である）。その理由は，(i) 同ルールの意味内容およびねらいが不明であること（従来，コモン・ローにも存在してきた actual malice とは全く異質の法準則であるが，どこがどう違うのかという細目となるとよくわかっていない），(ii) 連邦最高裁が個別的な救済の処方まで指示することは，司法権の発動として過剰であること[47]，(iii)《言論保護的であるようにみえながら，その実，言論保護には不十分で，名誉の保護にも不十分だ》にいう，帯には短いが襷には長い法準則であること等である[48]。

(2) 不法行為プライバシーに関する連邦最高裁判例のなかでも，「私生活上の事実の公表」の先例として適切なものは存在しない。

---

44) 前掲注 36) およびその本文参照。また，後掲注 99) およびそれに続く本文もみよ。
45) 憲法上の「現実の悪意」(actual malice) とは，表現内容が虚偽であることを知っていたか，または，虚偽ではないかとの重大な疑いを実際にもっていたにもかかわらず (with knowledge that the material was false or with reckless disregard of its falsity), 調査もしないで（裏づけもとらないで），開示してしまったことをいう。これに対して，コモン・ローでいう actual malice にいう actual とは，言明者の側の fault を推定しないことを指し，malice とは，ill will に基づいて行動したこと，または，不正な動機をもって言明に出たことを指している。
46) たとえば，R. Epstein, *Was New York Times v. Sullivan Wrong?*, 53 U. CHI. L. REV. 782, 802-3 (1986) は，現実の悪意ルールは絶対的免責と厳格責任との間の不幸な妥協策だった，と批判的である。また，R. POSNER, THE ECONOMICS OF JUSTICE, *supra* note 43, at 293 は，同ルールは虚偽の言明のもつ社会的コストを過小評価している，と批判的である。
47) *See* D. Anderson, *First Amendment Limitation on Tort Law*, 69 BROOKLYN L. REV. 755 (2004).
48) *See, e. g.*, R. Bezanson, *The Libel Tort Today*, 45 WASH. & LEE L. REV. 535, 543 (1988). そのことを論証するかのように，Gilles, *supra* note 22 は，名誉毀損の事案が陪審制によって裁判される事案においては，原告勝訴の確率は現実の悪意ルールのもとでも，従来と変わらない，と指摘している。

強姦被害者の身元情報の報道を禁止していたジョージア州法を違憲だと判断した Cox Broadcasting Co. v. Cohn, 420 U. S. 469 (1975) も, 類似の Florida Star v. B. J. F., 491 U. S. 524 (1989) も, 殺人を犯した未成年者の身元情報の報道に関する Smith v. Daily Mail Publ'g Co., 443 U. S. 97 (1979) も, 問題の情報が public domain に置かれていたことを決定打とした判例である。つまり, 問題の個人情報の合法的な入手方法に留意して下された裁判例であって,「私生活上の事実の公表」プロパーを扱った判例ではない[48a]。

　また, 労働組合幹部の携帯電話から傍受した会話を報道したことのプライバシー侵害が争われた Bartnicki v. Vopper, 532 U. S. 514 (2001) において最高裁は, 団体交渉の実態を報道することの利益を優先させたが, この事案はコモン・ロー上の紛争ではなく, 州の制定法違反に関する事案であって, プライバシーの先例としての価値は低い。

　これら連邦最高裁判例はそれぞれの事案での事実関係に特有の射程を意識して下されており, そのぶん, それぞれの法理は限定的である。ということは, これらの最高裁判例をもって"最高裁はプライバシー保護よりも表現の自由を優先させている"と一般化し断定することは性急だろう。そう限定したとしてもなお, これら最高裁判例に対しては学界からも, "表現の自由の過剰な保護だ"と批判も強い[49]。論者によっては,《連邦最高裁判例は「私生活上の事実の公表」事案においては, 個人の精神的平穏利益よりも表現の自由を過剰に優先させる傾向にある》と一般化して最高裁判例の動向を批判するものもある[50]。

[48a] 本文でふれたように, 連邦最高裁は「私生活上の事実の公表」を不法行為とする法制が合憲かどうかという論点に正面から判断したことはない。この点は, Florida Star での Th. マーシャル (Th. Marshall) 裁判官による法廷意見において「真実情報を公表してはならないとすることは修正1条に抵触するとの上告人の広範囲な主張に関しわれわれは判断する必要はない」と明言されている。にもかかわらず, 相当数の学説は, このタイプの不法行為法制と名誉毀損不法行為の法制とを比較対照しながら, "真実情報の公表を不法行為だとすること"の合憲性に強い疑義を表明しているのである。

[49] See, e. g., McNulty, supra note 19, at 127. ; P. Edelman, Free Press v. Privacy: Haunted by the Ghost of Justice Black, 68 TEX. L. REV. 1195, 1203 (1990).

[50] See, e. g., McNulty, supra note 19, at 98.
　EPSTEIN, TORTS, supra note 27, at 541 は, 強姦被害者の身元情報のようなセンシティヴな情報は公表されるべきではないという道徳的な感覚は, 常識においては死滅していないにもかかわらず, 不法行為法理論においては, その感覚は瀕死状態か死滅したかだ, と述べている。

(3) たしかに，連邦最高裁は，表現の自由を過剰に保護しているのかもしれない。それでもなお，連邦最高裁判例および学説にみられる表現権理論は，最も理念的であると同時に実務的だといえる。実務的だとは，技術的という意味ではなく，具体的紛争解決にあたっての輪郭のはっきりした法準則を理念的にカテゴリカルに取りださなければ実務の力にはならない，と捉えているという意味である。

このアメリカの動向は，名誉・プライバシーの不法行為法を「私人間効力」だとは捉えず，正面から，修正1条問題だ（連邦憲法問題だ），と設定することと関連している。同国の表現権理論は，わが国の判例のように，憲法21条の価値を不法行為法上の違法性判断の一要素に吹き込んで法処理すれば足りるとする姿勢が微塵もない。アメリカの判例・学説は，名誉・プライバシー侵害に関して州機関（議会および裁判所）が作りあげてきたコモン・ロー上または制定法上の成立要件や免責事由——これが state action である——の修正1条適合性を問うのである。

「例外の国 アメリカ」でのこの動向は，《名誉・プライバシー事案は民事の事件であって，民法の不法行為理論によって法処理すれば足る》として，個別衡量論につかりきっているわが国の実務（および学説）とは好対照を示している。彼国の表現理論は，ヘーゲル流にいえば，「最も理念的なものが最も現実的である」よう目指している。アメリカの表現理論に学ぶべき点は実に多い。

III プライバシー権を secondary right だとする国
  ——例外の国アメリカ

1 プライバシーの捉え方

人間の尊厳と関連づけながら「人格権」のひとつとして，その高優先性を説くわが国のプライバシー（権）の捉え方とは違って，アメリカにおけるそれは，日本人の期待を裏切るに十分である。

たしかに，アメリカにおいても，プライバシーを，人間の尊厳，自律，personhood 等の概念に論拠づけようとする学説が相当数みられる。が，この主張は，概して，プライバシーそのものの道徳哲学的解明であるか，プライバシー権の重要性の道徳的訴えかけにとどまっている，と一蹴されてきている[50a]。つまり，プライバシー権を法哲学的に支えることに成功した論証では

ない，と診断されているのである。
　アメリカのプライバシー理論には，プライバシーを社会学的にまたは哲学的に論じようとしているのか，それとも，プライバシー権を法的に分析しようとしているのか，理解困難な論攷が多い。自己情報コントロール権の提唱となると，権利論としての堅固さはなく，立法政策論としての色合いが強い（⇒第2章Ⅱ）。
　また，たとえ，プライバシー権が法学の世界において認知を受けたとしても，それが不法行為法上の権利として，すんなり受容されるわけでもない。
　本章は，プライバシー権の法哲学上の論争に分け入ることはできないが，ふたつの見解を紹介して，日本法でのプライバシーの受け止め方と対照してみる。
　ひとつが「法と経済学」からみたときのプライバシー権の位置，他のひとつが不法行為法論からみたプライバシー権の位置である。

2　「法と経済学」からみたプライバシー保護

(1)　「法と経済学」のリーダー，R. ポズナー（R. Posner）は，こういう。

　　「民事法・刑事法の双方が，『世間用に作り上げた自我』（constructed public self）を保護している。名誉毀損法，プライバシー法（「誤認を生ぜしめる公表」を含む）がこれである。
　　これらの法制のうち，最も課題を抱えているのがプライバシー法である。この法分野は，真実情報によってこの自我を侵害しないようにとびたび活用されるところである」[51]。

　ポズナーにいわせれば，他人に知られたくない私生活情報を保護するプライバシー権は他人を操作（manipulate）するための手段的な権利にすぎない。自分の収入を恋人には多く，税務署には少なく，みせようとするように。ポズナーは，このプライバシー権を中間財（intermediate good）だ，と位置づけている。最終財を獲得するための，まさに手段だというのである。カント的な人格権論の臭い（⇒第2章Ⅲ1）は微塵もない。
　経済学または公共選択理論の観点からすれば，真実情報が市場に自由に流れ，消費者がそれに自由にアクセスできればできるほど，社会的効用が高まる[52]。

50a)　前掲注43)をみよ。
51)　R. POSNER, OVERCOMING LAW 532 (1995).
52)　アメリカでの民間部門における個人情報保護は，包括的な法律をもっておらず，セ

第 3 章　プライバシーの権利と表現の自由

ところが，プライバシーの主張は，ときには，ある人物（原告）の前科・前歴という真実情報を公表から保護し，この情報を公表した被告の行為に不法行為責任を負わせようとする。自己の真実情報を隠して他人を操作しようとする主張と，真実情報が市場に自由に流通して得られる社会的効用とどちらが優先されるべきか，とポズナーは問う。そして，こう答える。

> 「公表された事実が偽りの自分を他者にみせようと隠していた情報であれば，その公表は自分にとって不快であるとか，公衆の関心の程度は限られているとかいった事柄は，プライバシー保護の十分な理由とはならない。このことは，ある財を販売する人物が虚偽の広告をしておいて，同様の抗弁をした場合と変わらない」[53]。

(2)　このポズナーの主張に抗しようとするのが，プライバシーを人間の尊厳によって基礎づける主張，すなわち，プライバシーは人間の尊厳に基礎をもつ人格的利益であって，人間の人格的利益は財とは違う，という主張である[54]。

ポズナーは，この主張を「不法行為の理論ではない」と断言する。金銭に換算できない，しかも，主観的な法益を主張しながら，この法益侵害を金銭賠

クター別の，最小限規制にとどめ，関係業界の自主規制に期待する，という基本原則によってきている。これは，第 2 章でもふれたように，個人情報保護に過剰に反応すれば，真実情報の自由な流通を阻害し，社会的効用を低下させる，と「法と経済学」的に考えられたうえでの結論である。かように，「法と経済学」は，個人情報保護の名のもとで，現在，企業がもたらしているといわれる社会的費用を内部化するよう義務づけるとすれば，企業の負担せざるをえないコストが膨大になってしまい，結局は，誰の利益にもならない，と警戒するのである。この種の分析は枚挙にいとまがないが，最も有益な分析視点を提供するものとしては，ノーベル経済学賞受賞者の手による G. Stigler, *supra* note 11, at 628-29 での次の主張が有益である。

「プライバシー保護の諸法律は，ある情報主体に関する情報を他者が知りうる（利用できる）量を減少させる，という共通項をもっている。ある個人情報に他者がアクセスすることを禁止したとすれば，その人物の個人情報を収集するやり方として当事者は，（ウラ）取引きすることになる」。

「すべての経済社会的生活は，類型化（された知識＝差別化情報）に依存しており，取引対象がどの類型に属するかを知ることで十分である（＝完全情報は不要である）。……プライバシー保護立法は，類型（差別）化情報に達するための費用を増加させている。ここでいうコストとは，プライバシーといわれている類型の数と，それらが満たす正確さを知るための費用のことである」。なお，（　）内は，阪本。また，第 2 章の脚注 36）もみよ。

53)　POSNER, THE ECONOMICS OF JUSTICE, *supra* note 43, at 264.
54)　本文で述べた主張の紹介については，*See* EPSTEIN, TORTS, *supra* note 27, at 540.

110

III プライバシー権を secondary right だとする国

償で救済せよという主張に，どこか胡散臭さを彼は感じて取っているのだろう（すぐ後にふれるように，R.エプシュティン（R. Epstein）も，精神的平穏利益保護へと先走っている「私生活上の事実公表」の不法行為法が，不法行為法の本来の体系からずれていることに，やや苛立っているようにみえる[55]）。

わが国のノンフィクション『逆転』事件に類似しているアメリカの古典的先例に，*Melvin v. Reid*, 297 Pac. 91 (Cal. 1931) がある。

この判決に関するポズナーの評価も，実に厳しい。

"Red Kimono" 事件とも称されるこの有名な事案は，かつて娼婦であって，刑事被告人にもなった原告の履歴を公表した被告の行為の法的責任を問うものであった。キャリフォーニア州裁判所はこの公表がプライバシーを侵害する不法行為であると判断した。裁判所は，今では更生し，善き市民として生活している原告を勝訴させたのである。*Melvin* に関してポズナーは，セレブの州，キャリフォーニア州だけの先例で，多数の判例の踏襲するところではない，と注意を喚起したうえで，こう述べている。

> 「この判決は，人間の将来の行動について，人びとが過去の履歴に余りに大きなウエイトをおくだろう，または，更生したという彼女の情報に信頼を寄せないだろう，と予測しているのだろう。この思考は，パターナリスティックである。経済学者は，人びとが市場においてかように行動するだろうと予測してなす政府規制は規制の論拠として不適切だ，と考えている。判決のようなみかたは，市場行動の見方として不適切である」[56]。

もうひとつ，わが国の『逆転』と類似の裁判例がある。*Briscoe v. Reader's Digest*, 483 P. 2d 34 (Cal. 1971) である。この事件において裁判所は，既に更生し平穏な生活を送っている原告の前科・前歴を公表したことがプライバシー侵害であるとした。この判決もセレブの州，キャリフォーニア州のものである。驚くべきことは，管轄問題との関連で，この事件が連邦裁判所に移送されたとき，連邦地裁は，後にふれる newsworthiness ありという主たる理由で，summary judgement によって原告の請求を棄却したのである[57]。

---

55) *Ibid.*, at 539 ; R. Epstein, *Privacy, Property Rights, and Misrepresentation*, 12 GA. L. REV. 455, 463 (1987).

56) POSNER, OVERCOMING LAW, *supra* note 51, at 541. *Melvin* での決め手は，原告が無罪判決を受けていたという点にある，と私は診断している。

57) 本文にふれた連邦地裁の *Briscoe* は公表されていないようである。本文の記述は，A. Hill, *Defamation and Privacy under the First Amendment*, 76 COLUM. L. REV. 1205,

(3) 原告のプライバシーを保護した*Melvin*および*Briscoe*が異例の判決であることは，*Haynes v. Alfred A. Knopf, Inc.*, 8 F. 3d 1222（1993）をみても，了解できる。これは，ニコラス・レーマンのベストセラー小説，THE PROMISED LAND が原告の実名を用いて彼の過去の履歴，生活ぶりを詳細に描いたことに端を発する事件である。この小説は，南部での小作人としての数十年前の生活ぶり，アルコールに依存する原告とその妻との家庭内でのトラブル，妻との離婚，さらに，別れた妻はシカゴに移り住んで再婚し平穏な生活を手に入れており，自分も今ではコミュニティにおいて平穏な生活を送っている，という波瀾万丈の人生模様を描いた作品である。原告は，描かれた事項の大半が真実であるとはいえ，自分も再婚し平穏な生活を送っているところ，25年前の事実を被告が公表したことはプライバシーの侵害だ，と訴訟を提起したのである。

*Haynes*での裁判長はポズナーだった。彼は，小説の内容は「高度に不快」ではなく，南部の生活・文化・風習・エートス等を描いた「公衆の関心事」であるとして，プライバシー侵害には該当しないと判断した[58]。わが国のノンフィクション『逆転』事件判決とは対照的である。

3 不法行為理論からみたプライバシー保護

ポズナーの経済学的な法学に批判的な R. エプシュティンも，プライバシーに関するかぎりポズナーに共鳴して，「プライバシーの素性は高貴であっても，文明社会において最も重要でない不法行為（the least important tort）である」という[59]。別の箇所で彼は，*Haynes*その他類似の先例にふれながら，「更生および個人の感受性というデリケートな論点は，人間の生きる姿勢を誘導するかもしれないが，法的な分析までは指示しないようである」[60]と絶妙なコメントを述べている。

1263, n. 273（1976）によった。

58) ポズナー自身による*Haynes*解説については，*See* POSNER, OVERCOMING LAW, supra note 51, at 543-46.

59) Epstein, *Privacy, Property Rights, and Misrepresentation, supra* note 55, at 464 は，不法行為プライバシーの底流にある，自己のイメージ所有という利益は明らかに弱く，すべての状況において主体が排他的管理可能性をもっている論拠とはなりがたい，と指摘する。プライバシーは脆弱な権利なのだといいたいのである。また，Murphy, *supra* note 43, at 2382 は，プライバシー権を第二級の権利である，と述べている（⇒第2章 I 2(3)）。

60) EPSTEIN, TORTS, *supra* note 27, at 540.

Ⅲ　プライバシー権を secondary right だとする国

　エプシュティンの示すプライバシー（権）への態度は，先にふれたように，アメリカ法が，人間の尊厳論によらず，自由の概念を法体系の基底としていること，不法行為理論に道徳的な判定を混入させないで，可能なかぎり，権利の言葉で解明しようとしていること等と関連している。

　このアメリカの法理論からみれば，「プライバシー権」は，(ⅰ)客観化されざる法益，すなわち，主観的なプライバシー選好（privacy preferences＝自己情報のうち，センシティヴであると感ずるために他者から隠しておきたいという個人的選好）を権利の名で強引に呼ぼうとしている点，(ⅱ)真実情報の秘匿を権利の名で正当化しようとしている点で，名誉権と比べ，明らかに脆弱な権利と映るのである[61]（⇒第2章Ⅲ2(3)）。

　そればかりでなく，名誉権侵害と比べて，「私生活上の事実の公表」の不法行為は，被告の法的責任を問うに十分かつ明確な要件の形成と理由づけに成功してはいない。

　この点をもう少しばかり考えてみよう。

4　次の議論への見通し

　(1)　「権利」とは，法人格の行為と関連づけられた，客観化可能な主張であり，しかも，高い優先度をもったものでなければならない[62]。

　自由権は，相互行為のネットワークである社会において個々の人間が活動しようとするとき，その活動に加えられる意図的な強制妨害の行為を排除しようとする個人的主張であり，財産権は人の活動の所産に対する排他性の主張である。自由権や財産権は，その主体の活動のなかで他者にも可視化され客観化された，優先度の高い法的主張である。

　これに対して，プライバシー権の主張は，主体（原告）の活動と関連づけられない反面[63]，相手方（被告）に関する限りはその行為の法的責任を追及する

---

61) *See, e. g.*, EPSTEIN, TORTS, *supra* note 27, at 539.
62) 徹底したリバタリアンであるA.ランド（A. Rand）の「客観主義」の権利論に依拠しながら，《権利はすべて行為することの権利である》との論を展開する Peikoff, *Beyond Reductionism, supra* note 7, at 20-22 (2008) 参照〔行為と関連づけられないプライバシー権の主張は bad idea である〕。
63) アメリカ法が人格権を知らない理由は，(ⅰ)権利は人間の活動と関連づけられてはじめて成立する，(ⅱ)人間が存在することだけでそこに人間特有の価値を見出す理論は道徳の理論であって，行為の体系を論ずる法理論とは親和的でない，(ⅲ)しかも，尊厳ある存在を危殆に陥れるという理由で法的責任を容認する理論は不法行為法にとっては危

主張となっている。この主張が権利侵害の名で成立してよいものかと問う法哲学者は，このことの異形さを感じ取っている。プライバシー権を"二級の権利だ"とか，"中間財だ（ある最終的な財＝利益を手中に収めるための手段だ）"いう人びともまた，上の疑義をもっている。プライバシー権という二級品と比べれば，真実情報の自由な流通という社会的効用のほうが重要だ，とも彼らは感じ取っているわけである[64]。

さらにまた，人間の尊厳や自律という，類としての人の価値をプライバシーの基礎づけとする理論について，「道徳の理論であって不法行為の理論ではない」と論断する論者は[65]，権利と責任という相関的法構造を重視しているのであろう。

(2) アメリカにおけるリバタリアンのリーダー，A.ランド（A. Rand）は，1964年5月28日付のA.ウェスティンへの書簡において，次のように述べている（この書簡は，自己情報プライバシーを提唱しようとしていたウェスティンがプライバシー侵害に関する法的論法につきランドに質問したことに対して，ランドが回答したものである）。

「ウェスティン様：

『プライバシー侵害』という論争点は，プライバシーの権利の明確な定義があってはじめて論争可能ですし，個人の権利だと明確に定義されこれに含まれるという文脈を外しては論議不能となります。

諸々の個人の権利は，今日の支配的な哲学上の理論や政治的な実践のなかで既にはぐらかされ，拒絶され，否定され，侵害されてきておりますので，この場合〔情報化社会におけるプライバシー問題〕の特定的な侵入者を，どんな科学的手法によって選び出すことができるのか，私にはまったくわかりません。

科学的手法や武器は，それ自体では行動することはありません。それを使用するのは人間であって，人間の行動はその哲学上のアイディアによって決定されて

険である，(iv)人格権といわれるものに明確な共通の法益を発見することは困難である，といった点にある。なお，前掲注62)および後掲注82)もみよ。《人格価値そのものが権利となる》とか《道徳的自律の存在にかかわる情報が権利の名で保護される》という理論は，人間存在に関する形式論理学の所産であって，法学の理論ではない，と私には思われてならない。

64) EPSTEIN, TORTS, *supra* note 27, at 539 は，原告に関する真実情報の公表が「公衆の正当な関心事」ではないという事態はめったにない，という。公衆の関心事については，VIIIをみよ。

65) 前掲注43)およびその本文参照（ポズナーの断定）。

います。ですから，ここでの論点は，科学が生み出した道具のうち，どれが個人の権利を侵害しているのか，にあるのではなく，どの種の哲学がその種の道具を使用してよいと人びとに容認してきたのか，という点にあります。

貴殿による特定的なお尋ねに対する私の回答は，次のとおりです。

"大衆社会，マス・メディア，巨大組織，画一化の圧力等"が，今日のプライバシーの侵害や個人の権利の崩壊原因となっているとは，私は考えません。

この崩壊の"特定の原因"についての私の見解について，もし貴殿が興味をお持ちで検討してみたいということでしたら，私の小説，『肩をすくめるアトラス』をご覧いただくことをお薦めいたします」[65a]。

(3) ランドの権利哲学の特徴は，人間の存在規定ではなく，活動する人間の相互関係規定に権利の淵源を求めるところにある。この権利哲学は，先にプライバシー（権）の脆弱さ（⇒「はじめに」2）を嗅ぎとっている。また，私は，「プライバシーの素性は高貴であっても，文明社会において最も重要でない不法行為（the least important tort）である」とのエプシュティンの評価も既に紹介した。エプシュティンのプライバシーの見方は，プライバシーの履歴を振り返ったとき，"もっともだ"と私は納得せざるをえない。

Ⅳ　プライバシー権の履歴

1　Warren & Brandeis 論文の神話

(1) S. Warren & L. Brandeis, *The Right to Privacy*, 4 HARV. L. REV. 193 (1890) が公表されてから100余年。この論攷は，プライバシー権をもって，「自然権」，「不可侵の人格」または精神的平穏利益を実体とする権利だと主張しながら，《コモン・ロー上の判例は，契約違反の法理でも，財産権侵害でも，名誉毀損でも説明しきれない，独立の法益を保護してきた》と独自の記述的判例分析を展開してみせたのである。以来，この論文は後世のプライバシー研究者にとって聖典となってきた。

ウォレンとブランダイス（Warren & Brandeis）論文は，いわば控除法でプライバシー権を論拠づけるものにとどまり，プライバシーの積極的な規範的論拠づけとなると，貧弱だった。この論文について，ある論者は「ウォレンとブ

65a) Peikoff, *Beyond Reductionism, supra* note 7, at 14, n. 38 による。ただし，〔　〕内は阪本。

ランダイス論文のねらいは，個別的な損害の救済の論拠を論理的に解明することよりも，『不可侵の人格』へのコントロール権を説くことに急であった」[66]といい，また別の論者は，真実情報の公表について不法行為責任を問おうとする彼らの論文は，《表現の自由との衡量を通過させてはいない点で，当初より，説得的ではなかった》というのである[67]。

(2) その後のプライバシー権の法認には，時間を要した。ニューヨーク州法がウォレンとブランダイスの主張の一部，すなわち，肖像の無断利用を制定法上禁止するとしたのが1904年であり[68]，判例上はじめて承認を受けたのが1905年の *Pavesich v. New England Life Insurance Co.*, 50 S. E. 68 (Ga. 1905) においてのことである[69]。これは，原告の顔写真が生命保険会社の広告に無断利用された事件である。

Pavesich の論理は，次のように，大時代がかったものだった。

「自分の肖像が営利広告に無断使用されたと知った人は，自分の自由が剥奪されたと感じ，暫定的であれ，他者の管理下に置かれてしまって，無慈悲な主人への奉仕を余儀なくされている奴隷のように，自由の希望すらないと感ずるだろう」[70]。

こう述べたうえで *Pavesich* は，この被侵害利益を「自然権に由来するところのプライバシーの権利だ」と述べたのである（類似の事案が今日提起されれば財産権的な法益である publicity の権利として扱われるだろう）。

ここで留意されなければならないのは，この制定法と判例法によって承認を受けたプライバシーは肖像・氏名等の営利的無断利用の領域だ，という点である。

(3) その後，不法行為法上のプライバシーの権利は，1939年に，RESTATEMENT OF LAW OF TORTS の初版において「スキャンダル (affairs) につき知

---

66) D. Zimmerman, *Information as Speech, Information as Goods: Some Thoughts on Marketplaces and the Bill of Rights*, 33 WM & MARY L. REV. 665, 699 (1992).
67) *See* Zuckman, *supra* note 16, at 260 ; SOLOVE, *supra* note 9, at 7, 12.
68) New York Civil Rights Law §50. そのフルテクストは，EPSTEIN, TORTS, *supra* note 27, at 520 参照。
69) R. Epstein, *Privacy, Property Rights, and Misrepresentation, supra* note 55, at 464 は，「（肖像等の無断利用という）不法行為プライバシーの底流にある，自己のイメージ所有という利益は明らかに弱い」という。また，前掲注59）もみよ。
70) 122 Ga. 190, 220, 50 S. E. 68, 80.

られない利益または容姿を公開されない利益を不当にかつ重大に侵害した者は，責任を負わなければならない」と明言された。また，多くの法域においても，コモン・ローまたは制定法上の権利として急速に承認されていった（このことは，本章の「はじめに」2(2)でふれた）。とはいうものの，求心性をもたないままのその急成長ぶりは，その言葉のもっている珍しさ・魅惑的な響きが大きく影響したものであって，プライバシーの法益の空虚さは今日においても否定しようがない。

2　混迷を深めるプライバシー（権）概念

(1)　プライバシー権に関する最初のケースブックが出版されたのが 1999 年[71]。その 3 年後に第 2 版を迎えた同書は，プライバシーを，(i) 情報プライバシーまたはデータ・プライバシー，(ii) 不法行為プライバシー，(iii) 自律としてのプライバシー（中絶，避妊，同性愛といった選択のプライバシー）と三分している。このうち，(i) は，個人情報の利用規制にかかわる法制度，おもに，個人データ保護に関する法制度に沿って，また，(ii) は，私生活または名誉を侵害する不法行為にかかわる法制度に沿って，類型化されている[72]。上の (iii) は，中絶，避妊，ソドミィ等に関する規制の合憲性を問うさいに援用されてきた，憲法上のプライバシー概念である。

上の (i) にいう情報プライバシーと，(ii) での不法行為プライバシーとの法制度の違いは，重要である。後者は，個人の権益が「侵害」されたこと（または，されないよう）に救済を与えるための法制度であるのに対して，前者は個別的にみれば法益の「侵害」とはいいがたい，いわゆる情報化社会における個人情報の取扱いを法制度設計するにあたって概念化されたものである（私は，この点に留意して，先の Ⅲ 1 で，「立法政策論としての色合いが強い」と評したのである）。

---

71) R. TURKINGTON, G. TRUBOW & A. ALLEN, PRIVACY LAW : CASES AND MATERIALS (1999).

72) R. TURKINGTON, et. al., PRIVACY LAW : CASES AND MATERIALS (2d. 2002). その後は，もっぱら情報プライバシーを分析対象とする書籍が数冊公刊されている。See D. SOLOVE, THE DIGITAL PERSON : TECHNOLOGY AND PRIVACY IN THE INFORMATION AGE (2004) ; D. SOLOVE & M. ROTENBERG, INFORMATION PRIVACY LAW (2003). これらデータ・プライバシー論者は，この第 3 類型を検討対象から外す傾向にある。この領域は，プライバシー概念によらずして解明するほうがプライバシー概念を混乱させず生産的である，と彼らの多くは考えているためである（この理解の方向は，わが国でも同じである）。

「社会構造変革指向型プライバシー概念」と言い換えることができる[73]。社会学でよく論じられる人間の疎外論に似ており，法学の議論には収まり切れてはいない。

　こう概観しただけで，プライバシーの実体・類型が実にハイブリッドであることがわかる。そればかりか，それぞれの領域における堅固な権利論に欠けていることも垣間みえる[74]。

　この現状は，「今日に至るまで，プライバシーに関する有意義な定義は存在していない」[75]とか「プライバシーの権利は，輪郭が不明確で，理論的にも茫洋としたままである」[76]とかいわれていることを裏書きしている。プライバシー研究における著名な研究者，R. ポゥスト（R. Post）も，「プライバシーは，あまりに多くの対立し矛盾する次元と絡んでいるため，複雑さを解明できないのではないかと絶望的な気になる」という[77]。名誉・プライバシーについて，詳細かつ卓抜な分析を展開してみせた A. ヒル（A. Hill）も，*Defamation and Privacy under the First Amendment*, 76 COLUM. L. REV. 1205, 1207（1976）において，プライバシーの先例の混迷ぶりに「格別に腹立たしいものがある（especially vexatious）」と評せざるをえなかったのである[78]。

　(2)　この混迷状態の根源的な原因は，プライバシーまたはプライバシー権の定義または捉え方が論者によって，また，判例によって，違いすぎることにある。いや，違いすぎるというより，実のところ，統一的な法益がないのである。

　プライバシーの先例をいくつかの類型に分けた，今では古典的な論攷が，W. Prosser, *Privacy*, 48 CAL. L. REV. 383（1960）である。この論文は，「プロッサの4類型」として後世に受け継がれてきた。4類型とは，本章の「はじめに」

---

73) くわしくは，第2章Ⅱ1(3)参照。
74) *See, e. g.*, THOMSON, THE REALM OF RIGHTS, *supra* note 9, at 280ff. ; Gavison, *supra* note 43 ; Peikoff, *Beyond Reductionism*, *supra* note 7.
75) *See* D. Solove, *Conceptualizing Privacy*, 90 CAL. L. REV. 1087, 1088（2002）. また，Solove, *A Taxonomy of Privacy*, 154 U. PA. L. REV. 477（2006）も参照。
76) *See* N. Richards, *Reconciling Data Privacy and the First Amendment*, 52 UCLA L. REV. 1149（2005）.
77) R. Post, *Three Concepts of Privacy*, 89 GEO. L. J. 2087（2001）.
78) R. Murphy, *supra* note 43, at 2388 は，こう述べている。「不法行為プライバシーは失敗作だった。伝統的なコモン・ロー上の権利（名誉毀損や不法侵入）を補充してきた点では，この不法行為は成功したといえるものの，（私事の）公表から（原告が）保護されることはほとんどなかった」。

IV　プライバシー権の履歴

でふれた，① 私生活上の事実の公表，② 私事への侵入，③ 誤認を生ぜしめる公表，そして，④ 氏名・肖像等の営利的無断利用，である。

　プロッサ自身は，この論文において，プライバシー（またはプライバシー権）と称されてきたものには，"そっとしておいてもらう権利"（a right to be let alone）という茫洋としたもの以外，統一的な法益が欠けている，と結論したのだった。そのかたわらで彼は，"プライバシー事案"と称せられてきたものを，侵害方法に沿って 4 類型に分けてみせたのだった[79]。にもかかわらず，この類型論が，プライバシー権を認知したものであるかのように理解され，「プライバシー侵害」の事案だと主張されるケースでの分析枠として活用されるようになった。そうなったのも，プロッサがアメリカ法律家協会の RESTATEMENT (SECOND) OF LAW OF TORTS (1997) でプライバシーの章の解説を担当したこと[80]，さらに，彼の HANDBOOK OF THE LAW OF TORTS が定番のケースブックとなってきたからである（最新のものは，1971 年に公刊された第 4 版[81]）。

　本章が採りあげるのが，4 類型のひとつ，表現の自由との対立調整について論争を喚んできた「私生活上の事実の公表」類型である（残る「誤認を生ぜしめる公表」は名誉毀損事例として，「氏名，肖像等の無断利用」の表現は publicity の権利の事案として処理されれば足り，「私事への侵入」は表現の自由とは原則無関係だ，とするのが学説の大半である）。

　「私生活上の事実の公表」型不法行為法が，なぜ，どのように表現の自由と対立するのか，節を変えて検討していく。

---

[79] 「プロッサの 4 類型」と通称される理論は，G. Dickler, *The Right of Privacy: A Proposed Redefinition*, 70 U. S. L. REV 435 (1936) で論じられていた「intrusion ／ disclosure ／ appropriation」を肉付けしたものであって，プロッサのオリジナリティではない。

[80] 1977 年の RESTATEMENT (SECOND) OF TORTS は，§652B において「私生活の侵入」を，§652C において「肖像等の無断利用」を，§652D において「私生活上の事実の公表」を，そして，§652E において「誤認を生ぜしめる公表」を論じている。

[81] PROSSER, HANDBOOK OF THE LAW OF TORTS の初版 (1941) において，プロッサは，プライバシー事案がいずれは intentional infliction of emotional distress へと吸収されるだろう，と述べていた (at 1054)。この文章は，その後，削除されている。

V 「私生活上の事実の公表」と表現の自由

1 精神的苦痛・プラスの要件

(1) 先にふれたように (⇒Ⅱ1)，表現の自由とたびたび対立してきたプライバシー事案においては格別に，アメリカの判例・学説は道徳的な評定を極力排斥しようとしている。アメリカの不法行為法の理論は，一般的に，脱道徳性を心がけているところ，プライバシー事案の解決にあたっては，この傾向が特に顕著である。これは，道徳的主張が主観的で情動的であること，善良な人の感情に訴えかけて「加害者」の法的責任を追及し救済を引き出そうとするレトリックになりがちであることに気づかれているからである。

《アメリカ法には人格権はない》と断定することはできないとしても[82]，ア

---

[82] See H. Rosler, *Dignitarian Posthumous Personality Rights—An Analysis of U. S. and German Constitutional and Tort Law*, 26 BERLKELLY J. INT'L L. 153 (2008). この論攷は，ドイツにおける死者の名誉毀損に関する裁判例を紹介しながら，「人格権を知らないアメリカ法」を批判する。が，この論者が紹介している，有名絵画の署名を偽造したこと，コメディアンの声のものまねを本人のものであるかのようにコマーシャルで無断利用したことが，なぜ，画家やコメディアンの「人格権」侵害なのか，私には理解しがたい。アメリカ法のように，氏名，声，肖像等の利益をパブリシティ権（財産的権利）として構成する理論のほうが明晰であると私には感じられる。本文において私は，人格権といわれている法益には一貫性がない，と臭わせている。というのも，人格性という道徳哲学上の「人格」が，心理学または社会学でいう「人格」までをも包摂する，融通無碍となっていると私は感じているからである。前者は，ドイツ語でいえばPersönlichkeit であり，後者は Personalitäte である。I・カントは，両者を確実に区別している。大陸法でいわれる「人格権」を英語表記するとすれば，personality right であろうが，英語圏でいう personality には道徳哲学的な実体はなく，個性・個別性を指すのが一般的である。そこで personality right ではなく moral right との表記が選ばれることが多い。が，しかし，moral right といういい方では人格権のニュアンスは伝わらないように思われる。

人格権の特徴としては，通常，次の諸点があげられるものの，詳細に分け入ったとき，論者の間にコンセンサスはないようである。(i) 非財産的法益であり，(ii) 不可譲であって，(iii) 時効にかかることがなく，(iv) 差押えの対象とされず，(v) 放棄できないこと，これである。この「人格権」の哲学的な淵源は，「人間の尊厳」(human dignity) にある。尊厳とは金銭に換算されることのない，人間に特有の価値をいう。ということは，人格権の最大の特徴は，上の(i)にいう，非財産的な法益であることにある。このことを逆手にとって言い換えれば，《財産権的に理論構成できる法益であれば，輪郭の不明な人格権概念に訴えなくてもよい》，《より明確な輪郭をもっている財産権概念に訴えかけよ》となろう。アメリカ法にいう publicity の権利は，まさに個性を意味する personality の

V 「私生活上の事実の公表」と表現の自由

メリカ法における「人格権」の通用力は実に限られている，といって間違いはない。これは，人格権を基礎づける「人間の尊厳」論が道徳的な訴えかけにとどまっていると一般にみられていることと関連している。

アメリカの不法行為法は，人間という類のもつ普遍的な特性への不法行為，「尊厳を傷つける不法行為」(dignitary torts) を，もっと個別的な法益へと分節化するよう試みている。先に述べたように，人間存在の類的特性が権利の淵源となるわけではなく，権利は，相互行為を繰り返している個別の人の活動と関連づけるべし[83]，ということでもある（また，人間の尊厳論が表現の自由保護にとってパラドックスになっていることについては，すぐ後にふれる。また第5章Ⅳもみよ）。

(2) では，「私生活上の事実」を公表されないことの法益を個別化・分節化して，「精神的平穏利益」をあげることはどうか。この主張は，人間の尊厳という大時代がかった言い方によることもなく，道徳的な訴えでもなくなっており，人びとを納得させるかもしれない。

ところが，精神的平穏利益はプライバシーを論拠づけるには，過剰包摂 (over-inclusive) である。プライバシー侵害と直接に関係しない精神的平穏利益は無数にある。精神的平穏利益という解は，プライバシー保護においては不十分である。

もともと，アメリカの不法行為法は精神の平穏さや自尊心といった主観的な法益を保護しない[84]。**コモン・ローにおける「精神的苦痛だけでは訴訟原因とならず」の原則**（No Mental Distress Only Rule）が（⇒第2章Ⅱ1），このことを表してきている（精神的平穏利益等の主観的な利益は，生命，身体，財産等の法益に寄生して保護されることがある⇒第2章Ⅰ(2)）。

ある論者は，「私生活上の事実の公表」型プライバシーを不法行為とする論拠づけは，「私事への侵入」によって私生活上の情報を得ることと比べ，明らかに弱い，と評している[85]。精神的平穏利益保護の観点からすれば，後者に

財産権の理論構成の具体例である。
83) 前掲注62)およびその本文をみよ。また，Gavison, *supra* note 43, at 438 もみよ。
84) POSNER, THE ECONOMICS OF JUSTICE, *supra* note 43, at 290. 被告が原告の精神的利益に与えた損害も，身体的利益と関連していることが不法行為法上の原則である。たとえば，身体への損傷を受けたために闘病生活を余儀なくされたために，精神が傷ついた，というように。この点については，*See* EPSTEIN, TORTS, *supra* note 27, at 437.
85) R. TURKINGTON, *supra* note 72, at 538.

よる侵害のほうがずっと強い，というのである。たしかに，アメリカにおける「私生活上の事実の公表」型不法行為が保護しようとしている利益には，明確な輪郭はない[85a]。

私生活上の事実をみだりに公表されない法益を精神的平穏さに求め，これに対する侵害行為を不法行為だとする論拠は強力ではないばかりか，過剰包摂である。精神的平穏利益の侵害は「私生活上の事実の公表」に特有ではない。また，同利益は，財産権や身体的利益の保護領域として取り込まれており（また，取り込むべきであり），プライバシーを支える論拠としては脆弱である。

(3) このため，この主観的な法益「侵害」を主張すること以外に，いくつかの要件が満たされてはじめて，問題の言論の不法行為責任を問いうることになる（原告にとって prima facie case ＝「一応有利な主張」となる）。

不法行為に共通の要件は，(i) (被告の) 故意または過失を含めた fault, (ii) 法益を侵害する被告の行為，(iii) 損害の発生，そして，(iv) 被告の行為と原告の被った損害との間の因果関係である。これらの要件は，通常の不法行為の理論においてはエッセンシャルな側面である。にもかかわらず，(ii) を除いて，不法行為的言論（tortious speech ＝名誉毀損・プライバシー侵害）の事案においては，これらが独立の要件として機能していない[86]。ここに，この不法行為の異例

[85a] W. Prosser, *Privacy*, 48 CAL. L. REV. 383, 393 (1960) は，私生活上の事実を公表されない利益について，名誉毀損にみられる感情侵害と同質のニュアンスをもった reputation の利益である，と解明してみせる。これに対して，H. Kalven, Jr., *Privacy in Tort Law: Were Warren and Brandeis Wrong?*, 31 LAW & CONTEMP. PROBS. 326, 334 (1966) は，名誉毀損とは違っても，真実情報の公表がもつ精神的なインパクトから保護される利益である，という。

[86] 名誉毀損の不法行為における因果関係が厳密に問われない理由については，*See* Bezanson & Murchison, *supra* note 21, at 217.

　ヴァージニア州法における emotional distress の不法行為規定を違憲とした連邦最高裁判決，*Hustler Magazine, Inc. et al. v. Falwell*, 485 U. S. 46 (1988) は，本章にとって重要な意義をもっている。ヴァージニア州法は，不法行為の成立要件として，①被告の行為が故意 (intention) または未必の故意 (recklessness) によること，②その行為が社会通念に照らし，言語道断であって (outrageous) 許容しがたいこと，③行為と原告の被った精神的苦痛との間に因果関係がみられること，④精神的苦痛が強度のものであること，をあげていた。被告の出版する雑誌ハスラーに掲載されたパロディは，原告に対する意図的な mental distress を与える行為であるとともに，名誉毀損であると争われた事案において連邦最高裁は，この要件は主観的な反応を理由にして公的言論を制限するものであって，違憲であると判断した。

　この州法の違憲性の決め手について私の理解は，こうである。つまり，この違憲判決

V 「私生活上の事実の公表」と表現の自由

さが現れる。これが，先にふれた，《名誉・プライバシーの不法行為法は異形の法制である》，《この異形さは表現の自由にとって重大な障害となりうる》という理由のひとつである。

上の(i)～(iv)の要件は，プライバシー侵害や名誉毀損の事案においては，「私にとって言われたくないことを被告が公表してしまい，これによって私は深く傷ついた」という原告の主観的な感じ方の1点に吸収される（⇒先のⅠ1(1)）。換言すれば，これらの事案においては，(ii)の言明内容から(i)，(iii)，(iv)が推定されてしまっているようにみえる。このことが，アメリカにおいて，名誉・プライバシー保護の法制は表現の自由との調整に失敗しているのではないか，とさかんに修正1条論議が持ち出される大きな理由となっている。上の(i)～(iv)の不法行為法のエッセンシャルな要素に目を配れば，この論議には十分な理由がある[87]。

2　表現の自由にとってのトロイの木馬，人間の尊厳論

(1)　たしかに，先にふれたように（⇒先のⅡ2(1)），アメリカの法理論（憲法理論）は，表現の自由の価値を過剰に強調し，修正1条に過度に訴えかけるという，同国特有の臭いをもっている[88]。この傾向に対する揺り戻しだろうか，最近のアメリカ不法行為理論は，Tortious Speech を Dignitary Torts（人間の尊厳に対する不法行為）のひとつだとみて，これを独立の法領域として理論構成しようとする動きもみられる[89]。ところが，この主張も，生命倫理や医療の領域に顕著であるにとどまり，ある言明（表現）の不法行為責任を説くための潮流にはなってはいない[90]。人間の尊厳論は，本質的に人類至上主義の考

　　は州法が主観的な反応を制限理由としていることにあることよりも，上の①～④の要件が，結局のところ，言明内容1点にかからしめられていることにある。この法構造こそ，自由闊達な表現（連邦最高裁風にいえば，公的言論の自由）にとって危険である。
87)　本文において私は，名誉・プライバシー事案と表記したが，厳密にいうと，成立要件につき両者に大きな違いがあり，この違いは表現の自由にとって重大な意味を持っていることには留意を要する。この点の詳細をここで論ずることができないが，後のⅧでの1(1)において，「公衆の関心事」の位置づけが異なっていることにつき最小限論じている。
88)　See, e. g., F. Schauer, *First Amendment Opportunism*, in L. BOLLINGER & G. STONE (eds.), ETERNALLY VIGILANT: FREE SPEECH IN THE MODERN ERA 174 (2002).
89)　See, e. g., Miller, *supra* note 13, at 1〔プライバシーの根底にある人間の尊厳に訴えかけてこなかったことが，プライバシー理論の当初よりの失敗だった〕。
90)　See, e. g., R. Brownsword, *Genomic Torts: An Interest in Human Dignity as the*

123

えであり，議論を黙らせる傾向をもち，違法かどうかの境界線を誤ってひかせる力をもっている，と警戒されるのである。ある論者のひそみに従っていえば，《もともと，アメリカ法（および法文化）は，尊厳の法体系によっておらず，自由の法体系を基礎としている》のである[91]。

(2) 自由の法体系の国にあっては，《不法行為の理論が道徳理論に浸潤されてはならない》という発想は，Dignitary Torts の受容につき慎重論へとつながる。さらに，表現の自由の国においては，"この表現は人間の尊厳を傷つけている" という**道徳的反応をひきおこすことも，まさに表現の力の業である**と扱われる。人びとが当該表現に自由に接したときに感ずる道徳的反応，すなわち表現行為のもっている力を各人の自由な選択と評価に委ねること，これが表現の自由のねらいだからである。

それぱかりか，表現の自由の優越性がある有力な表現の基礎理論と関連づけられたとき，上の慎重さはもっと強化される。その詳細な背景説明をここでは展開できないが，その表現理論との関連性を簡略化していえばこうである。

功利主義的権利論の弱点が指摘されて以降，表現権理論においても，非帰結主義（non-consequentialism）の論調が有力になってきている。すなわち，次の主張である。

> "表現の自由の特別な地位は，民主プロセスを活かすためだ，とか，真理到達への途であるとかいった帰結主義にあるのではない。発話する人間の行為こそ人間の自律性（autonomy）の表れであって，この自由は表現行為に内在する価値に根拠づけられる。これを広くいえば，自由な表現こそ人間の尊厳の確認である[92]。"

Basis for Genomic Torts, 42 WASH. L. J. 413, 419-24 (2003)〔プライバシーは尊厳の誤記にすぎない。生命倫理または医療の領域においては，プライバシーや confidentiality の保護に訴えかけることでは十分に対処できない。人間の尊厳への不法行為理論を構築していく必要がある〕．

91) See J. Whitman, *The Two Western Cultures of Privacy: Dignity Versus Liberty*, 113 YALE L. J. 1151 (2004).

92) 人間の自律（autonomy）を表現の自由の基礎理論とするいくつもの学説の紹介と，それらへの批判については，S. Brison, *The Autonomy Defense of Free Speech*, 108 ETHICS 312 (1998) 参照．

プライバシー権の基礎づけにあたっても，人間の自律に訴えかける論攷も相当数にのぼる。See, e. g., J. Feinberg, *Autonomy, Sovereignty, and Privacy*, 58 NOTRE DAME L. REV. 445, 467-77 (1983)；L. Henkin, *Privacy and Autonomy*, 74 COLUM. L. REV. 1410,

(3) この表現権理論は hate speech 規制の違憲性を論拠づける，というアメリカ独自の異例とも思われる主張として顕在化してくる[93]。

欧州においては，人間の尊厳を傷つける言論は低価値の言論であり，これと人間の尊厳とを衡量すれば，規制して何らの問題はない，と結論されるのが通例である[94]。が，アメリカにおいては，こう結論されない。表現の自由それ自体も人間の尊厳または自律性の発露であるとされたとき，人間の尊厳の対立利益としては衡量しようがないか，衡量するとなると，個別的衡量に過ぎることになって，表現を萎縮させる危険な思想の筋となるからである（hate speech 規制必要論は，かくして，修正1条ではなく，同条の保障せざる「行動」だというか，さもなくば，修正1条ではなく平等保護条項に訴えかけることになる[95]。アメリカ特有の論法である）。

上の発想を有り体にいい換えれば，「人間の尊厳論は，表現の自由にとって，トロイの木馬となる」となろう[96]。それでなくても，原理を欠きがちな「公／私」二分論を基礎とするプライバシーに代えて，人間の尊厳概念を論拠にして，ある行為を Dignitary Torts だとすれば，法的責任はとどまるところを知

1425 (1974). こうなると，表現の自由との調整は混乱せざるをえなくなる。

93) *See* Shauer, *The Exceptional First Amendment*, in IGNATIEFF, *supra* note 31.

94) *See* R. Krotoszynski, Jr., *A Comparative Perspective on the First Amendment: Free Speech, Militant Democracy, and the Primacy of Dignity as a Preferred Constitutional Value in Germany*, 78 TUL. L. REV. 1549, 1562-63 (2004). この論者は，ドイツにおいては人間の尊厳の価値が表現の自由の価値より優越していると考えられていることを論じている。英国については，Brownsword, *supra* note 90, at 415 が指摘するように，「欧州諸国がプライバシー権も人間の尊厳も実に真剣に受け止めているのに対して，欧州のなかで英国は調子のズレている国である」点に留意されなければならない。ここに英米の不法行為法体系の本質が，大陸とは異なっていることがみてとれる。

95) この事情と展開については，*See* Schauer, *The Exceptional First Amendment*, in IGNATIEFF, *supra* note 31, at 32.; Brison, *supra* note 92; 梶原・前掲注38)論文。

96) *See* G. Carmi, *Dignity — The Enemy from Within: A Theoretical and Comparative Analysis of Human Dignity as a Free Speech Justification*, 9 U. PA. J. CONST. L. 957 (2007). この論者は，(i)「個人主義／共同体主義」，(ii)「言明者中心型／受け手中心型」，(iii)「消極的自由／積極的自由」というパラメーターを使用しながら，アメリカの表現権理論が，個人主義的・言明者中心型であり，しかも，消極的自由論であることを指摘しながら，「人間の尊厳」というフレーズが，この表現の自由の捉え方を制約することになろう，と論じており，実に興味深い。別の論者は，「人格権概念は，垂訓的で，道徳的な響きをもっているが，実践的な意味合いはどうか，大陸法にいう人格権という概念がはたして有益であるのか，問われなければならない」という。また，*See* A. Popovici, *Personality Rights — A Civil Law Concept*, 50 LOY. L. REV. 349, 355 (2004).

らなくなるかもしれない。なぜなら，すべての生活領域が人間の尊厳と関連づけられうるからである（刑事被告人の犯罪行為を公表することは，被告人の人間の尊厳または名誉を毀損する，というがごとく）。

この輪郭のない保護領域が表現の自由と対立したとき，後者の限界は，利益衡量によって画されることになろう。この接近法は，アメリカの表現理論が可能なかぎり回避しようとしてきた思考である。表現の自由の研究家，F. シャウア（F. Schauer）が指摘しているように，「判例理論は，比較衡量論にみられる比例性（proportionality＝利益の均衡）という柔軟で open-ended な手法ではなく，rule-based categorization を重視している」のである[97]。Standard ではなくして，legal rule を，というわけだ[98]。Legal rule に欠ける法制は，Rule of Law の理念と相容れない。Legal rule に欠ける法制のもとで，個別的衡量によって tortiou speech の限界を裁判官に決定させることは，裁判官による支配となる。Legal rule に欠ける法制が，ある言明行為をもって不法行為だとすることは，表現の自由を萎縮させる。

Ⅵ 「私生活上の事実の公表」における法準則

1 Public Speech のなかの「私生活上の事実の公表」

(1) 話題を「私生活上の事実の公表」事案に戻す。

「私生活上の事実の公表」事案ほど，表現の自由との対立のなかで，その合憲性が疑問視されている不法行為法領域はない。というのも，この領域こそ，法準則（legal rules）のないまま，紛争解決されてきたのではないか，と疑問視されているからである。

たしかに，この不法行為法領域においても，法準則がないわけではなく，public record の理論，public figure の理論（有名人の法理）というカテゴリカルな免責事由が確立されてきている。が，この事由は限られた事例にしか通用しない。一般的な免責事由は，public interest の理論となっている。この理論は，法準則ほどの結論誘導力はなく standard であって，結局は個別衡量に落ち着いてしまう。そればかりか，public interest の内実と外延は，後にふれるように，不明のままである（⇒後のⅧ1，2）。

---

[97] Schauer, *The Exceptional First Amendment*, in IGNATIEFF, *supra* note 31, at 31.
[98] Rule と standard の違いについては，前掲注32）およびその本文参照。

VI 「私生活上の事実の公表」における法準則

　さらに，public interest の理論は，public 概念の捉え方によっては，次のような難題を抱えている。
　まず，public の捉え方からして，コンセンサスがない。Public interest をどう邦訳するのかについても，定訳はない。一般的には「公の利益」，「公共の利益」，「公的関心事」または「公共の利害」のいずれかだろう。私の邦訳は，「公衆の関心事」である。
　なぜ私は，「公的」または「公共」という用語を避けるのか。
　それは，《公的言論（public speech）であれば，私的な言論（private speech）よりもあつく保護される》との主張は一定のアポリアを内在せしめている，と私には思われるからである。内在するアポリアとは何か，しばらく考えていくことにしよう。

(2)　Public speech の意義と保護領域は，public の捉え方によって，以下のような複数の理解のしかたがある[99]。

　①　Public とは，自己統治（self-government）関係的という意味であり，public speech とは自己統治にかかる言論をいう。これに該当する言論は絶対的保障を受ける，すなわち，対立利益との衡量は不要である[100]。
　ところが，この当初の目論見に反して，自己統治との「かかわりの程度」の捉え方によっては，その保障範囲は変幻自在となるか，絶対保障を貫徹するために領域を限定するとなると，保障外におかれる言論を浮かび上がらせることになって，かえって表現保障機能にもとることになる。

---

99) 本文での展開は，F. Schauer, *Defamation and the First Amendment: New Perspectives of Public Figure*, 25 WM & MARY L. REV. 905, 906 (1984); R. Post, *The Constitutional Concept of Public Discourse: Outrageous Opinion, Democratic Deliberation, and Hustler Magazine v. Falwell*, 103 HARV. L. REV. 601, 671 (1990); C. Estlund, *Speech on Matters of Public Concern: The Perils of an Emerging First Amendment Category*, 59 GEO. WASH. L. REV. 1, 32 (1990) 等からヒントを得たものである。この C. エストランド論文は，その脚注の1において，public speech を正確に定義することはできないと断りながら，「政府が何をなすべきか，社会はどのように組織されるべきか，に関する言論」という，としている。

100) A. MEIKLEJOHN, FREE SPEECH AND ITS RELATION TO SELF-GOVERNMENT 94 (1948); A. Meiklejohn, *The First Amendment is an Absolute*, 1961 SUP. CT. REV. 245, 263. A. マイクルジョン（A. Meiklejohn）は，前者においては直接「自己統治」に関連する言論の絶対保障を，後者においては，間接的に「自己統治」に関係する言論までの保障へと拡大している。

②　Public speech とは，自己統治に限定されず，民主的政治過程，つまり，代議制を中心とする政治体制にかかる言論をいう。

　この捉え方は，間接民主制の政治体制を念頭において，人びとが賢明なる選挙民となるには，政治に関して十分な情報に接しておく必要がある点を重視するのである。が，public をここまで拡散させたとき，public speech の絶対保障を説きがたくなり，せいぜい"政治的言論は高価値に位置する"との主張になる。ところが政治体制は経済体制であることに思いをはせたとき，「政治的言論／経済的言論」という二分法によって表現の自由の保障水準を変動させようとする発想に対して疑問が寄せられてくるのは当然である。

③　上の②にいう政治体制を統治機関に絞り込み，public speech とは，公職者，公的機関，公的基本方針（public policy）に関する言論をいう。

　この絞り込みは，上の②の散漫さをそぎ落とすことに成功しているとはいえ，public policy に関する言論まで public speech としている点に，①および②に共通する難点をもっている。たしかに，公職者および公的機関は形式的に把握することができ，したがって，これに関する言論が public speech だとの主張は成立しやすい。しかしながら，public policy の捉え方となるとその実質をえぐり出さなければならないために，形式・客観性に欠けてくる。もともと，public policy の概念にも定説はなく，その邦訳にしても「公共政策」，「公的基本方針」，「公序」等々と多様である。それぞれのニュアンスの違いに応じて，public speech の意味合いも変わってこざるをえない。ということは，public speech の保障の程度もグラデーション模様となってしまう。これでは個別的衡量と径庭はない。

④　Public speech とは，多元的な社会での公共選択の基本事項（public policy）に関する言論をいう。というのも，政治の領域が公職者の専占領域ではなくなった現代社会においては，public 概念は政治領域から解放され，だれにとっても関心がある，という公共選択領域と結びついた言論を指すものとなっているからである。

　この捉え方は，上にみてきた public，すなわち，統治関係的という意味での public ではなく，n 人の，という意味に理解している点に特徴をみせている。後の Ⅷ においてふれる public interest にいう public は，これである。プライバシーの保護にあたって引証されるべきは，「公的領域／私的領域」という二分法に対応する public, private である。

⑤ Public speech とは，だれもがアクセスし利用してよい情報（public domain）に関する言論をいう。この場合にいう public とは，n 人に開放（公開）されている，または，公然の，といったほどの意味で，この意味での public speech の保障とは，国家は市民社会における人びとの知識の授受に関して道徳的に中立的であることを指す。

(3) 以上の①〜⑤にいう public speech の輪郭はいずれも明確ではない（特に，①〜③は曖昧である）。それ自体明確ではない概念に依拠しながら，《public speech は，そうでない言論よりも，あつく保障されなければならない》という価値序列を作り上げることは困難である。この概念の曖昧さを補おうとすれば，言明の文脈，言明者の意図，叙述の詳細さ，平均的な受け手の理解のしかた等々，多様な要素が「総合的に」参酌されなければならなくなる。これでは，カテゴリカルな接近法のもつメリットを失う。たとえ序列化に成功するとしても，そのさいの実体的価値評定が表現の自由保障のねらいと共鳴しない。というのも，この評定は表現内容規制にかわりないからである。そればかりでなく，《人のプライバシーを侵害する言明は，公衆の好奇心に訴えかけて利潤を獲得しようとする私的言論であって，民主政にかかわる言論ではない》とする実体的道徳的主張は受容されやすい。

こうしたアポリアをもつ public speech 概念の雑味部分を削ぎ落として軽量化する思考はないものか。

2 Public 概念の軽量化

(1) Public，public speech および public interest 概念を明確化するには，次のように，いくつかの public の用法・論議を検討してみる必要がある。

第1は，public を統治関係的というニュアンスから解放して，だれにとっても（n 人にとって）とし，public speech とはだれもが「思想の自由市場においてコミュニケーションの対象としうる」と理解してみる。Public を，政治過程からも，公共善の実現からも切り離して，軽量化してみようとするわけである。このさい，人びとがコミュニケーションの対象としようとする動機は重要ではない（もともと，主観的で不可視の動機も，思想の自由市場において顕在化されるべきものである）。この，脱政治化・脱道徳主義の軽量化作戦は，表現の自由の特有の価値を政治過程または自己統治と関連づけないで，思想の自由市場の理念に回帰させようとしているのである。これが，プライバシー不法行為法で

の免責事由でいう public interest の意でもある。このことは，public interest が，matter of public concerns と言い換えられていることによっても論証できる。こう捉えたとき，public interest とは「公衆の関心事」を指すと理解されるべきことになる（⇒Ⅷ1）。

　第2は，「公衆の関心事」を，さらに限定して，《公衆の関心事は，マス・メディアが情報の消費者である公衆の購買行動を予想して市場に流そうとする判断のなかに集約される》という見方である。これは，「公衆の関心事」という需要サイドの選好を，供給サイドにいるメディアの選好を通して推し量ろうとする発想である。公衆の選好は多様でまとめ上げることができないのに対して，メディアの選好は処理可能な束となっており，可視化しやすいという理屈である。これが，後にふれる，プライバシー不法行為法における newsworthiness の理論である（⇒Ⅷ2）。

　第3は，焦点定まらぬ「公衆の関心事」に代えて，原告の社会的地位という客観的な要素に着目して，その者に関する被告の言論の自由と，原告のプライバシー保護とを，カテゴリカルに衡量して，ある法準則を事前に作り出しておくやり方である。これが，public official, public figure の理論である。これは，客観的争点の類型化である public concerns (interests) を主体別に類型化し直して，表現の限界を事前に可視化しておこうとする試みである。これによって，「public official／public figure／private person」なるカテゴリーが析出される。が，これらも，どう邦訳するかによっては，《政治的という意味での公的言論は，そうでない言論よりも，あつく保障されなければならない》という思考に逆戻りする。public official の理論は，「公職者の理論」であり，政治または行政上の職（office）と関連させる「公的言論の理論」のひとつの応用編である。これに対して，public figure は「公衆に知られた人物」，「有名人（セレブ）」のことであり，公衆の好奇心の対象となってしかるべき人物をいう（public figure は「公人」または「公的存在」と一般的に訳出されているが，私はこれを誤訳の類だと考えている）。この捉え方は政治的言論とは無関係である。「公衆に知られた人物」の理論は，情報の消費者である公衆が当該情報をすすんで購入している，という事実を重視する理論であり，「思想の自由市場」理念のひとつの応用編である。

　以上のさまざまな捉え方のうち，私は，「思想の自由市場」を基盤として，public speech, public interest にいう public を「公共性」または「公益」イメージから解放したうえで，これらの意義と訳語を捉え直すことが必要だと考

える。これなくして,「公的言論／私的言論」という曖昧極まる枠組みのもとで,表現内容に実体的な価値の序列をつける理論は,表現の自由保障にとって「トロイの木馬」(⇒先のⅤ2)となろう。

(2) 本章は,先に,アメリカ連邦最高裁判例が「公的言論」から次第に退却している,とみる学説を紹介した[101]。私の目には,表現の自由に関する最高裁判例は,ときに「思想の自由市場」理論を重視したかと思えば,別のときには対話型民主主義または民主的熟議モデルのもとで「政治的言論」理論を重視しているようにみえる(もっとも,両者は異質ではなく,民主的熟議モデルは「思想の自由市場」論を規範的に焼き直したものだと私は捉えている)。が,最高裁は,名誉・プライバシーの領域となると,可能なかぎり,public interest 理論によらないよう努めている。この理論では,それでなくても異形の不法行為法の解決にとって,焦点の定まらぬものとなってしまうか,道徳的評定に踏みいってしまう,とみるからだろう。

その一例が,名誉毀損に関する *Gertz v. Robert Welch, Inc.*, 418 U. S. 323 (1974) である。名誉毀損の法制が表現の自由を浸食しないかどうか神経質なほど意識し続けてきた連邦最高裁は,*Gertz* において,《裁判所が,問題の言明は public interest と関係するかどうかを判断し,プレスに法的責任を負わせるとなれば,ニュース提供にあたってプレスを萎縮させ自己検閲させることになる》,とはっきりと配慮した。*Gertz* を執筆した L. パウエル (L. Powell) 裁判官は,表現の自由の保障の程度を public interest から切断しようとして,サリヴァン・ルール(現実の悪意の法理)を,公職者と有名人に限定したのだった[102]。

この連邦最高裁の姿勢と比べ,わが国の名誉毀損法にいう「公共の利害」が,どこまで軽量化されているか,私は深い疑念をもっている(この点については,後のⅧ2(5)をみよ)。

---

101) 前掲注36)およびその本文参照。
102) 連邦最高裁の名誉毀損判例を正確に分析すれば,最高裁は,相変わらず,民主的熟議理論に片足をかけており,public interest 理論を完全に民主政治過程論から切断しているわけではないことがわかる。たとえば,最高裁は,Philadelphia Newspapers, Inc. v. Hepps, 475 U. S. 767 (1986) において,原告が私人であるとき,問題の言論が public interest を含んでいれば,摘示事実が虚偽であることの証明を原告に負担させている。

3 プライバシー不法行為における日本法

(1) わが国のプライバシー不法行為法は，以上のアメリカの思考とは対照的である。

私は，わが国のプライバシー不法行為法の判例・学説に次のような問題点を見出している。

第1に，わが国の場合，**不法行為プライバシーが憲法 21 条問題を抱えている，という自覚が少ない**[103]。憲法問題ではないとする割には，人間の尊厳という憲法上の価値でプライバシーの側を補強しようとする傾向がある。

第2に，「私生活上の事実の公表」事案が憲法問題ではなく不法行為法事案であるとされているために，いわゆる相関関係説によって法処理される[104]。ということは，主張されている法益は，はっきり「プライバシー権」でなくてもよい。そうなると，プライバシー権概念の明確化作業が進むことはない。それどころか，情報プライバシー概念の導入に熱心な学説に押されて，「プライバシー」の保護領域は判例によって拡大され続けている[105]（学説の相当数，なかでも，憲法学説はこれに共鳴しているように私にはみえる）。

---

103) 例えば，ノンフィクション『逆転』事件最高裁判決（最 3 小判平成 6・2・8 民集 48 巻 2 号 149 頁）に関する最高裁判所判例解説民事篇平成 6 年度 128 頁（滝澤孝臣解説）は，「不法行為の成立が肯定され，Y が損害賠償責任を負わされるという意味で，表現の自由が制限され，反対に，不法行為の成立が否定され，X がプライバシーの公表を受忍しなければならないという意味で，プライバシーの権利が制限されたとしても，このことから直ちに憲法問題が生ずるものではない」という。

104) 上の注 103) にあげた『逆転』事件最高裁判例解説 127 頁は，いわゆる相関関係説にたちながら，個別的利益衡量によって最高裁判決を分析している。

105) たとえば，(ｱ) 住所・氏名・電話番号を NTT 電話帳に同意なく記載されないこと（東京地判平成 10・1・21 判時 1646 号 102 頁。10 万円の慰謝料支払いを命ず。ただし，原告が電話帳に記載しないよう要求したにもかかわらず，NTT が誤って掲載した事件），(ｲ) NTT 電話帳に搭載された眼科医の氏名，職業，診療所所在地，電話番号がパソコン通信ネットワークへ無断搭載されないこと（神戸地判平成 11・6・23 判時 1700 号 99 頁），(ｳ) マンション購入のさい販売会社に開示した勤務先の名称および電話番号をマンション管理会社に開示されないこと（東京地判平成 2・8・29 判時 1382 号 92 頁。プライバシー侵害であるが，正当目的に基づく利用であり違法性を欠く）等。

住所，氏名等の公表をもってプライバシー侵害であるという判断は，アメリカ法ではおよそ考えられない（信託違背の法理，財産権，または契約法理論の枠内で保護することを考えるだろう）。

さらに，江沢民講演会名簿事件は，1 審，2 審判決ともに，「私生活上の事実の公表」事案ではないにもかかわらず，『宴のあと』事件で東京地方裁判所が示した諸要件を用

Ⅵ 「私生活上の事実の公表」における法準則

　第3に，わが国のプライバシー不法行為法には，アメリカでの4類型（プロッサの4類型）論が定着していない。そのため，プライバシー侵害が争点となっていると明確に意識されている場合であっても，「私生活上の事実の公表」事案であるかどうか精査されないまま，《被告の言明は「私的」または「個人的」な「他人に知られたくない情報」の開示であって，被告の行為は違法だ》，という原告主張が受容されがちとなる。ということは，公表の要件，非公知性の要件，不快性の要件等が軽視され，アメリカとは違って，不法行為の成立が簡単に認められている（次のⅦ3でふれるように，アメリカにおける不快性の程度は「極度」であることを求めている。これに対してわが国のこの要件の程度は極度

いてしまった（東京地判平成13・10・17，東京高判平成14・7・17）。最高裁判決（最2小判平成15・9・12民集57巻8号973頁）は，これを公表事案ではないと考え，「開示」という用語によりながら，こう述べた。
　「本人が，自己が欲しない他者にはみだりにこれを開示されたくないと考えることは自然なことであり，そのことへの期待は保護されるべきものであるから，本件個人情報は，上告人らのプライバシーに係る情報として法的保護の対象となるというべきである」。
　この判決は，情報の利用目的・提供先を情報主体に事前に十分説明していなかったことを重視するのであろうが，「他者にはみだりにこれを開示されたくない」との考えや期待の利益，すなわち本人のプライバシー選好はプライバシーの保護するところではない，と私は思う。他人に知られたくない個人情報への選好は，実に多様であり，主観的である。要秘匿性や深い不快性を軽視して，《昨今のプライバシー保護は，私生活をみだりに公開されない権利だけではなく，自己情報コントロール権に近い内容も加わってきている》と評することは適切ではない。
　江沢民事件に関する最高裁判所判例解説民事篇平成15年度〔下〕486頁（杉原則彦解説）は，問題の最高裁判決をもって，自己情報コントロール権的となっていると評している。
　また，この傾向を歓迎する学説もみられる。たとえば，前田陽一「プライバシー侵害の不法行為に関する最近の2つの最高裁判決」判タ1144号（2004）95頁は，江沢民事件の処理に関してではあるが，「端的に『プライバシー』を『私生活の平穏』それ自体を保護するだけでなく，『自己情報コントロール』を通じて『私生活の平穏』に対する抽象的な危険（不安感・危惧感）からも保護するための権利ないし法的利益として捉えて理由付けをしたほうが，本件の問題に対して適合的な議論の仕方ではなかろうか」と述べる。
　が，自己情報コントロール権を不法行為の理論として導入することは誤っている。「自己情報コントロール」は，プライバシーの保護領域をますますぼかせ，主観的なプライバシー選好を権利の名で主張することを許してしまう。特に，「開示による具体的な不利益の不存在，開示の目的の正当性と必要性などの事情」を不問とするとなると，情報の自由な流通やそれによる社会的効用はおおいに損なわれる。また，後掲注136）もみよ。

に厳格ではない)。

　第4に，免責事由が定型化されていない。法準則 (legal rule) がない，どころか, standard もない。全面的な個別衡量論につかりきっている。

　(2)　法準則 (legal rule) どころか, standard にも欠ける姿勢を最も鮮明としているのが長良川リンチ報道事件に関する最高裁判例である (最2小判平成15年3月14日民集57巻3号229頁)。この判決は，名誉毀損事案における免責事由の判断方法とプライバシー侵害事案におけるそれとの違いを明確にして，いわく。

>　「プライバシーの侵害については，その事実を公表されない法的利益とこれを公表する理由とを比較衡量し，前者が後者に優越する場合に不法行為が成立するのであるから (引用判例略＝阪本)，本件記事が週刊誌に掲載された当時の被上告人の年齢や社会的地位，当該犯罪行為の内容，これらが公表されることによって被上告人のプライバシーに属する情報が伝達される範囲と被上告人が被る具体的被害の程度，本件記事の目的や意義，公表時の社会的状況，本件記事において当該情報を公表する必要性など，その事実を公表されない法的利益とこれを公表する理由に関する諸事情を個別具体的に審理し，これらを比較衡量して判断することが必要である」。

　この判示部分は，法準則はおろか基準すら示しておらず，多種多様な考慮要素の列挙であり，さらに問題の記事については，目的，意義，必要性等細かく立証するよう求めている点で格別に表現の自由にとって危険である。名誉毀損訴訟においては，「公共の利害」なる免責事由が，かろうじて無定型な個別衡量に陥らないよう統制しているともいえよう。プライバシー事案においては，これすらも放擲されてしまった。アメリカにおいては，到底考えられない事態である。

　プライバシー事案における免責事由について再考する以前に，成立要件 (アメリカ法的にいえば，原告にとって prima facie case となるための要件) に戻って，再検討されなければならない。この局面ほど，日米の違いが顕著な部分は他にない。

　この顕著な違いの根源は，結局は，「私生活上の事実の公表」事案を，表現の自由問題として正面から捉えるか否かという違いにある。

Ⅶ 「私生活上の事実の公表」と不法行為── prima facie case の要件

1 RESTATEMENT (SECOND) OF TORTS §652

(1) 私生活上の事実の公表が不法行為を成立させる要件は，法域によって微妙に違っている。が，すべての法域で参考にされているのが RESTATEMENT (SECOND) OF TORTS §652 (1977) での解説である。そこには，成立要件とも思われる要素を4つあげて，こう述べている（ただし，①～④は阪本）。

　§652D　私生活の公表
　　「他人の私生活（①＝ private life）に関する事項であって，次に該当する事柄を公表（②＝ publication）した者は，プライバシー侵害として不法行為責任に服する。
　　(a) 通常人にとって，極めて不快（③＝ highly offensive）であり，かつ，
　　(b) 公衆の正当な関心事（④＝ legitimate public concerns）ではないこと」

ある代表的なケースブックは，これらの成立要件を (i) publicity, (ii) private facts（上の §652 では，private life と表記されているが，多くの論者は private facts との用語によっている），(iii) offensiveness, (iv) absence of legitimate public concern という 4 要素（four elements）のことだ，とまとめている[106]。

厳密に考えれば，被告の「私生活上の事実の公表」が原告のプライバシー侵害であるとするための prima facie case（一応有利となる主張）は，①～④だけではなく，⑤ 原告の，または，原告に関する（of him or concerning him ＝ 同定性の要件）私生活上の事実を，⑥ 被告が fault をもって公表したこと，を要するのである[107]。

(2) RESTATEMENT §652D には，数々の comment および illustration が付されている。

上の①にいう private life について，§652D comment b は，次のように述

---

106) *See* PROSSER, WADE AND SCHWARTZ'S, TORTS : CASES AND MATERIALS 963 (11th ed. 2005). また，McNulty, *supra* note 19, at 100 にも 4 要素との記載がある。
107) わが国のプライバシー権研究のさきがけとなった伊藤正己『プライバシーの権利』（岩波書店，1963）96 頁以下は，「私生活上の事実の公表」の成立要件として，(i) 同一性（同定性）要件，(ii) 公表の要件，(iii) 私事性の要件，(iv) 受忍限度の要件に言及している。基本枠としては適切である。

べている（以下，comment は「コメント」と表記する）。

> 「人はだれでも，公衆の目に晒さないで，他人には開示しないか，または，せいぜい家族もしくは親友にしか開示しない，行動や事実のフェイズをもっている。たとえば，家族内での喧嘩，不快で恥ずかしい疾病，最も intimate で personal な手紙，家庭内での生活に関する最も詳細な事実，忘れてしまいたい過去の履歴等がこれである。人の生活に関するこれら intimate details が，通常人（ordinary reasonable man）にとって，極めて不快なやり方で（in a manner highly offensive），公衆の目に晒されたときには，その事柄が公衆の正当な関心事でないかぎり（unless the matter is one of legitimate public interest），プライバシーの侵害として訴訟を提起しうる」[108]。

この private life についてのコメント b は，§652D でいう①の private の意義・範囲だけでなく，実は，②〜④すべての要件を包括的に解説するものとなっている。すなわち，同コメントは，①にいう private life とは，例示した家族内での喧嘩のような intimate details（人目をはばかるような細部）に関するものだと解説した後に，②にいう publication とは，公衆の目に晒すこと（正確な意義は，すぐ次に述べる）をいうと簡単に述べ，③にいう highly offensive と④の legitimate public concerns については説明もしないで，すべての要素，①〜④に言及するのである（③と④については，コメント c，コメント d でそれぞれ説明されている）。

2　私生活 Private Life

（1）Private life に関する Restatement のこの網羅的なコメントは，何を含意しているか。

本章の所見は次のとおりである。

第1に，このコメントは，「私生活上の事実の公表」が actionable となるためには，①〜④の要件が満たされなければならない，という要件を一挙に述べようとする趣旨である。言い換えれば，原告が①〜④の主張立証に成功すれば，prima facie case となることを上のコメントは示している。

第2に，このコメントは，「公的領域／私的領域」の二分法を知らない（または当然視しているためにあえて論争の的とはしない）英米法においては，「私生

---

108) Restatement (Second) of Torts §652D cmt. b.

Ⅶ 「私生活上の事実の公表」と不法行為

活上の事実」が拡散しがちとなることを予知したうえで，同事実とは，(i)例示したような intimate details に関する事実であって，(ii)公表されれば highly offensive であり，しかも，(iii) legitimate public concerns に該当しないものをいう，と絞りをかけようとした（ある論者は，「私生活上の事実」の要件と高度の不快さの要件とは，ひとつの要件であるとみるほうが適切である」[109]と述べている。本書は，「ひとつの要件」というよりも，「私生活上の事実の要件は，高度の不快性および公衆の関心事の要件を引証してはじめて明確になる」と考える）。

第3に，RESTATEMENT のコメントは，《ここまで絞れば，表現の自由との対立は最小化される》と考えたのだ。

たしかに，RESTATEMENT §652D の論調をみれば，読者は，それが表現の自由との調整に神経をとがらせていることがわかる。「私生活上の事実の公表」につき不法行為責任を言明者に問おうとする州法および裁判作用が state action であり，これには連邦憲法修正1条上の制約がある，と RESTATEMENT は明言している。この点に着眼して私は，上において，《ここまで絞れば，表現の自由との対立は最小化される》と考えたのだろうと，解説したのである。

そうであっても，なお，「私生活上の事実の公表」の不法行為化を"合憲だろうか"と問う論者は絶えることがない[109a]。

ポズナーは，《プライバシー擁護論者は，私的な (private) とか個人的な (personal) という言い回しを，その論者にとって都合のいいプライバシーとして利用しようとしてきた》という[110]。そのとおり。「**私生活上の事実**」とは，

---

109) *See* R. Post, *The Social Foundations of Privacy: Community and Self in the Common Law Tort*, 77 CAL L. REV. 957, 983 (1989).

109a) *See, e. g.,* E. VOLOKH, THE FIRST AMENDMENT AND RELATED STATUTES 307 (2d ed. 2005).
　　この論者は，同じ頁でこう述べている。「下級審裁判所は，総じて，この種の不法行為を合憲だと判断してきている。が，なかでも『公衆にとって正当な関心事』を幅広く捉えることによって，その成立を厳格に限定して，修正1条との抵触可能性を最小化してきている。かように限定化されたとしても，この不法行為がなぜ合憲であるのか不明である。」

110) *See* POSNER, THE ECONOMICS OF JUSTICE, *supra* note 43, at 272.
　　わが国においても，プライバシーを捉えるにあたって，私事性や要秘匿性は不要であると主張する論者が「個人的」または「私事」なる用語を都合よく使用している。たとえば，佃克彦『プライバシー権・肖像権の法律実務〔第2版〕』（弘文堂，2010）58頁は，『逆転』事件における前科・前歴情報について，こう述べている。

単に「他人に知られたくない私的または個人的な事柄」全般をいうのではない。それは，上にみたように，intimacy, details, high offensiveness といった属性によって次第しだいに限定される。そればかりでない。「私生活上の事実」とは，既に公になっている情報，すなわち，public domain にあってだれでもアクセスしうる情報を当初より控除したものをいうのである。

(2) 「私生活上の事実の公表」類型に関するプライバシー判例の流れをみれば，実際，判例は，「私生活上の事実」または「私事」の範囲を絞って不法行為の成立を限定してきていることが判明する。この「私生活上の事実」または「私事」の絞り方には，大きくふたつの流れがみられる。

第1は，ある事実のロケーションを重視して，だれでもアクセス可能な空間に置かれている情報であれば，それがいかに私的であっても，プライバシーによって保護されない，という絞りである。これが，public domain に置かれた事実のことであり，公然の活動領域および公的な記録に収められている情報をいう。

第2は，問題の行動の中味の絞りであり，保護対象となる事実を，家族または親友に対してしか開示することのない個人的な事実または行動に限定するやり方である。この第2は，すぐ次にふれるように，別個の要件である「通常人にとって高度に不快であること」と重なり合って，違法の結論には簡単に導かないのである。

判例上，私生活上の事実に該当するとされた例は，裸体の写真，風で吹き上

「阪本教授の言う『公的記録』も，被告人・有罪確定者からみれば個人的な行為が後に犯罪として訴追され記録されたというに過ぎず，被告人・有罪確定者の立場からみれば私事の記載されたものといえるのである。つまり，『私事』概念と『公的記録』概念とは両立し得るものであって，相反するものではない筈である」。

家庭内における intimate な行為を超えた，ある社会的相互行為，なかでも，犯罪行為を「行為者からみれば個人的な行為である」とか前科情報という「公的記録も本人の立場からすれば私事が記載されたもの」とかいえるはずはない。本人を基準として判定すること自体，厳密な法的な発想ではない。

また，「私事」が「自分にとっては，他人に知られたくない事実であって，秘匿されてしかるべきもの」という都合の良い言い方は，長良川差戻審における被控訴人側の主張に現れている。通常の犯罪とは比べものにならないほど残虐な犯罪行為に関与した事実は，他人にみだりに知られたくないものだ，というのである。これでは，「人格的利益」の名が泣こうというものである。日本の判例・学説は，前科・前歴や犯罪関与情報を，迷いなく，「私生活上の事実」であると考えているのであるが，これも「私生活」，「私事」を都合よく使用する悪例だと私は思う。

げられたスカートの写真，太股の傷の描写，性行動である。

3　極度の不快性 High Offensiveness

(1)　「私生活上の事実」に該当するか，または，公表行為が「適法／違法」であるかを左右する重要な要素が不快性の要件である[111]。これこそが，不法行為として救済されるべき精神的苦痛の原因と考えられているからである。

不快性の要件につき，RESTATEMENT の§652D コメント b は「公表によって引き起こされた重大な憤慨感」をいうと説明している。ある論者によれば，メディアによる「私生活上の事実の公表」関連判例は，「その当否は別として，問題の公表が公衆の『知る必要』を越えるほどショッキングであることを示唆しているようにみえる」と表現している[112]。これほどに，「極めて不快であること」（極度の不快性の要件）が強調される理由は，個人のプライバシー選好は主観的かつ多様であって客観化しがたいところを，《コミュニティ・スタンダードに照らして，あまりにショッキングで許容度を明らかに超えており，原告の憤慨感も納得できる》と境界線をひくためである。「極めて不快」とは，だれであっても公表されたくない，ということの言い換えとなっている。こうすることによって，判例は，表現の自由との調整を試みているのである。

(2)　プライバシー事案解決のスタートラインで，なぜ，かように調整されるのか。このことは，名誉毀損事案における表現の自由との調整技術と対照したとき，よりうまく理解できる。こういうことである。

名誉毀損においては，*New York Times* 以降の判例は，言明者の道徳的非難要素を，被告が(i)虚偽の事実を摘示したこと，(ii)虚偽であることにつき fault のあったこと，(iii)中傷的な言明内容を公表したことに求め，さらに，言明内容に応じて，被告の fault 水準を変えて，その証明を原告に求めはじめた。これは，伝統的な不法行為理論を活かしながら，不法行為責任を可視化し，表現の自由との対立を調整する技法である。

ところが，「私生活上の事実の公表」事案においては，fault 要件を操作することによって対立利益をうまく調整することができない。なぜなら，この不法行為においては，「真実／虚偽」の区別は関連性をもたず（したがって，真偽に関する fault 要件は関連性を欠き），公表内容の不快性こそが道徳的非難可能性の

---

[111]　See Post, *The Social Foundations of Privacy, supra* note 109, at 983-84.
[112]　Hill, *supra* note 57, at 1258.

要素を決定するものと扱われるからである。この不快性判断は，被告の精神的違法要素とは無関係に判定されざるをえない。この判定は，具体的な要証事実を超えた，コミュニティの良識または道徳水準の価値判断問題となる。このとき，マジョリティの道徳的判断が過剰に反映されないよう（マジョリティの許容する表現だけが保護されることにならないよう），私生活上の事実の範囲を限定し，さらに，その開示が「極めて不快」（ショッキングなほどに不快）であるよう，留意されるのである。

4 公表 Publicity

(1) Publicity の意義について Restatement §652D のコメント a は，「公衆一般または公衆の知得するところとなったのと実質的には同じほど多数者に対してコミュニケートされること」と解説している。名誉毀損の不法行為においては，特定少数者に対する開示でもよいとされていることとは異なっている（名誉毀損法においては publication と表記されて，プライバシーにおける publicity と区別されることがある）。ただし，少数の法域では，特定少数者への開示であってもプライバシー侵害となりうる，とされている。少数州のこの公表要件は，交友の範囲にある人びとに私生活上の事実（本節の2, 3でふれた特徴すべてを満たすもの）を知られたときのほうが不安不快の念が強いはずだ，という考慮からきている。

(2) どちらの「公表要件」が妥当であるか。

名誉毀損の公表と，プライバシーでのそれが，なぜかように異なるのか，法と経済学の観点から，ポズナーは次のように見事に解いてみせる。

> 「ある人物の私的な真実情報が小さな集団の内部で暴露されたときには，その暴露は社会的な〔集団に属するn人にとって〕利益がある。というのも，彼と接触する人びとは真実を知り彼の性格をもっと知りうることになって，彼との取引〔つきあい〕を再考することができるからである。〔これを越えた広範囲への公表の場合であれば社会的効用がなく，これを違法としてよい〕」[113]。

虚偽情報の開示にかかる名誉毀損の場合は，プライバシーとは事情が逆になって，友人や知人の集団との取引（つきあい）にあたって，最悪の社会的損

---

113) Posner, The Economics of Justice, *supra* note 43, at 291. ただし，〔 〕内は阪本。また。後のⅧ(4), さらに第2章Ⅲ 2(3)もみよ。

Ⅶ 「私生活上の事実の公表」と不法行為

失をもたらすことが多い。だから，名誉毀損の場合には特定少数者への開示であっても，不法行為となりうるのだ，とポズナーはいうわけである[114]。このように，公表要件は，どの範囲の開示であれば損害発生の確率が高いかを不法行為類型ごとに識別させるのである。

(3) 上の RESTATEMENT のコメントは，多数者が問題の情報に実際に気づいていなければならないことまでをも含意している。同解説は，「多数」を定義してはいないものの，私生活を暴く手紙を1,000名に対して郵送したり，同傾向の内容のポスターを自宅の窓に掲示する例をあげている[115]。RESTATEMENT がこの例示で簡単にすませるのも，「私生活上の事実の公表」事案の圧倒的多数が，マス・メディアを被告とするものであったために，「公表」要件は当然に満たされていると扱われてきたからである。

(4) 日本法の「公表」要件の理解は，アメリカ法とは異なっているように思われる。

私は，アメリカ法においては，(i) 名誉毀損における「公表」の範囲が「私生活上の事実の公表」でのそれよりも狭く，(ii) 後者においては，問題の事実を不特定多数者が実際に知るところとなっていることを要している，とすぐ上で紹介した。

日本法においては，「公表」要件は次のように理解されているように思われる（名誉毀損における公表要件が盛んに論議されているのに対して，プライバシー法においては，さほど論争を喚んでいないようである）。

---

[114] ポズナーは，名誉毀損はプライバシーよりも厚く保護されるに値する，と考えている。連邦最高裁も，同様の立場を *Florida Star* において示した。連邦最高裁が，フロリダ州法を「倒錯している（perverse）」と評したことについては，前掲注30)をみよ。*See* Florida Star v. B. J. F., 491 U. S. 524, 539 (1989).

[115] 少数の裁判例は，RESTATEMENT のいう要件によらず，原告と特別な関係にある人びと（public）に親密情報が開示されたことで公表要件は満たされるとしている。たとえば，職場の同僚，クラブのメンバー，教会のメンバー，隣人たち，である。公衆一般に伝播された場合よりも，こうした一定の人びとに伝えられたほうが，原告にとっては影響が大きいというわけである（精神的打撃が大）。こうした判例は，RESTATEMENT のいう公表要件を柔軟に適用しながら，実際には，開示の必要性および合理性にウエイトを置いて合法・違法を判断している。Post, *The Social Foundations of Privacy, supra* note 109, at 988 は，少数の裁判例は公表要件を不要としているに等しいという。公表要件は，高度に不快であるかどうか，という要件に解消されているかのように扱われている，ともいえる。

第3章　プライバシーの権利と表現の自由

　第1は，名誉とプライバシーとで，公表の範囲がアメリカ法とは逆転する傾向をみせている。名誉は社会的評価だから，「社会」一般に「公表」されることを要する，という理解だからだろう。プライバシーの場合には，特定少数人に対して開示されるだけでも本人にとって打撃となりうるから，名誉毀損とは違う，と明言する論者もみられる[116]。

　この理解は，一方的である。原告救済メンタリティが前面に出すぎている。これでは，私たちの日常の会話における人のうわさ話までもが不法行為責任に問われることになってしまう。アメリカ法が，公表とは大規模な開示を要するとしているのは，人びとの日常の自由なコミュニケーションが阻害されてはならない，と目配りしているためである。表現の自由とプライバシーとの調整である。もし，"このアメリカ的調整が間違っている"というのであれば，こう説明し直しても良い。

　《特定少数人の間でかわされる他人の私生活に関するうわさ話は，プライバシーによって保護される》。

　なにも，プライバシーは，プライバシー選好を尊重しようとする人だけに存在するのではない。

　第2に，「公表」とは，不特定多数人に対する言明を指すと理解されたとしても，問題の言明がこれらの人間が知りうる状態に置かれれば，公表要件を満たす，とされうることである。伝播可能性があればよい，と解されている理由は，問題の言明は伝播されていくおそれを必ずもっているからだ，というのである。**言明者が伝播した知識が他者の知りうるところになるのは知識の非排他性からして当然である**。この効果をみはからって言明者は表現の自由を行使するのである。伝播可能性を強調する理論は，損害発生を推定していること，また，因果関係を厳格には求めないことと等しい。ここに，「私生活上の事実の公表」事案の異形さが滲み出ている。この異形さに気づかないまま，伝播可能性を必然的にもっている個人情報について「自己情報コントロール権」までをプライバシーの名のもとで主張する論者の思考法は，私には理解できない。

　一定種の情報を公表することについて不法行為責任を問う法制を考えるにあ

---

116) たとえば，小林節「名誉権・プライバシーの権利とその保護」ジュリ884号（1987）194頁，佃克彦・前掲注110）83頁をみよ。プライバシーにおける公表の要件が厳格に定義されてこなかったことは，前科照会最高裁判決（最3小判昭和56・4・14民集35巻3号620頁）にみられたところである。この姿勢も，「名誉／プライバシー」の違い，プライバシーにおける侵害類型の違いに鋭敏でないことに起因している。

たっては,《情報は,公共財だ》,または,《情報や知識は,その主体がコントロールできないから,情報・知識なのだ》という視点を分析の出発点におかなければならない。この観点を亡失して,一当事者だけの「人格権」を掲げることは,人を黙らせる。不法行為の理論ではない。

Ⅷ 公衆の関心事 Public Interest または Public Concern

1 公衆の関心事──免責事由か

(1) 初版の RESTATENMENT OF TORTS §867 のコメント c (1939) は,「指導者,英雄,悪人漢,そして被害者に関して公衆の好奇心を満たす」プレスの権利に言及していた。このことからわかるように,public interest とは,公衆がもっている好奇心・関心事を指す。このことは,public interest が public concern と相互換的に使用されていることからもわかる。

先に私は,RESTATEMENT (SECOND) OF TORTS §652D のあげる諸要件にふれ,これらを4つの elements だと述べている文献にふれ[117],elements を「要素」という非法学的なことばに訳出した。というのも,第4の要素である「公衆の正当な関心事 (legitimate public concerns) ではないこと」が,日本法の法学上のことばでいえば,成立要件にあたるのか,それとも違法性阻却事由を指しているのか,私は自信をもって判定できないからである。

アメリカ不法行為法の代表的な文献である PROSSER, HANDBOOK OF THE LAW OF TORTS は,他の3要素が不法行為を構成するための limitation であって,public figure test (有名人の法理) については被告の立証すべき defense だ,と説明している[118] (有名人の法理は公衆の関心事の定型化したものと思われる)。エプシュティンの不法行為論の体系書も,public interest を privilege のひとつだと解説している[119]。

たしかに,名誉毀損事案においては public interest の理論は限定(条件)的特権 (qualified privileges) のひとつとして位置づけられ,肖像等の無断利用事案においては newsworthiness privilege として解説されることが多い。privilege である以上,それは,被告が主張立証すべき defense の事由である。

---

117) 前掲注106)をみよ。
118) See W. PROSSER, HANDBOOK OF THE LAW OF TORTS §§117-118 (4th ed. 1971).
119) See EPSTEIN, TORTS, *supra* note 27, at 540.

(2) 「私生活上の事実の公表」事案における public interest の理論は，defense の事由ではない，と解するのが適切だと私は理解している。この私の理解は，《名誉毀損と私生活上の事実の公表とは，法的な評価が本来異なっている》ということを背景としている。

両者の最大の違いは，こうである。

名誉毀損事案においては，誹謗的な内容をもっている言明の公表は，libel per se の理論が残っていたように，虚偽事実を公表する行為であって違法だ（wrong）と推定される。ということは，被告が，複数の特権理論のうちもっとも適切なものを選択し，自分の言明は違法ではないことを defense として主張立証しなければならないのである（ただし，*New York Times* 以降は，少なくとも，公職者に関するかぎり，そう断言はできなくなった）。この特権理論のひとつが公衆の関心事の理論である。これに対して，プライバシーにおける「私生活上の事実の公表」事案においては，私生活上の真実情報を公表する言明は真実の伝播であるがゆえに違法であるとは推定されない。ということは，原告が，問題の言明は「公衆の関心事」には該当しないことを主張立証しなければならないのである。

(3) そればかりでなく，今日では公衆の関心事の理論が，コモン・ロー上の法理を越えて連邦憲法修正１条上の法理となっている点に留意されなければならない。連邦最高裁は，*Cox Broadcasting Co. v. Cohn*, 420 U. S. 469 (1975) において，(i) 公表事実が公衆の正当な関心事に関わる事項であれば，プライバシー侵害の訴えは維持できないこと，(ii)「公衆がいつでも閲覧できる公式の訴訟記録に搭載されている真実情報を公表したことを理由にして，州は制裁を課してはならない」こと，を明言したのである。*Cox Broadcasting Co.* は，《公衆の関心事に該当する言明であることが証明されてはじめて修正１条の保障を受ける》とする制限（条件）的特権理論によらなかった。もし，条件をつけるとなると，(i) 表現の自由保障のデフォルト・レベルを低下させることになるばかりか，(ii) 問題の言明が公衆の関心事に該当するかどうかという困難な（客観基準なき）問題に遭遇することになり，(iii) 裁判官がこの判定を避け陪審員の認定に委ねるとすれば，マジョリティのいだくコミュニティ・スタンダードに適合的な言論だけが許容されることになるだろう[120]，からである。

---

[120] Newsworthiness または「公衆の関心事」の理論については，その存在自体に批判的な論者と，その概念の曖昧さをつきながらも，適用しやすいものへ明確化しなければ

Ⅷ　公衆の関心事 Public Interest または public concern

　こうしてみるとある論者とともに、「アメリカ法はこの種の言論（私生活上の事実の公表にかかる言論）を違法の推定をもって制約することを望んでいない」[121]と言い切ってよいかもしれない。

　同じ「公衆の関心事（public interest）」の理論といっても、「真実情報／虚偽情報」の別を基礎としている名誉毀損と、そうではないプライバシーとで異なった法力をもっていることにわれわれは留意しておかなければならない。名誉毀損法は、従来、公衆の関心事理論を特権理論のひとつとして位置づけてきた。プライバシー法においては、そうではない。公衆が正当な好奇心を寄せている真実情報の公表にかかるプライバシー法は、名誉毀損法と比べれば言論保障に傾いており、また、傾くべきである[122]。この点が名誉毀損法とプライバシー法との重大な違いである（⇒第2章Ⅲ2(3)）。

2　公衆に知らせる価値

　(1)　「私生活上の事実の公表」事案での被告が、多くの場合、メディアだったことと関連して、被告は public interest を newsworthiness と言い換えることが多い。Newsworthiness を直訳すれば、"ニュースとしての価値"であるが、厳密な意味でのニュースにかぎらず、"公衆に知らせる価値"といったほどの意味で用いられている。

　Newsworthiness なる概念は、名誉毀損における "matters of public concern" よりも、判例上明確である、と明言する論者もみられる[123]。というのも、(i)

　　ならないとする論者との二派に分かれている。本文で述べたように、表現の自由擁護派の多くは、newsworthiness を public interest から区別したうえで、前者の精緻化、または、裁判所によるジャーナリズムの尊重に期待している。
　　これに対して、プライバシー擁護派は、現行の「公衆の関心事」がメディアののぞき見趣味を助長しており、プライバシー保護には役立っていない、という。See C. Calvert, *Revisiting the Voyeurism Value in the First Amendment: Form the Sexually Sordid to the Details of Death*, 27 SEATTLE U. L. REV. 721（2004）.

121)　S. Gieseler, *Information Cascades and Mass Media Law*, 3 FIRST AMEND. L. REV. 301, 311（2005）. ただし、（ ）内は阪本。
122)　*See* FRANKLIN, et. al., MASS MEDIA LAW, *supra* note 20, at 366.
123)　*See* Gieseler, *supra* note 121, at 311. また、Post, *Public Discourse, supra* note 99, at 684 は、表現の自由と名誉・プライバシーとの間の調整原理に関しては悲観的で、newsworthiness または「公衆の関心事」という概念によって調整しようとしても成功することはなく今後も対立は続く、と予想している。プライバシー擁護論者である E. Bloustein, *The First Amendment and Privacy: The Supreme Court Justice and the Philosopher*, 28 RUTGERS L. REV. 41, 56（1974）は、「いかなる公表であれば『公衆の関

名誉毀損訴訟では勝ち目がないと判断した原告は，同じ事案をプライバシー侵害訴訟として提起することが多いところ，(ii)これに対抗するためにメディア側の被告が newsworthiness 概念をたびたび持ちだした関係で，判例の件数が多く，(iii)そのさい，メディア側が受け手である公衆の（正当な）関心よりも，発信者であるメディアの関心の正当性を前面に出しながら，newsworthiness なる概念に訴えかけ，(iv)《公衆に知らせる価値がある》と焦点を絞る戦略として有効となってきているからである。

　裁判所は，「私生活上の事実の公表」事案の大多数で，事実審段階以前に，被告による「公衆に知らせる価値」の申立てを受け，原告の請求を summary judgement によって却ける傾向にある，といわれる[124]。これは，newsworthiness の有無についての判断を裁判所が差控えて報道機関側の主張を尊重しようとするためだ，と解説されることが多い[125]。Summary judgement の手法が多用されるのは，陪審員によってニュースとしての価値が判定されることを避けるためでもある。

　(2)　これまでの判例のなかで newsworthiness につき最も詳細に分析したのが，*Diaz v. Oakland Tribune*, 188 Cal. Rptr. 762 (Cal. Ct. App. 1983) だ，といわれることがある[126]。この事件は，学生組織の執行部の原告が性転換手術を受けた人物であることを公表したことのプライバシー侵害が争われたものである。裁判所は，newsworthiness について裁判所みずからが判断することを避け，陪審員に次のような説示をした。Newsworthiness の有無は現在のコミュニティの良俗と品位によって左右されるところ，さらに，① 被公表事実の社会的価値，② 私的領域への侵入度，③ 原告による積極的関与の程度の3つの要素によって認定すること。

　詳細だと評されるわりにはこれは中味に欠けている。この程度では，名誉毀損における公衆の関心事の理論と変わりはない，といわざるをえない[127]。

　　　心事』であるか明確に理解されてはいない」という。
124)　See Volokh, *supra* note 5, at 1089, 1096. E. ヴォロクフ（E. Volokh）は，公衆の関心事テストは放擲されるべきだ，という。
125)　参考となるのが，ニューヨーク州の判例，Gaeta v. New York News, Inc., 465 N. E. 2d 802 (N. Y. 1984) であろう。裁判所は，マスメディアによる「公衆の関心事」該当の判断は合法であると推定され，「重大な無責任さ」または「専門ジャーナリズムとしての正当な配慮水準を満たしていない」という立証があってはじめて違法となるとした。
126)　See Gieseler, *supra* note 121, at 311.

Ⅷ 公衆の関心事 Public Interest または public concern

(3) RESTATEMENT の§652D コメント d にみられるように,「公衆の関心事」は「正当な公衆の関心事」(legitimate public interest) へと限定されるのが通例である[128]。初版の RESTATEMENT にはなかった「正当な」というフレーズが第2版に取り入れられたのは,初版以降の州の判例がこのフレーズによってきたためである。

ところが,「正当な公衆の関心事」となると,いかなる言明が許容されるのか,ますます事前の予測は困難となる。そればかりか,「正当/不当」という線引きは,国家機関である裁判所が当然になしうるものだとする思考そのものが表現の自由とは共鳴していない[129]。

「私生活上の事実の公表」事案における「正当な公衆の関心事」という概念は,公民であれば関心を抱くべき事柄を指すものとなっている。これは,規範的な性質というより,道徳的な臭いをもっており,言論のもたらすべき影響・効果を一定方向に誘導し,型にはめようとする見方である。「思想の自由市場」論とは相容れない。このことは,名誉毀損の不法行為法制とを比較すればよりうまく理解できる。

(4) 英米における名誉毀損は,原告に関する虚偽情報を公表した被告の行為につきその法的責任を問う法制だ,と本章はこれまで何度もふれてきた。そして,名誉毀損の保護とプライバシー保護との違いをはっきり理解しておくことの重要さについても本章は語ってきた (⇒先のⅦ2, 3)。

このふたつの法制の違いを「法と経済学」的な観点から捉え直せば,さらに明確になる。こういうことである。

名誉毀損の法制は「市場の失敗」を矯正するものとなっている。これは,ちょうど公害原因を市場にまき散らして社会的費用を発生させながら自分の利益をあげている者に対して一定の金銭的負担を強いることによって「市場の失敗」に対処しようとするのと似ている。すなわちアメリカの名誉毀損法は,**虚偽情報を公表することによって社会的費用を発生させ,しかも,原告に被害をもたらしながら自分の利益をあげている被告の行為に賠償責任を負わせること**によって「市場の失敗」に対処する法制である (⇒第2章Ⅳ(3))。

---

[127] *Ibid.*
[128] RESTATEMENT (SECOND) OF TORTS §652D cmt. h.
[129] Post, *Public Discourse, supra* note 99, at 675 は, newsworthiness の規範的な捉え方は *New York Times* の哲学を堀り崩すだろうと警告する。

これに対して「私生活上の事実の公表」は，原告に関する真実情報の公表である。この公表は社会的費用を発生させておらず「市場の失敗」の例には該当しない。にもかかわらず，この不法行為法制は，公表者に法的責任を原則負わせながら，「正当な公衆の関心事」に該当すると裁判所が判断したとき，責任を免除するものとして運用されている。「市場の失敗」にも該当せず，原告の被った損害発生を擬制し，公表行為と損害との間の因果関係の証明を要求しない法制は，原告の主観的なプライバシー選好を保護する法制である。この法制における「正当な公衆の関心事」という免責事由が，何ゆえ表現の自由との調整に成功しているといいうるのか，説明はつきがたい。

　規範的・道徳的な「公衆の正当な関心事」は，「市場の失敗」を是正するための理論ではなく，生産者（言明者）が市場に提供（供給）するサーヴィスの質・量を法定（公定）するための理論のように思われる。適正に供給されるサーヴィスが消費者によって消費されるべきだ，という思考である。これは，道徳的判断を論拠として供給サイドで需要サイドを統制しようとするものであって，自由市場の原理に反する発想である（⇒第1章Ⅳ）。

(5)　供給サイドで需要サイドを統制しようとする道徳的発想は，日本の名誉毀損法にいう「公共の利害」の解釈には各所にみられる。そればかりか，「公共の利害」の意味合いがいかに不定形か，先例をみればわかる。

　その典型例が「長良川リンチ報道事件」差戻審判決（名古屋高判平成16・5・12判時1870号29頁）である。関連部分を引用してみる（なお，以下の引用文中における(a)～(d)のゴチ部分は阪本。「公共の利害」以外にも「公益を図る」について私が言いたいことは多数あるが，議論の錯綜を避けるためにこの部分は省略する）。

　　「ア　本件記事は，犯罪（特に本件は……凶悪かつ残虐で重大な犯罪というほかない。）に関するものであり，(a)**一般社会における正当な関心事**というべきものであるから，公共の利害に関する事実であり，専ら公益を図る目的で掲載，発行されたものということができる。

　　イ　公共の利害に関する事実とは，その事実を公衆に知らせ，これに対する批判や評価の資料とすることが，(b)**公共の利益増進に役立つ**と認められるものであって，私人の私生活上の行状であっても，社会への影響力の程度によって，(c)**公共的な観点から必要な批判ないし評価の一資料**となり，公共の利害に関する事実にあたる場合があり，その当否は，摘示された事実自体の内容・性質に照らして客観的に判断されるべきものであると解されるところ，

Ⅷ 公衆の関心事 Public Interest または public concern

本件のような凶悪かつ残忍で重大な犯罪事実及びこれに関連する事実は，客観的に見て社会への影響が大であり，(d)**一般市民において関心を抱くことが**もっともな事柄であると考えられるから，……犯人が犯行時に少年であったことをもって，直ちに公共の利害に関する事実であることが否定されるものではない」。

(6) これを読むと，「公共の利害に関する事実」がいくつかに言い換えられていることがわかる。

まず，上の(a)および(d)でのゴシック部分は，アメリカ的な public interest, すなわち，「公衆の関心事」を思わせる。というのも，public とは，特定されない n 人（公衆，だれも）を指し，この意味合いは判示部分の(a)にいう「一般社会」と，(d)にいう「一般市民において」という言葉に反映されている。また，興味・関心事を指す interest は，(a)においては「関心事」と，(d)においては「関心を抱くこと」と表現されている。(a)および(d)のゴシック部分は，"公衆の知りたがっている事実を自由に公表すれば，n 人の選好を満足させ，そのぶん，社会的効用が増加することになる，こう期待するのが表現の自由保障のねらいなのだ"といいたいのではないか，と読みたくなる。

しかしながら，この期待は，判示部分イへ読み進むにつれて次第に薄れていく。

というのも，(b)および(c)は，n 人の選好を満足させるだけでは足らず，「公益性」ニュアンスが登場して，問題の情報に接した人びとが「公共善」または「善なる社会」を考える素材とするであろうこと（たとえば，ノンフィクション『逆転』事件最高裁判決風に言えば，歴史的な意義を振り返るために知ろうとすること，公選にかかる候補者の適性・能力を判断・評価する素材として良き選挙人になること）を指しているように思われる。アメリカ的な public interest が市場に流れ出る情報の適切さの判断をできるだけ裁判所（官）にさせないよう留意されているのに対して[130]，日本的な「公共の利害」は，「善なる社会の促進のために，それにふさわしい質をもつという公益性」を裁判所（官）に判断させようとしているようである。これは，public を citizen（＝公民）として捉えること，市場に流れ出る情報に「望ましい／望ましくない」，「上品／下劣」とい

---

130) *See* Gertz v. Robert Welch, Inc, 418 U. S. 323 345-46 (1974). この *Gertz* は現実の悪意ルールを公衆の関心事にまで適用した Rosenbloom v. Metro Media, 403 U. S. 29 (1971) を拒否したのである。また，前掲注102)およびその本文をみよ。

う道徳的な，または，政治的な価値判断を入れている，といってもよいだろう。日本法のこの道徳的色彩は，どこからくるものか。

プライバシー事件の違法性阻却事由における standard として，たとえ，「公共の利害」が援用可能であるとしても，現状の捉え方では阻却事由を阻却するかのごとくである。

本章のまとめ

(1) 私は本章の冒頭で，《わが国の判例・通説はプライバシー保護に傾きすぎている》と述べた。このことを論証するために，アメリカにおける「私生活上の事実の公表」事案の判例・学説を紹介してきた。紙幅の関係で，私は日本における「私生活上の事実の公表」に関する判例・学説を詳細には分析せず，いわば所与の事柄として扱ってきた。日本法に関する私なりの分析は他日を期す。ここでは，アメリカ法と比較したとき，日本法理論に顕著な特徴を列挙するにとどめる。

① プライバシーに関するリーディング・ケースである「宴のあと」事件東京地方裁判所判決（昭和39・9・28判時385号12頁）以来，「私的」または「個人的」という用語が精査されることなく，論者の望ましい結論を誘導するよう融通無碍に使用されている[131]。「私的」または「個人的」な情報に該当するかどうかが決定的であるかのように扱われている。これに該当するとみられれば，他の成立要件が絞りとして機能していない。

② そのため，「私的」または「個人的」といわれる範囲は，外から観察してすぐに判明する人の特徴，つまり public domain に置かれている人の情報をも含むところまで拡大されている[132]。このことは，日本法の理論が，「私生活上の事実の公表」と「誤認を生ぜしめる公表」との違い，さらには，intentional infliction of emotional distress（IIED）との違いに神経質ではないためである。プライバシー侵害だと主張される事案においては，「私生活上の事実の公表」ではないケースであっても[133]，「宴のあと」判決の示した成立要件が枠組みとして漫然と用いられることが多い。このことは，プライバシー侵害の成立要件

---

131) たとえば，前掲注110)参照。
132) 前掲注105)にふれた複数の下級審判決をみよ。
133) 前掲注105)をみよ。

③　プライバシーに関する裁判例は,「宴のあと」判決のいう「要秘匿性」および「私事性」の要件を重視せず,「他人に知られたくない情報」であれば,簡単にプライバシーの保護領域に属する,としている。言い換えれば,「私的」または「個人的」事柄というフレーズが「社会通念からみて他人に知られたくない情報」と相互互換的に用いられ,アメリカ法でいう details of one's intimacy とは別物を指すようにまでになっている。

　④　「他人に知られたくない情報」が上の①〜③のように理解されているため,この情報が公開されれば,「不快・不安の念を覚えた」との主張が簡単に成立する。さらに,正当な注意義務を払えば,他人に知られたくない情報を公開し原告に不快・不安の念を覚えさせることは回避できたはずだ,と被告の過失が簡単に推定されてしまう。これは,日本法理論がプライバシーの保護法益を人格的利益,厳密にいうと,精神的平穏さという人格的利益を重視するためであろう。こうなると,損害の発生と因果関係の要件が厳密に問われなくなる。プライバシーを論ずるにあたっても,日本は尊厳の国である[134]。日本法の理論には,プライバシー不法行為が,異形ではないか,という迷いがない。「人格的利益」という高邁な用語が人びとの目を曇らせている。

　⑤　日本法における「不快性」の要件は,アメリカ法でいう「極めて不快」または「重大な憤慨の感覚」とは違って,厳格ではない。日本法は,主観的で多様なプライバシー選好の保護に拡張されている。これも,「人格的利益」という用語が精査されないためである。

　⑥　そればかりでなく,プライバシー選好それ自体を保護する法制になった日本法が不思議がられないのは,一部は,プライバシーとは自己情報コントロールだ,という学説の影響である(自己情報コントロール権も「人格的利益」だと説かれ,犯罪に関する個人情報も人格的利益となっている。これでは,カントが泣くだろう)。アメリカにおいては,自己情報コントロール権説は,通説でも有力説でもない。法哲学者や「法と経済学」論者は,自己情報コントロール権は主観的権利論としては成立不可能と考えている[135](⇒第2章Ⅲ)。ましてや,

---

[134] アメリカは「尊厳の法体系の国」ではなく,「自由の法体系の国」であることについては See Whitman, *supra* note 91. 大陸の法学者がアメリカ法のいう personal right という用語に接したとき,訳出しようがないと感じるのは,法体系の違いのせいだろう。この違いを軽視してわれわれが personal right を「人格的権利」と訳出するとすれば,軽率である(⇒第5章Ⅰ(1))。

曖昧な自己情報コントロール権が，表現の自由との対立領域（不法行為プライバシーの領域）で前面に出されることはない。この新説が「私生活上の事実の公表」事案において前面に出されたとしても，アメリカの判例・学説は一瞥もしないだろう。これに対して日本においては，秘匿性要件から解放された自己情報コントロールとしてのプライバシー概念が，表現の自由と対立する事案においても，推奨されている。摩訶不思議なことである[136]。

⑦　なるほど，日本法は，違法性阻却の段階で表現の自由への配慮を示そうとする。ところが，免責事由に関する法準則は確立されておらず，長良川リンチ報道事件最高裁判決までは，相当数の判例は，名誉毀損における「公共の利害」概念を援用していた（たとえば，『逆転』事件における東京高判平成元年9・5判時1323号37頁をみよ）。この「公共の利害」が何を指すのか，わが国の判例・学説は明確な回答を与えていない。さらには，「公共の利害」という免責事由によって表現の自由との調整を図ろうとすることに，懐疑がない。それど

135）アメリカの情報プライバシー権の主観的権利論争については，Peikoff, *The Right to Privacy*, supra note 7，および，邦語文献として，さしあたり，第2章の脚注2）および26）にあげたものを参照。

136）ただし，民事法研究者のなかには，自己情報コントロール権説の「魅力と危うさ」を冷静に説くものもみられる。たとえば，山野目章夫「私法とプライバシー」田島泰彦ほか編著『表現の自由とプライバシー』（日本評論社，2006）34頁をみよ。また，下級審判例のなかには，東京地方裁判所判決（平成18・3・31判タ1209号60頁）のように，自己情報コントロール権を法認するとなると，(i)有名人の財産権またはパブリシティの権利との違いが不鮮明となること，(ii)コントロールの外延が明確でないこと，(iii)私生活上の平穏を確保して自律的に形成される個人領域を保持するという人格権としてのプライバシー概念からずれること等を指摘したうえで，自己情報コントロール権は「法的保護に値しないと解するのが相当である」と判断したものがある。この判示部分は，自己情報コントロール権が over-inclusive（過剰包摂）であることを見抜いている点で，堅実である。なお，この事件は，週刊誌「FLASH」が世に知られたお笑いタレントに関する記事や写真を掲載したことが原告のプライバシーの権利および肖像権また肖像権類似の人格権を侵害したとして争われたものである。

　この東京地判と，前掲注105）でふれた神戸地判（平成11・6・23判時1700号99頁）とは対照的である。後者はこういう。

　「個人の情報を一定の目的のために公開した者において，それが右目的外に悪用されないために，右個人情報を右公開目的と関係のない範囲まで知られたくないと欲することは決して不合理なことではなく，それもやはり保護されるべき利益であるというべきである。そして，このように自己に関する情報をコントロールすることは，プライバシーの権利の基本的属性として，これに含まれるものと解される」。

　この判決の思考は，情報主体が"他人には知られたくない"という主観的な選好をあまりにも重視している。プライバシーという法的利益は，かような主観的な選好に及ぶものではない反面，「自己情報コントロール」という主意主義的選択とは無関係であることもある。*See* SOLOVE, *supra* note 9, at 20.

ころか，アメリカ法の public interest, すなわち「公衆の関心事」と，日本法にいう「公共の利害」とは，全く別の概念となっている。「公共の利害」で調整しないとする長良川リンチ報道事件最高裁判決は，これまでの道徳主義的な「公共の利害」の魔術から解放されているとはいえ，あまりに個別的利益衡量となっている（⇒Ⅵ 3）。

⑧　わが国の判例・学説は名誉毀損とプライバシー侵害との区別を曖昧なまま残している。名誉やプライバシーが，それぞれ独立の権利であることを真剣に考えれば，名誉権侵害とプライバシー権侵害事案における成立要件（たとえば，公表の要件[137]）や免責事由（たとえば，public interest の中味[138]）は，それぞれ別個であることが判明するはずである。また，上の②でふれたように，「私生活上の事実の公表」事案とは似て非なる「誤認を生ぜしめる公表」や intentional infliction of emotional distress との違い，さらには，信用毀損，名誉感情侵害，著作権侵害，信頼違背等々の法領域とのすりあわせが十分ではない。その代表的な判例が「石に泳ぐ魚」最高裁判決である（最3小判平成14・9・24判時1802号60頁）。

(2)　以上の特徴は，どこから来るか？

わが国の判例・学説には，第1に，「私生活上の事実の公表」事案が表現の自由と対立する憲法問題だ，という意識がないこと[139]，第2に，この不法行為法が不法行為理論の本道からずれているという自覚がないこと，これが原因である[140]。わが国の不法行為プライバシーに関する裁判例の発想の原型は，謝罪広告請求事件における最高裁判決にある。最高裁はこう明言している。「他人の行為に関して無根の事実を公表し，その名誉を毀損することは言論の自由の乱用であつて，たとえ，衆議院議員選挙の際，候補者が政見発表等の機会において，かつて公職にあつた者を批判するためになしたものであつたとし

---

137) 前掲注115)およびその本文参照。
138) Ⅷでの2(3)をみよ。
139) ある論者は，「公的人物の法理，公共の関心事の法理と呼ばれる法理は，日本では，それ自体単独で機能するというより，違法性の有無を判断する際の要素として考慮すれば足り，独自の違法性阻却事由となるものではない」という。宮原監修『名誉毀損・プライバシー』（ぎょうせい，2006）171頁（段貞行執筆）をみよ。
140) アメリカの不法行為法における本道を述べている前掲注27)のエプシュテインの留意事項を参照。もっとも，日本の不法行為法制は，民法710条にみられるように，英米では「寄生的権利」と位置づけられている法益をも救済の本道にとり入れているのだろうが。

第 3 章　プライバシーの権利と表現の自由

ても，これを以て憲法の保障する言論の自由の範囲内に属すると認めることはできない」（最大判昭和 31・7・4 民集 10 巻 7 号 785 頁）。すなわち，《不法行為に該当する言明は，もともと憲法 21 条の埒外であって，表現の自由保障と対立することがない》との思考ある[141]。

これに対して，アメリカ法は，民事事案であっても，そこに表現の自由にとって制約となりうる state action を見出し（⇒第 3 章 II 1(3)），これを表現の自由に特有の「法準則」で統制しようとしている[142]。一見，私人間を規律する不法行為法であっても，連邦最高裁は，ある言明につき法的責任を負わせる州法（および州法を解釈して判例）も，**州裁判所が作り上げてきたコモン・ロー上の原則も，state action** だと捉えて，これを修正 1 条上の「法準則」によって統制しようとするのである[143]。個別的利益衡量に逃げ込まない。

もっとも，《アメリカがプライバシーよりも表現の自由保護に傾きすぎている》，このことは否定できない。その点で，アメリカが異例の国であり[144]，表現の自由フェティッシュの国だともいってよいかもしれない。しかし，だからこそ彼の国は，tortious speech の憲法問題に鋭敏なのであり，その異例さが日本法（憲法理論，不法行為理論）の異例さを浮き彫りにするのである。

　　　　　＊　　　　＊　　　　＊

本章は，立教法学 76 号（2009）および立教法学 77 号（2009）にそれぞれ公表した「プライバシーの権利と表現の自由(1)」「プライバシーの権利と表現の自由(2・完)」を，第 1 章および第 4 章との連続性がみてとれるよう加筆修正したものである。

---

141) 謝罪広告最高裁判例は今でも先例として生きているようである。というのも，『逆転』事件における最高裁の次の判示部分はこう明言しているからである。「前科等にかかわる事実を公表することが憲法の保障する表現の自由の範囲内に属するものとして不法行為責任を追求される余地がないものと解することはできないからである。この理は，最高裁昭和 28 年（オ）第 1241 号同 31 年 7 月 4 日大法廷判決・民集 10 巻 7 号 785 頁の趣旨（謝罪広告強制事件判決）に徴しても明らか」である，と。ただし（　）内は阪本。この判示部分を額面とおり読めば，《最高裁は，tortious speech 事案が憲法問題とは無縁であると考えているのではなく，民法の不法行為規定およびそれに関する判例は，憲法 13 条と 21 条との調整の成果であって，違憲の疑いはない》といいたいのかもしれない。が，前掲注 103) にあげた調査官（滝澤孝臣）解説は，「不法行為に関する法令の解釈」を検討すれば足りる，と述べている。上の判示部分は当事者の一方が表現の自由を前面に押し出している主張に最高裁が応答しただけだ，と同解説はいいたいのだろう。
142) 前掲注 31) をみよ。
143) 前掲注 31), 52) をみよ。
144) 前掲注 31) をみよ。

第4章　財の市場とアイディアの市場
——市場という制度と企業という組織

>　いかなる社会体制も，それが（法律的に）平等な契約当事者間の自由な契約の網目の上だけに基礎づけられたものである場合には，またそのなかでの各人彼自身の（短期的な）功利的な目的のみによって導かれていると考えられるような場合には，うまく作用しえないものである。
>
>　　　　　　　　　　J. シュンペーター，中山＝東畑訳
>　　　　　　　　『資本主義・社会主義・民主主義〔下巻〕』
>　　　　　　　　（東洋経済新報社，改訂版，1962）793頁

はじめに

(1) 本章のねらい

　本章の検討課題は，「思想の自由市場」といわれているもの（私は「アイディアの自由市場」という表記の仕方を好む）と，財やサービスの自由市場といわれているもの，すなわち，「経済の自由市場」（以下，「財の市場」という。単に「経済市場」と表記することもある）とが，はたして異質なのか，それとも同質または対称性をもつものと考えてもいいのか，という点に向けられている。

　ふたつの「市場」に関しては，対立するふたつの捉え方がある。対称性を肯定するものと否定するもののふたつである。それぞれの説いているところをこれまで双方検討してみると，私は"あるいは両者の対称性を容認するほうが適切なのではないだろうか"と感ずるところまで来ている。が，まだ詰めきれてはいないのが実状である。この課題を検討しはじめたとき，私は簡単に結論に到達するだろうと予期していた。ところが，多数の論者の多用な見解に接すれば接するほど，いろいろな課題や難関が控えていることがわかってきた。捕まえるべき姿は，はるか遠くにあり，私の思考もまだまだ道半ばというところである。

(2) 本章の接近法

　まずは本章の関心につき，以下の行論がどのような接近法によっているかを

第 4 章　財の市場とアイディアの市場

述べる。

　本章は,「法と経済学」を基礎にしながら,財の市場とアイディアの市場とをそれぞれ特徴づけようとしている。もっとも,法と経済学,law and economics というときの law のほうにウエイトを置くか,それとも economics にウエイトを置くかによって,議論の進行方向は,相当違ってくる[1]。本章は economics に重心をかけて論を展開していく。

　これまでの先行業績のうち,economics の観点にたって「思想の自由市場」分析に踏み込んだものは数少ない。これまでの業績は,law の観点にたった,法学者の手によるものだった。O. W. ホームズ（O. W. Holmes）裁判官や L. ブランダイス（L. Brandeis）のいう free trade in ideas や free marketplace of ideas というフレーズに接したとき,法学者はまず,財の市場を連想しながらも「思想の自由市場」と「財の自由市場」との非対称性（asymmetry）を当然視し,非対称性を意図的に強調して,両者の対称性を問い直そうとはしなかった。特に,ニューディール期以降のアメリカにおいては,連邦政府による経済市場への介入を正当化する革新派（the Progresives）の法理論が法学界を席巻した（⇒第 1 章「はじめに」,第 5 章Ⅲ(1)）。にもかかわらず（革新派の法理論だからこそ）,法学界は,修正 1 条領域においては,建国以来の政府不介入原則を説き続けてきた。ここに,「民主制のために必須の精神的自由＞（／）民主過程によって規整されてしかるべき経済的自由」,「公民の基本権としての表現の自由＞（／）経済人の基本権としての経済的自由」という階層理論ができあがった。「二重の基準」論として知られる法理論が学界のマジョリティを占めはじめた。この論調のなかでは,ふたつの「市場」の同質性または対称性を振り返る動きは警戒された。

(3)　R. コースの業績

　こうした学界の風潮に一石を投じたのは,経済学者だった。

　この嚆矢は,R. コース（R. Coase）の論攷,*The Economicis of the First Amendment: The Market for Goods and the Market for Ideas*, 64 AM. ECOM. REV. 384 (1974) だった。

　コースの問題意識は,従来の表現権理論が判例中心,それも連邦最高裁判例

---

[1] 参照,林紘一郎編著『著作権の法と経済学』（勁草書房,2004）3 頁以下。この点については,本書の第 1 章「『思想の自由市場』論の組み直しに向けて」でもふれたところである。

のいうところに限定されてしまって，経済学者の議論が軽視されてきたことに向けられていた。

　連邦最高裁判例と憲法学界は，民主的な政治機構へのコミットメントを強調しつつ，これと修正１条（表現の自由）とを関連づけてアイディアの自由市場論（政府不介入原則論）を展開し，他方，財の市場に関しては，それが生み出す数々の弊害を強調しつつ，民主過程を通しての問題解決の必要（政府介入必要論）を強調してきた。この傾向が顕著になったのはニューディール期以降である。ニューディール期といえば，経済学におけるケインジアン政策の隆盛期でもある。以来，経済的自由に関しては政府による規制に期待し，表現の自由に関しては政府の規制を警戒する，という，わが国でもお馴染みの法的思考が判例・学説の主流となった。

　民主制について上のコース論文は，こういう。

　　　「民主政についての検討は避けるが，この政治体制が現実にもたらしたものは山ほどの『市場の失敗』だ，という点にふれるだけで十分だろう」[2]。

　かく述べた後，彼は「『アイディアの自由市場』が民主政維持に必須であるという見解に影響されたインテリは，この市場を高く評価し，財の市場を低く評価する傾向をみせている。私はこの立場に賛成しかねる」というのである[3]。そしていわく，

　　　「ふたつの市場における政府の役割をどう考えるか，という（知識人の）見方の齟齬は異常であり，解明を要するところである。特に，『アイディアの自由市場』への政府介入を警戒する論者ほど，経済市場への政府介入に積極的だ，という傾向は驚くべきパラドックスである」[4]。

---

[2] See R. Coase, *The Economicis of the First Amenedment : The Market for Goods and the Market for Ideas*, 64 AM. ECOM. REV. 384, 385 (1974). 上の引用文でコースが「市場の失敗」と表現するとき，そこには大きな皮肉が込められている。正確にいえば，"政府がこれだけ「市場の失敗」を理由に市場介入しているのにもかかわらず，失敗ばかりだ。つまり「政府の失敗」の連続だ"となる。あまりに肥大化した政府はもはや統制がとれないのだ。

[3] *Ibid.*

[4] *Ibid.*, at 386. （　）内は阪本。このパラドックスについてコースは，①表現の自由の大切さを強調するのは，知識を販売する知識人の自己利益のためである，②この主張は，表現を売り物にするプレスの利己利益とも絡んで，さらに増幅される，と謎解きをしてみせる。

第4章　財の市場とアイディアの市場

　上の 1974 年の論攷に続いてコースは，*Advertising and Free Speech*, 6 J. Legal Stud. 1 (1977) において，前作の問題意識をさらに発展させて，次のように問いかけてくる。

> 「政府介入の擁護論拠は，財の市場におけるよりも，『アイディアの自由市場』におけるほうが強力になることはすぐに明白になってくる。というのも，『アイディアの自由市場』においては，財産権が（正確に）定義されていないために法的に執行されがたく，そのためにうまく作動せず，これをうまく機能させようとすれば政府による介入が望ましい，ということになるからである（この理屈は通常の経済理論である）」[5]。

　コースにとっては，「通常の経済理論」ではあろうが，通常の人が上の引用文の含意を十分に理解することは難しい。上の引用文にいう「財産権が（正確に）定義されていないために法的に執行されがたく，そのためにうまく作動せず，これをうまく機能させようとすれば政府による介入が望ましい」とは，コースの定理を指している。

　コースの定理とは，**所有権が確定されているならば政府の介入がなくても市場の外部性の問題は解決される**，との命題をいう。上の引用文は，この定理の逆命題を述べたものである。

　このコースの定理に従って，ふたつの市場の分岐点とされてきた営利的表現（広告物）を例にとりあげ，コースは最高裁判例の法理論を批判していくのである。

　当時の最高裁判例は，営利広告を修正 1 条の保護領域外に置いていた。その代表的先例が *Valentine v. Chrestensen*, 316 U. S. 52 (1942) である。コースは，「この判決は，数々の疑問点を残したままであって，いずれ解体されることは不可避であるように思われる」[6]と予言した。

　コースは，広告に修正 1 条の保障が及ぶかどうかを決定する考慮要素は何であるのか，と問い，次のように議論を展開した[7]。

> 第 1．メッセージを伝達していることが決定的要素であれば，修正 1 条の保障は広告に及ぶ。

---

5) R. Coase, *Advertising and Free Speech*, 6 J. Legal Stud. 1, 4 (1977). ただし（　）内は阪本。
6) *Ibid.*, at 16.
7) *Ibid.*, at 21.

第 2. 伝達されるメッセージが販売対象(商品)と直接に関連していることを理由に，修正 1 条の保障を否定するということも考えられる。が，そうであれば，新聞，書籍，教育プログラムの販売促進の広告が保護領域外となる。これでよいはずはない。

第 3. 営利団体による広告であっても，販売者にとっての利益・動機だけではなく，購入希望者の利益・動機が決定的要素であれば，広告も修正 1 条の保護領域内にあるはずである。

コースにとっての決定的要素は，《あるアイディアが人によって受容されたり拒絶されたりするのはアイディアの自由市場での競争に服しているからこそだ》という点にある。言い換えれば，経済自由市場での競争は，アイディアの自由競争でもある，ということである。

このように，修正 1 条の基本的な考え方が「自由競争」に求められたとき，*Valentine* の法理は維持しがたく，「いずれ解体されることは不可避」と予言したのである。

この予言は的中した（ただし，連邦最高裁による判例変更の理由がコースの論文にあると私はいっているのではない）。*Virginia State Board of Pharmacy v. Virginia Citizens' Council*, 424 U. S. 748 (1976) である。最高裁は，経済市場がメッセージ伝達や資源配分方法，さらには政治体制とも関連している，と明言するに至ったのである。

ある言論が修正 1 条の保護領域にあるというためには，この連邦最高裁のように，経済体制は政治体制とも関連しているからだ，という点を強調すべきなのか，それとも，コースのように，政治的言論も競争市場における財であるからだ，という点を強調すべきなのだろうか。

法学の徒も経済学の知識，経済学者の市場分析に学ぶべきである。

(4) **本章のプロット**

市場の秩序を捉えるにあたっての基本的な視座は，経済学者の O. ウィリアムスン（O. Williamson）の『市場と企業組織』[8] に置きながら論を展開するのが定番となっている。これは，市場における組織の役割を重視する新制度派経済学（New Intitutional Economicis）の視点だ，といってよい（この点については，後の Ⅷ でふれる）。

---

8) 参照，O. ウィリアムソン，浅沼萬里＝岩崎晃訳『市場と企業組織』（日本評論社，1980）。

第4章　財の市場とアイディアの市場

　私は，この新制度派経済学もさることながら，それ以外の主要な学派である，新古典派経済学（Neoclassical economics），オーストリー経済学（Austrian economics,「オーストリー学派」ともいわれることがある）の分析軸をも呈示し，それぞれがどう述べているか次第に明らかにしていくことしたい。
　私がまずは経済学にウエイトを置いて述べるのは，財の市場の経済学的な分析から始め，その市場の秩序・構造の特徴を捉えた後，この特徴がアイディアの市場についても通用するのではないか，という私の勘をエンドースするためである。
　上の(2)でふれたように，アメリカにおいても，わが国においても，通説的憲法学は，アイディアの市場と財の市場との違いを強調してきている。この通説的な見方が，「精神の自由／経済の自由」という二分論のもと，前者に対する政府介入には警戒的でありながら，後者に対する政府介入には寛大であってよいどころか介入に期待する，という理解をよんできた。私は，この理解を批判的に捉えて体系的に組み換えることを最終的にねらっている。本章はそのための第1歩である。

(5)　次節への見通し

　本章は，「財の自由市場とアイディアの自由市場」と銘打ってあるものの，財の市場のほうに専らウエイトを置き，この分析を通して得た知識がアイディアの市場についても一定程度活用できるだろう，という筋道を述べる。この私の関心の最終的なねらいは，日本法学でいう「思想の自由市場」論がいかなる論拠で正当化できるか，と問い直すことにある。私は，既に本書の第1章において，「思想の自由市場」論を組み直すにあたって，① わが国の通説のあげる自己統治の価値も自己実現の価値も表現の自由の論拠づけに成功していないこと，②「思想の自由市場」と邦訳される Free Market of Ideas を「知識の自由市場」と訳し直せば，"この市場は，取引費用という濾過メカニズムを通して，知識の取引対象となる範囲・質を選別しているのではないか"という新たな見通しが開けること，③ この見通しをさらに見晴らしの良いものにするためには，取引費用を低減させる市場のメカニズム（主意主義・個人主義的な発想には欠けている「制度と組織（企業）」のもつ機能）に目を向けなければならないこと等を指摘した。要するに，「思想の自由市場」論を組み直すためには，アイディアの自由市場と財の市場との異同について考えてみる必要がある，ということである。

Ⅰ　思想の自由市場と経済の自由市場

　本章の冒頭で述べたようにふたつの市場の見方には，基本的に対立するふたつの立場がある。問題をさらに複雑にしているのが，対称性を肯定する立場に出ながらも，結論をまったく逆にするふたつの見解の存在である。ここで再び私たちは選択肢に直面する。このふたつの立場に話を進めたい。

Ⅰ　思想の自由市場と経済の自由市場

　(1)　まず，アメリカにおける law and economics に通じた，2人の論者とその業績を紹介することにしよう。ひとりが D. ファーバァ（D. Farber），他のひとりが先にふれたコースである。

　ファーバァの論攷は[9]，《多数の通常の規制のうち，表現の自由にかぎって，なぜ格別の免除の理論が提唱されるのか，また，表現の自由にかぎって，政府の財産をコミュニケーションに利用する権利がなぜ主張されるのか》という疑問を設定したうえで，その論拠を公共選択理論（public choice theory）を用いて解明しようと試みている。

　彼の結論を要約すれば，①　表現（知識・情報）は公共財としての性格をもっているために，市場においては過少生産（供給）されるだろう，②　表現を規制しようとする政府行為に対して反対する声は，表現の公共財性のゆえに（規制に反対するインセンティヴを誰ももたないために），政治過程において過少代表され，そのために過剰規制されやすい，③　そうだとすれば，政府が，表現行為を助成したり，または，みずから生産供給したりすることを通して，適切な「思想の自由市場」を育成しなければならない，④　なかでも，デモクラシーにかかる表現（知識・情報）は，フリーライドを許すために，上の①および②の傾向を強くもつ，⑤　そこで，特に公共性に関する言論は，過剰規制されないよう警戒されるべきであるだけでなく，政府の手によって適正に供給されなければならない，というのである（くわしくは⇒第1章Ⅳ）。

　公共選択理論を応用するファーバァの主張は，経済学の知識を政治学に応用して新しい枠組みを作り出そうとする挑戦的なものである。たしかにファーバァ理論は，法学に新風を吹き込んだ。わが国において，憲法学と表現権理論に公共選択理論を通して法学界に新風を吹き込んだのが長谷部恭男である[10]。

---

9) D. Farber, *Free Speech without Romance: Public Choice and the First Amendment*, 105 HARV. L. REV. 554 (1991).
10) 参照，長谷部恭男『テレビの憲法理論』（弘文堂，1992）12頁以下，同『憲法〔第4

(2) これに対して，特に「法と経済学」に通じており，ノーベル経済学賞の受賞者であるコースの論攷は「思想の自由市場」と経済自由市場を同一レヴェルで捉えるべしと，こういっている。

> 「（ふたつの市場における）現行規制を容認する動機が何であるかという観点は別にしても，どの政策が最適であるかという課題が現実には残されている。これに回答するためには，その任務を割り当てられた政府がそれをどのように遂行していくか，というやり方が決められていなければならない。この判定にあたっては，ふたつの市場への政府規制のやり方に関する相反する見方を捨て，一貫した見解をもたないかぎり，自信をもって決定することはできそうにない。（いずれにせよわれわれは）政府は，一般的にみられているように，アイディアの市場においては無能であるのか，それとも，財の市場にみられるように効率的（有能）なのか，判断しなければならない。前者であれば財の市場への政府介入を減らし，後者であれば，アイディアの市場での政府の介入を増やしたいとわれわれは考えるだろう」[11]。

同じような考え方は，経済学者，A. ディレクター（A. Director）[12]や，孤高のリバタリアン，M. ロスバード（M. Rothbard）[13]，にもみられる。彼らは，政府や官僚のもっている規制知識の限界を考慮すべきだ，と強調する。政府や官僚は双方の市場において同じ程度で誤りうること，規制権限を彼らの利益のために利用するだろうことを強調するのである[14]。

II 制度と組織の表現権理論

(1) かたやファーバァ流の情報の公共財性を強調する思考，かたやコース流

版）』（新世社，2008）114，202頁。
11) R. Coase, *The Economies of the First Amendment*, supra note 2, at 390.
12) See A. Director, *The Parity of the Economic Market Place*, 7 J. L. & Econ. 1 (1964).
13) 参照，M. ロスバード，吉田靖彦訳『人間，経済及び国家——オーストリア学派自由市場経済学原理（下巻）』第12章「市場への暴力的干渉の経済学」（青山社，2001）。
14) 公共選択理論に通じた論者のなかには，アイディアの自由市場と経済の自由市場とを比べた場合，政治的言論には虚偽が多いこと，なかでも，政治家の言論には虚偽を語ろうとするインセンティヴが働いていることを指摘しながら，アイディアの市場をより強く制限すべきだ，経済自由市場における自由な情報流通のほうが適切だ，と主張するものもいる。See Goldman & Cox, *Speech, Truth, and the Free Market for Ideas*, 2 Legal Theory 1 (1996).

の規制者側の知識の限界を強調する思考，この対立する立場に接して私は立ちすくんだ。

　そうこうしているうちに，私はF. シャウア（F. Schauer）の一連の論文に出くわした[15]。彼は，この一連の論文のなかで，表現の自由の論拠を個人の道徳的権利（personal moral right）に求める通説的見解を批判している。彼は，これまでの主意主義・個人主義の表現権理論から脱却するには，思想の自由市場において現実にクリティカルな役割を果たしている組織体（彼の用語によればinstituiton）に目配りすべし，と主張する。彼が主に念頭においているのはプレスという組織体である。彼は，プレスの果たしている役割に応じた修正1条の理論体系をあらたに論じようとするのである。

　(2)　これまでの連邦最高裁判例は，言明者の身元にブラインドであろうとして，「この事案においては，何が言われたのか」と，表現の内容に着眼しながら，修正1条の保障の範囲と保障の程度とを析出してきた。というのも，アメリカでの表現の自由は，KKK（クー・クラックス・クラン），黒人，エホバの証人，ネオ・ナチ・グループ，反戦グループ等々，主にアンポピュラーな人びとによって争われてきたので，その身元を捨象するアプローチが望まれたからである。このアプローチによる限り，ある事案における表現活動の主体は，あたかも真空のなかで生活する抽象的法人格によるものであるかのように捉えられ，他方，その内容については事件の文脈のなかで具体的に捉えられる，ということになる。

　シャウアは，かような表現権の捉え方が"主意主義的で個人主義的な，道徳的権利または自然権イメージに偏っている"と批判する。現実の権利または自由は，個人を包み込む制度のなかにあったり，組織体が遵守してきたルール体系のなかにあったりするのであって，組織と制度を無視してきた修正1条論——道徳的主体にとってだけの言明の価値を強調する表現権理論——にシャウアは反省・修正を迫るのである。憲法学または修正1条論が，現実に重要な役割を果たしている組織と制度に焦点を当て分析しない限り，表現の自由のトータルな意味合いが分かろうはずがない，というわけである。

---

15)　シャウアの最近の一連の論攷として，*See* F. Schauer, *Princples, Institutions, and the First Amendment*, 112 HARV. L. REV. 84（1998）; Schauer, *Towards an Institutional First Amendment*, 89 MINN. L. REV. 1256（2005）; Schauer, *The Role of Institutional Context in Constitutional Law : Institutions as Legal and Constitutional Categories*, 54 UCLA L. REV. 1747（2007）．

(3) ここで私は,「制度と組織という視点から表現の自由を捉え直そう」という分析枠を, 本章のサブテーマとして構想している。

「制度と組織」といえば, 経済市場におけるその意義と役割について, ながく研究してきた新制度派経済学を私は思い出す。この学派は, 経済市場を語るにあたって, "制度と組織を抜きにしてはならぬ" と主張してきた。企業という組織体がなぜ市場に存在しているのか, 企業が何をするのか, 企業を取り巻くルール体系は市場にとっていかなる役割をもっているのかと, この学派は, 個人の合理性や個人の効用最大化仮説を超えたところへと視野を広げていく (この点については, 後のⅧでふれる)。この新制度派経済学の説くところに法学が耳を傾ければ, 予想しなかった知見を手に入れることができるかもしれない。また, **経済市場を単なる財・サービスの交換の場とは捉えないで, 人間の行為の特質を浮かび上がらせる制度だ**, と捉えたオーストリー経済学の知見も法学者にとって実に有用である (この点については, 後のⅦでふれる)。

それぞれの学派の特徴については, 後にふれることにして, ここでは急いで, 先にふれたファーバァ理論 (わが国での長谷部理論) に対する疑問点を論じてみよう。

Ⅲ　情報は公共財か

(1) ファーバァは,《情報は公共財だ, 過少生産・供給される, 特に公共問題にかかる情報は過少供給される, そこで規制者としての政府だけではなく, 助成者または供給者としての政府を論ずべきだ》と主張する (⇒第1章Ⅳ2)。たしかに, これまでの「思想の自由市場」論には, コミュニケーターとしての政府という視点が欠けていた。憲法学は, この欠落部分を「政府言論」(government speech) として取り上げた。が, この場合, 政府の言論が思想の自由市場に過剰に流れ出ないようにと, 政府の活動にブレーキをかける仕掛けを憲法学は論じたのであって, 政府による情報供給や言論助成を論じたものではなかったように私には思われる。ファーバァ理論は私の意表を突いてきた。意表を突かれた私は, 足元不確かになった。が, その私も, 少しばかり法と経済学を学ぶことによって, ファーバァ理論にはいくつかの弱点があるのではないか, と考えるに至ったのである。

(2) 私の思いつくその弱点または疑問点とは, 次のとおりである (くわしく

III 情報は公共財か

は⇒第1章Ⅳ3)。

　第1に，情報は過少生産されるという点の論証がないことである。直感的にいうことを許されれば「過剰生産されているのではないか」とまで私は感じている。が，この点に関して論証する自信が私にあるわけではなく，公的言論の供給量についてコメントするだけの客観的データをもってもいない。

　第2に，過少生産されるという命題は，市場の失敗の一要因としての「公共財の提供・供給」という，ミクロ経済学ではお馴染みの場面であるところ，はたして，①情報が公共財であると断言できるか，②公共財だという定義のなかに，供給されてしかるべきだという当為命題が含まれているのではないか，また，③過少生産されがちだというとき，需要供給の一般均衡状態から事態を捉えてはいないか，④均衡状態という命題のなかに，最適であるべき情報状態が実現されるべきだという規範的命題が含まれてはいないか，という疑問を抱かざるをえない。私の疑義を要約すれば，「市場の失敗」という事実命題をいつの間にか規範的な当為命題に転用しているのではないか，ということである。

　第3に，公共財はフリーライドを許してしまう，ということと，"だから政府が積極的に介入してよい（介入すべきだ）"ということとは直結しないのではないか，という疑問である。私たちがこうして学問するさいにも，先人たちの業績にフリーライドして次々と知識を吸収している。フリーライドできていることが私たちの知識の前進にとって重要だ，という視点こそ重要であろう。

　第4に，政府が援助したり生産するとき，非協力的な人々にその費用の負担を強制することになるという点を軽視しているのではないか，という疑問である。

(3)　さらに，"情報は公共財だ"といわれるとき，私にとっての根源的な疑問は，情報という言葉がマジックワードになっているのではないか，という点である。この私の疑問は，なにもファーバァ理論に限らず，表現の自由そのものを"情報の自由な流通"に置き換える言い方についても，私が感じ続けてきたことでもある。情報のなかには公共財ではないものもあろうし，自由な情報流通が表現とは無関係のこともあろう。情報という言葉はアカデミックな分析にとっては要注意語だ，と私は感じてきている。情報という言葉は，ある事柄を説明しようとするさい，過剰包摂であることが多いように思われるのである。

(4)　私は，「情報」といわれているもののなかには，①ただただ私たちの五

感に到達しているだけの刺激，② 五感に到達した刺激を私たちが理解可能に処理した形式，③ 処理した形式を私たちが知性の働きを用いて範疇化したり意味づけしたりして内容をあたえたもの，等があると考えている（⇒第1章 Ⅲ(5)）。上の①を「センス・データ」，②を「情報」，③を「知識」と呼んで，それぞれ区別することが必要である。それぞれの定義を次に掲げることにしたい。

　① センス・データとは，外から人間の五感に送り込まれる，時間的空間的に確認しうる刺激をいう。
　② 情報とは，五感によって吸収された刺激，すなわち，センス・データを人間主体が理解可能なものへと処理した形態をいう。
　③ 知識とは，処理された形態，すなわち，情報を人間の知性が範疇化し意味づけしたもの（人間の知性が情報という形態に中身を付与したもの）をいう。

　こう区別すれば，**知識とは主体間または主体と外界（対象）との間の関係を表す**のに対して，情報は伝達される形態を指すこと，また，**知識とは一般化可能で理解可能なメッセージとなっているもの**をいうのに対して，情報とは個別的で解読のコードを持たない単位をも指すこと，という違いが鮮明となってくる。

　私たちがコミュニケーション行為によって発信するメッセージは，政府による事前規制のないかぎり，なんらかの媒体（メディウム）にのって自由に流れ出ていく。が，その多くは，人びとの五感に届くだけの「センス・データ」で終わっている，ということも大いに考えられる。いや，人の五感に吸収されもしないものも多いかもしれない。また，吸収されることを拒否されたり，吸収はされたが処理しきれないものもあるだろう。何しろ，人間の認知・処理能力や理解力は限られているのであるから。このときのセンス・データは，「情報市場」における「取引」の対象とすらなっておらず，時間の経過とともに消え去っていくだけとなる。

(5)　経済市場においても，ある商品が供給されたものの消費者が見向きもしないために廃棄処分されてしまう，という事態がみられる。経済市場における需給関係の実態を捉えるためには，サプライサイドとデマンドサイドの双方の視点が必要である。消費者の選好のかたまりをサプライサイドだけから捉える

ことは避けなければならない。

　なぜ私がセンス・データと情報とを同義だと捉えるべきではない，と主張しているか，賢明なる諸兄はその理由を既に理解されていることであろう。ファーバァ理論はサプライサイドの理論なのである。消費（需要）サイドの観点が存在しない。公共財だという論拠で政府が供給または助成して市場に供給される「情報」は，ひょっとすると，センス・データとして垂れ流されるだけではないか，という視点がないのである。

Ⅳ　新古典派経済学の限界

　(1)　ファーバァ理論でいう「情報は公共財だ」という命題は，視点を変えていえば，《情報の供給においては，市場は効率的に資源配分する（allocate）ことに成功しない》という「市場の失敗」の一側面だという言い方になる（「市場の失敗」の他の原因としては独占があげられる。この点についてはここではふれることができない）。ファーバァ理論をさらに言い換えれば，《情報の市場における需給関係は一般均衡状態に到達しがたい》となる。

　上の命題に対して私は懐疑的である。私がそういう理由は，いくつかある。

　第1に，市場の役割を評定するさい，新古典派経済学の影響を受けてきた私たちは，市場の失敗をあまりにも誇大に受け止めているのではないか，と思われること。

　第2に，「市場の失敗」とは，新古典派のいう一般均衡状態からの乖離を指すようであるが，はたして，一般均衡状態なるものが想定できるかどうか，このこと自体，疑問視されなければならないこと。

　第3に，たとえ一般均衡状態があるとしても，上の命題はその状態を当為命題へと変質させ，"政府の手によって，望ましい市場秩序が形成されるべきだ" "そのために政府が情報のリソースを分配（distribute）すべきだ" と，達成されるべき情報状態を語ってはいないか，ということである（上にふれた allocate することと，ここでふれた distribute との違いを知ることは決定的に重要である）。

　(2)　ファーバァ理論は，実際に新古典派経済学の知識に依拠しているようである。

　新古典派経済学の特徴としては，① 経済人の合理的行動仮説（完全情報状態に置かれた経済主体は，自己の推移選好に従って，期待される効用を最大化する合

理的行動に出ること)，② 均衡中心の理論体系，をあげれば，当面十分であろう[16]。

この新古典派の理論は，最近，ひとつは，オーストリー学派によって[17]，もうひとつは新制度経済学によって[18]，相当批判されている。人間の知識の限界，人間の限られた合理性，さらには，市場の動態的性質への留意が足らない，という批判である。理想的なモデルを偏重しすぎた，ということも許されるだろう。

オーストリー学派や新制度派経済学のいうところを私たちが理解すれば，新古典派のいう理想型の市場は成立しがたいと結論されることになろう。

(3) オーストリー学派や新制度派経済学が新古典派経済学と顕著な違いをみせるのは，次の諸点だといってよい（オーストリー学派と新制度派経済学との違い，新制度派経済学内部での立場の違いは，ここでは省略する）。

(A) 市場は一般均衡状態にあるわけではなく，常に変転する流動的なプロセスである。

(B) 経済市場（市民社会）は，個人の総和としての集合体ではない。この世，すなわち，市民社会は，個人を包み込んでいる歴史，文化，伝統，慣習といった「制度」や，多数の集団（組織）に支えられて動いている。制度や組織は，人間の活動の産物であるという意味で，個々人の行動が制度や組織を規定しているが，他方で，制度や組織が個人の行動を規定している（制度および組織の意味については，後のⅧでふれる）。

(C) 経済市場（市民社会）における取引（交易）は，当事者の自由意思に

[16) 新古典派の理論によれば，市場の働きは次のように説明される。
　すべての財の市場価格が市場における需要と供給の関係のなかで調整され決定され，一般均衡価格体系のもとにすべての財が交換されて，最も効率的に財を利用する経済主体に財は配分されることになる。かように，市場経済は資源の効率的な利用と配分システムである。
17) オーストリー学派については，参照，A. H. シャンド，中村秀一＝池上修訳『自由市場の道徳性』（勁草書房，1994），G. オドリスコル Jr.=M. リッツォ，橋本努＝井上匡子＝橋本千寿子訳『時間と無知の経済学　ネオ・オーストリア学派宣言』（勁草書房，1999）。
18) 制度派経済学については，参照，G. ホジソン，八木紀一郎ほか訳『現代制度派経済学宣言』（名古屋大学出版会，1997），菊澤研宗『組織の経済学入門　新制度派経済学アプローチ』（有斐閣，2006），B. シャバンス，宇仁宏幸＝中原隆幸＝斉藤日出治訳『入門 制度経済学』（ナカニシヤ出版，2007）。

還元できはしない。個人を単位としてその自由意思を基点とする理論体系は，経済市場（市民社会）に存在している有機的な人的ネットワークの動きをすくい取ることはできない。主意主義から脱却しなければならない。

(D) 経済市場における人びとの相互行為を分析するには，「取引費用」（transaction cost）という観点を要する（この点については，後のⅧでふれる）。経済市場において，取引費用を低下させるために存在しているのが「組織（体）」，すなわち，企業である。経済市場の動きは，公共部門，「企業部門」の動き（および企業を取り巻くルールの体系），家計部門（および家計を取り巻くルールの体系）に目配りして捉えなければならない。

(E) ある経済市場における人びとの相互行為を分析するには，「取引費用と制度」を計算に入れておかねばならない。

(F) 人間の知識は限られており，その行動も合理的だというわけではない。さらには，人間の情報処理能力にも限界がある。新古典派にみられる完全情報状態の仮定は，安易すぎる。

(G) 市場取引によって解決できないとされている課題は，新古典派によって「市場の失敗」と称されて政府による市場介入の論拠とされてきたが，そうとは限らず，「政府の失敗」はいうにおよばず，「制度の失敗」であることも多い。

Ⅴ　マルクス経済学の限界

(1) 上でふれた「政府の失敗」，「制度の失敗」という市場の機能不全究明のしかたは近代経済学の説いてきたところである。これに対して，マルクス主義的市場観は，市場という制度そのものの本質的欠陥を想定してきた。

マルクス経済学（Marxian economics）の影響を最も強く受けてきたわが国の社会科学は，経済自由市場を「資本」主義だ，と表現しつつネガティブなイメージを描いてきた。マルクス主義によれば，市民社会（civil society）はブルジョア社会であり欲望の体系であり，また，資本主義経済市場は資本家が労働者を搾取する場である，と位置づけてきた。この捉え方による限り，経済市場を基礎とするブルジョア社会は，本来，反倫理的な属性に浸潤されている，ということになる。

この捉え方にとって，決定的なタームは，ひとつは「ブルジョア」，ひとつ

は「社会」,そして最後には「資本」にある。

「市民社会」の意味としては,① 公民を構成員とする政治的共同体 (civitas),② 自由で平等な法主体としての市民が作り上げているネットワーク,そして ③ マルクス主義に特有な用法である「有産階級の支配する社会」イメージ——J. ルソーのいう,人間が本来の無垢さを失った社会というイメージをさらに増幅させたもの——等がある。

(2) 「社会」という用語は,実に多義的で,さまざまなニュアンスをもたされている。また,「社会」をアルファベット表記するとき,society というか,Gesellschaft とするかによって,それぞれの意味合いも違ってくる。まず,society についてみると,(ⅰ) 人びとのふれあい,(ⅱ) 人びとのあるべきつながり,(ⅲ) 完全へと向かう人びとの行為の過程,(ⅳ) 完全性に到達している秩序等,多様である。ここで留意されるべきは,上の (ⅱ) 以下が規範的に用いられている点である。これは,"ブルジョア社会の乗り越えた,新しい社会"を想定しているといってよいであろう。

次に Gesellschaft をみてみることにしよう。これは,society がどちらかというと,行為の過程を指すのに対して,相互行為の生み出す「構造」にウエイトが置かれているようで,"人びとの相互依存行為によって生み出された,何らかの求心性または類似性をもった構造"を指すものと私は理解している。これは,ギリシャ以来いわれてきた,civitas としての国家,すなわち,政治的共同体に溶け込んでいる「社会」といったイメージである。ブルジョア社会の毒を消そうとするイメージである。

(3) 「資本」についても,マルクス主義者は,独特の捉え方をみせている。

通常,近代経済学でいう資本とは,生産過程に投入される生産された財,すなわち生産された生産手段を指す資本財を意味する。ここには,道徳的な評定や価値判断は含まれていない。ニュートラルである。これに対して,マルクス経済学において「資本」とは,利潤創造運動の動態または関係概念として捉えられている。マルクス経済学の価値理論は,労働価値説にでるため,労働者の生み出した余剰価値を資本家が搾取する関係,これこそが資本だ,とみられ,「資本」の概念のなかに支配・抑圧の関係が埋め込まれているのである。ここに,資本と経済自由市場に対する極めてネガティブなイメージが描かれてくることになる。

V　マルクス経済学の限界

(4)　総じて近代経済学は，経済市場における資源配分の効率性を語るとき，道徳的な評定をしないでニュートラルな立場を堅持してきている。が，そのなかでアメリカのシカゴ学派は，効率的な資源配分の望ましさを強調してきた点で注目される。シカゴ学派のリーダーは，ノーベル経済学賞の受賞者 M. フリードマン（M. Freedman）である。彼は，妻のローズとの共著として『選択の自由』[19] という本を出版している。その本の冒頭に「吾輩は鉛筆である」というエピソードを描き，《吾輩がどれだけの人々の連鎖，どれだけの分業で作られてきたかを，誰か知っていますか？》と読者に問いかける。

吾輩を作るためには，山から木を切り出す人，トロッコを引く人，鉛を採掘する人，削岩機を作る人，燃料の生産に従事している人もいる。彼らは，自分の仕事が鉛筆になることを知っているわけではない。無数の人びとが複雑に絡み合って，いつの間にか鉛筆が出来上がり，それが1本100円で誰に対しても売られている，"これは見事というほかないではないか"とフリードマンはいう。誰と誰とが相談したわけでもない，誰かが指令したわけでもない，見知らぬ人びとのネットワーク（非意図的な協働）の中でこれだけのものがうまく登場するということは，奇跡に等しいというわけである。

フリードマンと同質の叙述は，F. ハイエク（F. Hayek）にもみられる[20]。

(5)　市場においてなぜかような複雑なネットワークが自発的にできあがるのか，この問題について，私たちはある程度の見通しをもっておくべきであろう。

この疑問点についてひとつの解を見出したのが，ハイエクに代表されるオーストリー学派であった。

その考え方は，市場における競争が人びとに新しい知識を発見させるプロセスを提供しているからだ，と解答する。または，市場は無数の人びとの無数の選好と無数の行為とを調整するプロセスとして機能しているからだ，と言い換えてもいいであろう。さらに言い換えれば，**市場における競争は，人間を取り巻いている不確実性を和らげるプロセスであると同時に，無数の人びとの行為を包括して調整するプロセス**である。

《経済市場における競争は新たな知識を発見するプロセスだ》と明言した

---

[19]　参照，M. & R. フリードマン，西山千明訳『選択の自由―自立社会への挑戦』（日経ビジネス人文庫，2002）。
[20]　参照，F. ハイエク，嘉治元郎＝嘉治佐代訳『新版ハイエク全集I-3　個人主義と経済秩序』（春秋社，2008）121〜124頁。

第4章　財の市場とアイディアの市場

のがハイエクであり，《市場における競争は協働だ》と何度も指摘したのがM. オークショット（M. Oakshot）であった。私は，彼らに学んだうえで，ある作品のなかで，こう述べたことがある。

> 「市場は，知識の発見プロセスを人々に提供していると同時に，無数の行為を調整する機構でもある。これを，"市場は人間を取り巻く不確実性を和らげるプロセスであると同時に，無数の行為を統合するプロセスだ"と言い換えてもよいだろう（この命題全体を強調したのがハイエクであり，後半部分を強調したのがオークショットである）」[21]。

(6)　にもかかわらず，多くの人びとは経済市場における自由競争をネガティヴ・イメージで捉えてきている。"人を蹴落としてまで上位を狙う""弱肉強食だ""市場は暴力的だ"といった，実に単純な比喩が人びとの警戒感を喚び起こしてきた。また，"経済自由市場は自由放任と同義だ"という見方も，同様である。この言い方は，「自由は放縦となりがちだ」というJ. S. ミル（J. S. Mill）以来，いや，旧くプラトン以来，お馴染みである。ところが，A. スミス（A. Smith）にせよハイエクにせよ，自由放任といったことは一度もない。彼らは，自由競争概念に必ず一定の条件を付している。放任イメージを最もラディカルに批判してきたのが，L. ミーゼス（L. Mises）の弟子，M. ロスバードである。彼の本から，関連部分を引用しよう。

> 「経済学の訓練をうけない人は自由市場を『生産の無政府制』（anarchy of production）と理解するが，われわれはそうではなくそこにすべての個人の欲望をみたす様に組織化され，その上，変化する諸条件に大きく適応する様な秩序の形態が現れているのをみてきた」[22]。

> 「経済科学の発展以前，人々は交換と市場を他方の犠牲で一方をつねに益するものとして考える傾向があった。これはルートヴィヒ・フォン・ミーゼスが『モンタギューの誤り』と呼ぶところの市場の重商主義的見解の根源であった。経済学はこれが誤りであることを示した。その理由は市場では交換する両方の当事者が利益を得るであろうからである。それ故，市場では搾取と言う様なことはありえない」[23]。

---

21) 阪本昌成『法の支配——オーストリア学派の自由論と国家論』（勁草書房，2006）156頁。
22) ロスバード・前掲注13) 訳書657頁。
23) 同訳書660頁，傍点は訳書のまま。

(7) 経済市場が反倫理的である，という批判は，今日では，さすがに弱まったようにみえる。この批判に代わって前面に登場してきたのが，"市場は効率的ではない""市場は，一定の人びとに犠牲を負わせながら，効率性を実現している"という主張である。この例証として出されるのが，「負の外部効果」と「独占」である。この批判には一理ある。これについてここで述べることができない。以下では，「市場」の定義，または，捉え方を論議してみることにしよう。

VI 経済市場の捉え方

(1) 私は，経済学者であれば，経済市場の何たるかの定義をすぐに与えてくれるだろう，と期待していた。ところが，そうではなかった。ちょうど，法学者にとって「法とは何か」という問に回答することが困難な根源的課題であるように，経済学者の市場の捉え方は論者の数だけあるようだ。

経済学者による市場の定義は心許なく，捉えどころもない。

私は幾人かの見解をひもといてみたところ，価格均衡をもたらす取引の地理的広がりというもの（A.マーシャル），商品取引に従事している人びとの集団だというもの（W.ジュヴォンズ），「特定の型の商品の交換が常時多数おこなわれているような一組の社会的制度」（G.ホジソン）[24]というもの等々，多様であった。私にとっては，市場を領域イメージで捉えることや，人の集合と捉えることは，即物的な接近の仕方のように思えてならない。市場は，地域でもなければ，人の集まりでもなく，絶えず流動するなにものかではないか，これが私の直観である。この見方からすればホジソンの見方には共鳴できるものがある。が，それでも彼の定義は，商品の説明に欠け，さらに，「社会的（制度）」という表記の仕方に曖昧さを残しているように思われる。この点，L.ミーゼスの定義は私をうならせた。彼は，こう述べている。

　　「市場は，場所でも物でも集合体でもない。市場は，分業の下で協業している様々な個人の行為の相互作用によって動かされているプロセスである。市場の（絶えず変化する）状態を決定している力は，これらの各人の価値判断であり，それらの価値判断に導かれた各人の行為である。その瞬間においても，市況とは，価格構造，すなわち，買いたい人々と売りたい人々との相互

---

[24] ホジソン・前掲注18)訳書187頁。

第4章　財の市場とアイディアの市場

作用によって決まった，交換比率の総体である」[25]。

(2)　ここで再び，新古典派以来の伝統的な市場観を確認しておくことにしよう（「新」とは，要するに A. スミス，D. リカード〔D. Ricard〕の時代を超えた，新しくなった古典派ということである。⇒第1章Ⅱ(4))。

新古典派の祖，C. メンガー（C. Menger）は，主体にとって特有な限界効用が「価値」を表示していると解明して，経済学に革命をもたらした（労働価値説を打ち破り，価値の主観説を打ち立てた）。その後，新古典派の L. ワルラス（L. Walras）が一般均衡モデルを数学的に精密化した体系で描いた。この古典派経済学は，希少財の交換と効用というアプローチによりながら，価値の主観性の理論を価格に関する客観的理論へと展開していった。この古典派経済学の理論体系は，完全競争，完全情報の下で均衡価格が決定されることを前提としている。

この新古典派の見方は，先ほどのミーゼスのようなプロセスから市場を動態的にみる立場からすれば，競争後の静止点を探っているにすぎないように思われる。そればかりか，合理的計算が人間行動を支配しているとみている点もその難点である。人間が，合理的で完全情報状態にあって，常に効用最大化を目指して取引費用なしに素早く行動する，という仮説は，あまりにも合理的すぎる（⇒Ⅳ(2)(3))。時間の流れと主体の選好の変化，主体の限られた知性・合理性，それに伴う市場の予測困難な変化と取引費用を考慮していないのである。

(3)　かような批判を受けて新古典派は，少しずつ軌道修正していく。人間の合理性を強調しすぎた点については，bounded rationality，つまり，限定された合理性しかもたない人間像に代えた。限定された合理性しかもたない人間が，追加情報を得ながらもう一歩手探り状態で前進しようとする姿を描こうとするのであるが，追加情報を得るための限界費用を経済主体がどうやって計算するかとなると，新古典派は説明に窮するのである。

これを知ろうとすれば，情報主体は主観的な予測に頼るか，それとも，すでに確立した慣習，制度，定型的パターンに依存せざるをえなくなる。もし，古典派が「価値の主観性」へと軌道修正すればオーストリー学派へ近づき，定型的パターン・制度へと軌道修正すれば新制度派経済学へと接近していくことになる，ということができよう。

---

[25] L. ミーゼス，村田稔雄訳『ヒューマン・アクション──人間行為の経済学』（春秋社，1991）292〜293頁。なお，（　）内は原文のまま。

Ⅶ　オーストリー学派による市場の捉え方

(1)　オーストリー経済学——厳密にいうとすれば，同学派の第3世代以降，なかでも，第4世代のL.ミーゼス以降——の最大の特徴は，価値の主観性を徹底して主張する点にある。価値選択とそれに基づいた行為の選択は，主体が自律的になすのだという主観主義である。また，人間の知識が限られていること，人間の有する知識が他者に伝達困難だという知識の暗黙性を強調する点，人間の選好が時間の流れのなかで次第しだいに変わり，それに伴って選好も行為も変わるという流動性・動態性を強調する点も，この学派の特徴である。人は，どんな推移選好をもっているのか，自分でも理解していない，ということである。

人間の知識の限界や時間の経過に伴う選好と行動の変化，それに伴う不確実性を考えたとき，新古典派の説いた一般均衡状態が疑問視されてくるのは当然であろう。経済市場は一般均衡状態へと到達しがたく，たとえ到達したとしても，目先の利いた企業家（entrepreneur）が均衡を破るよう行動するであろう[26]。市場が今後どう動くかは，常に流動的であり不確実だ（予測を許さないか予測を裏切る）[27]，ということである。

こう考えれば，《経済市場は資源を最も効率的に配分（allocate）する》という命題も怪しくなるし，一般均衡状態を人為的に作り出そうとして資源を分配（distribute）しようとすることにも疑問が生じてくる。限られた人間の知識をもって，最適配分を実現できると考えることは，ハイエクの言葉を借りれば，「致命的な思いあがり」であろう[28]。社会的費用問題の適正な解決にあたって

---

[26]　自由市場における企業家の役割を重視しているのが，I.カーズナー（I. Kirzner）である。*See* I. KIRZNER, HOW MARKETS WORK: DISEQUILIBRIUM, ENTERPRENEURSHIP AND DISCOVERY (1997).

[27]　ここにいう「不確実性」とは，将来の不確実性に対処しようとして企てられた活動そのものが不確実性を生み出す，という構造的な連関をいう。この点については，井上嘉仁「市場プロセスにおけるカタラクシー的効率性と広告——営利的言論理論の再検討をめざして」姫路法学49号（2009）51頁をみよ。

[28]　参照，F.ハイエク，渡辺幹雄訳『ハイエク全集Ⅱ-1　致命的な思いあがり』（春秋社，2009）。ハイエクは，この著作のなかで，(1)科学的に証明されないもの，(2)完全には理解できないもの，(3)その目的が完全には特化されていないもの，(4)その効果の一部が分からないもの，のいずれかを「非理性的だ」と決めつけている「合理的・科学的」思考（実証主義的思考というと理解しやすいだろう）を批判している。経済市場の

も，私的費用と社会的費用とがどれほど乖離しているかにつき客観・公正・正確に測定できるか，大いに疑問である。

(2) 不確実性に取り囲まれている私たちは，では，何を導きの糸として将来の行動を選択すればいいのだろうか。

私たちの頼りうるもののひとつが市場にみられる価格である。ある商品価格は，主観的な価値にすぎないもの（その意味で，他者には測定不能・比較不能なもの）を，測定可能なものとして表示するシグナルである。言い換えれば，**価格は人びとの主観的な選好のまとまりを客観化するシグナル，選好を顕示するシグナル**であって，これを見ながら私たちは市場の一部の動向を観察したり，将来の市場の動きを予測したりする[29]。市場は，価格を通して私たちに知識を伝達するひとつの制度となっているのである（制度の意味するところとは，Ⅷでふれる）。

(3) 今まで経済学者が経済学（エコノミーの学）として語ってきたのは市場の経済効率性である。経済効率性とは，所与の一組の手段が，その人の統一された計画に従って，うまく配分されていることをいう。これは，オイコス（oikos）のイメージだといってよい[30]。これと似て非なるものに「カタラクシー」（catallaxy）という概念があることは，法学者にはあまり知られていないように思われる[31]。

(4) カタラクシーとは，経済効率性という考え方に代えて，無数の相互に関連するエコノミーを包み込む秩序を指している。「カタラクシー効率性」と効率性に言及する場合でもそれは，《誰のものであろうとすべてのエコノミーを

動きは上のいずれによっても合理的に説明できない，とハイエクはいうのである
29) 価格シグナルは，知識を伝達する機能だけに限定されない。この点については，後掲注42)をみよ。
30) Economy（経済学）は oikos-nomos（オイコスに関する規則）が転じたものだ，ということはよく知られている。為政者が人民を救うための学問だった，といってもよい。この点を明言するものとして，参照，林敏彦『経済学入門』（放送大学教育振興会，2004）21頁。さらに，この 最小のまとまりの単位を指す oikos は，私的領域として私利私欲の体系であり，公的領域としてのポリスと対照されることもよく知られている。参照，H. アレント，志水速雄訳『人間の条件』（ちくま学芸文庫，1994）。
31) カタラクシーについては，参照，F. ハイエク，篠塚慎吾訳『ハイエク全集Ⅰ-9 法と立法と自由Ⅱ〔新版〕』（春秋社，2008）149頁以下，片山博文『自由市場とコモンズ』（時潮社，2008）92頁以下。私の管見に属する限り，法学者の手によってカタラクシーが採りあげられているのは，井上・前掲注27)にとどまっている。

うまく調節するだけの包摂度をもっていること》を指している。オーストリー学派は，自由経済市場がカタラクシー効率性を満たしている制度だ，というのである。ある国家の市場がどれほど自由であるかは，カタラクシー効率性で測定可能だ，ということになる。

　この効率性基準は，国家に向けられたルール功利主義の命題なのだ，とみるべき点には留意を要する。通常，ルール功利主義は，行為者に対して向けられたものと理解されているために，少数者の効用が多数者の効用のなかで溶解してしまうではないかと常に批判されてきた。が，ここにいうカタラクシー効率性は私たち市民に向けられているのではなく，国家行為に向けたそれであって，国家が法律またはルールを設定するときに，すべての人の目標，手段を包摂するルールにせよ（立法者の個別的な選好・意思を反映しているルールであってはならない）と命ずるものである。この命題が実現されたとき，国家行為（人為法）は効率性と自由とを両立させている，ということになろう。

　(5)　オーストリー学派は，「社会」の経済政策問題は，資源をいかに効率的に配分（allocate）するかという問題にあるのではなく，ましてや，望ましい富の布置を実現するために資源をいかに正しく再分配（redistribute）するかでもなく，誰もが「個人としてその相対的な重要性を知っている諸目的にたいして，かれが知っている資源の最良の利用をいかにして確保するか」[32]という点にあると考えている。《経済政策問題は，配分の問題から「調整問題」へとシフトとすべきだ》というわけだ。

　オーストリー学派には属してはいないものの，ヴァージニア学派の泰斗にしてノーベル経済学賞受賞者 J. ブキャナン（J. Buchanan）も，個人の選好の最大化を追究するよりも，カタラクシーにおける個人間の交換に問題意識を向けるよう経済学者に求め，競争プロセスとしての経済的交換のルールがどのように出現するのか，もっと留意すべきだ，といっているということである[33]。

　(6)　さて，今後経済学は，資源の効率的配分ではなく，包括度をもった調整メカニズムに問題意識を向けるべきだ，とオーストリー学派がいうとき，それは，次のような視点を基礎としている。本節のまとめの意味を込めて，以下に列挙してみたい。

---

32) ハイエク・前掲注20)訳書『個人主義と経済秩序』110頁。
33) 参照，K. ヴォーン，渡部茂＝中島正人訳『オーストリア経済学—アメリカにおけるその発展』（学文社，2000）164頁による。

第1の視点。市場活動は動態的であって，一般均衡に到達することはない。常に流動するプロセスである。

第2の視点。価値や効用の概念は，もっぱら主観的であって（主体の限界効用判断しだいであって），意思決定者の外部にいる者には測定不可能である。費用と便益の計算も本質的に主観的である。ということは，「社会的」費用も主観的に経験されるにすぎない（私的費用・便益と社会的費用・便益との乖離という分析枠に懐疑的にならざるを得ない。この乖離を客観化することは困難である）。

第3の視点。市場現象に関する知識は，市場参加者においても，政策立案者においても，常に不完全である。人間が均衡解を知ることはない。市場参加者は，市場に分散された知識を参考にしながら，局所的に次の一手を打つのみである。

第4の視点。市場参加者（経済主体）は，市場おける価格システムが不断に送るシグナルを通して，知識を獲得利用できる。また，知識には，過去に関する知識と将来に関するそれとがあり，過去の知識は既に知られたものとなりえて，人間の「目的－手段」選択をそれだけ容易にする。この知識は市場に分散している。

第5の視点。発見されることを待っている，既に存在する好機情報を機敏に入手し，将来を予想しながら行為するのが，企業家である。企業家の鋭敏さが新たな知識発見のさきがけとなる。

第6の視点。経済政策が相対的に成功しているかどうかは，効用最大化に成功しているかどうか，とか，パレート効率性を実現しているかどうかではなく，「誰に対しても，それぞれの目標を追求するうえで，彼らの目的－手段フレームワークを調整している程度」によって判定されるべきである[34]。これが「カタラクシー効率性」と呼ばれるものである。

Ⅷ　新制度派経済学の特徴

(1) 新制度派経済学とは，1930年代以降，R. コース，D. ノース（D. North），O. ウィリアムソン（O. Williamson）等によって形成されてきた経済学の新潮流をいう（この代表者の例からもわかるように，学派の中心はアメリカにあるため，厳密には「アメリカの」新制度派経済学と称されるべきであろう。が，しかし，

---

[34] *See* I. KIRZNER, MARKET THEORY AND THE PRICE SYSTEM 36 (1963).

この学風に共鳴する流れはオーストリー学派，レギュラシオン学派等グローバルな動きを示しているので，表記の仕方としては「新制度派経済学」としておく。なお，「新」とは，Th. ヴェブレン〔Th. Veblen〕を始祖とする「制度学派」を乗り越えた，という意味を持っている）。

(2) 新制度派経済学は，新古典派の経済理論が想定してきた合理的な人間の見方や一般均衡理論に与していない点ではオーストリー学派と共通している。新制度派経済学の最も特異な点は，取引費用（transaction cost）[35]という視点を導入したところにある。

取引費用とは，市場取引において，① 関連する情報を検索し適切なものを得るための調査費用，② そのうえで相手方と交渉する費用，③ 他の交渉相手とも比較検討したうえで意思決定する費用，そして，④ 相手方の執行状態を監督し実行させるための費用，という4つの異なった連続的局面におけるコストを指す[36]。新制度派経済学は，この概念なくしては「経済システムの働きを理解し，その諸問題を有用な方法で分析し，あるいは政策決定の基礎を確立することは不可能である」[37]と主張するのである。

(3) 取引費用という概念を市場取引に導入すれば，何が判明するというのだろうか。

コースの回答は次のとおりである。

> 「生産は個人間の契約という手段によってまったく分権化した方法でなされうるが，その生産物の取引に入るや，なんらかの程度の費用が発生する。そのため，市場を通じて取引を実行するための費用に比べて，それが少ない費用ですむときには，市場でなされていた取引を組織化するために企業が生まれるのである。企業の規模の限界がどこで画されるかといえば，それは，取引を組織化する費用が，それを市場で通じて実行する場合の費用と等しくなるところである」[38]。

---

[35] 取引費用という概念は，コースによって確立されたといわれている。参照，R. コース，宮沢健一／後藤晃／藤垣芳文訳『企業・市場・法』（東洋経済新報社，1992）8～9頁。

[36] 取引費用という概念は，実のところ，定まったものではない。本文には4つの種類の費用を紹介したが，論者によっては3つだといったり，その説明の仕方も多様となっている。コースの著作を論評したウイリアムソンの小論，O. Williamson, *Book Review*, 77 CAL. L. REV. 223, 229 (1989) は，コースの用法の曖昧さを衝きながら，どのような結論にも利用できる，と述べている。

[37] コース・前掲注 35) 訳書『企業・市場・法』9頁。

第4章　財の市場とアイディアの市場

　この回答は,《従来市場といわれてきたものは,狭義の市場と組織（企業）からなっている》という,経済市場観を含意している。
　経済自由市場における組織（企業）が,はたして,人為的に構成されるのか,それとも,自生的に形成されるのか,この点の論争に私は深い興味をもっているが,ここではふれないでおく。その論点よりも,ここでは,《自由市場においては,なぜ,企業が立ち現れるのか》という疑問だけを解決しよう。この解は,次のとおりである[39]。

　　(i) 企業はその内部において市場取引（価格機構）を排除し,命令によって資源を配分するために設立される。
　　(ii) この組織は,その構成員（つまりは,労働者）を階層化しながら,細部まで明示しない雇用契約に基づいて監督・指揮権をもつ。組織は,ヒエラルヒィ構造を必ずもつ。
　　(iii) 組織の規模は,上に引用したコースの言葉にあるように,取引を組織化する費用がそれを市場で通じて実行する場合の費用と等しくなるところで決まる。

(4)　計画経済がなぜ失敗したのか,このあたりで容易に理解できてくるはずである。
　計画経済は,市場を組織のように扱おうとしたのである。計画経済の推進論者にとって,組織（企業）における指揮命令権は労働者に対する強制であり,ときに,搾取の構造だと映った。この強制と搾取のメカニズムを避けようと,国家の「計画」に従って生産すれば市場の反道徳性が浄化される,と期待された。ところが,「計画」とは,結局のところ,国家機関または特定の政党の指令に従うことだった。これは,すべての労働者を公務員のごとく階層化することとなった。"国家をあげての強制の構造となった"といえば誇張しすぎだろうか。コミュニティを基礎として,その人びとの協働によって生産するという構想は,甘い夢だったのである。「プリンシパルとエイジェンシー」（「本人と代理人」と通常訳されている）という階層的な意思決定過程を何層にもわ

---

38) 同訳書9頁。
39) 組織が経済市場に立ち現れる理由は,取引費用を削減する目的にあるのか,それとも,交渉力を高めて新たなルールを作り出そうとする人びとの関心に仕えようとするためか,新制度派経済学のなかにも対立がある。本文で私は,もっぱら取引費用の観点にたった解を述べている。

たって介在させる「市場」（実のところは組織）は，取引費用があまりにも高額になって，非効率のためにうまく作用しないし，この構造が国家の強制によって人為的に設定されているところには，何といっても自由が存在しない。

　国家サイズでの計画経済がうまくいくはずはない。ある物を生産しようにも，価格がない以上，いつ，どれほどの質の品をどれだけ生産すればいいのか，シグナルが存在しない。そのため，ある品は「市場」にあふれ，ある品は「市場」にその姿すらない，という事態へと帰結した。

　(5)　経済自由市場における組織（企業）は，継続して存在する組織体（going concern）として，何度も繰り返される取引（反復されるゲーム）に従事するのが通例である。組織が継続的に活動していると，いつの間にか，一定の行為のパターンが形成されていく。たとえば，《商売するにあたっては，相手方を欺すことなく，誠実であれば，顧客が増える》《利潤ばかりに目を囚われず，信用も勝ち取れば顧客がつく》といったように。そして，組織（企業）は，一定のパターンから，一定の行為のルールを学んでいく。たとえば，《取引においては，相手方を欺すな》《利潤ばかりに目を囚われるな》といったように。

　(6)　上に述べた「一定のパターン」および「一定の行為のルール」こそ，新制度派経済学が最も重視する「制度」（institution）のことである。

　「制度」を口にしてきた人びとも，「制度－制度体－組織－法人－社会的有機体」を同義として互換的に使用することが多い。が，**《制度は単なる組織的構造物ではない》**と的確かつ明確に指摘したのが，ノーベル経済学賞の受賞者D. ノースである。

　ノースは，「概念上，はっきりと区別されなければならないのは，ルールとプレイヤーである」[40]と指摘したうえで，こう説明する。

　　(i) 制度とは，あるゲームのルールをいい，組織はそのゲームのプレイヤーのひとりである。婚姻が制度であり，家族が組織である（ここで，もうひとつ例をあげれば，学界が制度であり，日本公法学会が組織である）。
　　(ii) 制度は「チーム競技のゲームのルールに完全に対応している。すなわち，制度的制約はフォーマルな成文のルールと典型的には不文の行為コードからなる」[41]。

---

40) D. ノース，竹下公視訳『制度・制度変化・経済成果』（晃洋書房，1994）5頁。
41) 同訳書4頁。

(ⅲ) 市場においては，企業という多数の組織と，消費者という無数の個人が制度のプレイヤーである。ここでのプレイは，主に価格に関する事項（無数に繰り返される取引）をめぐって展開される。

(7) ノースは，ときに「制度は個々人の選択集合を定義・制限する」行動のパターンである，と述べたかと思えば，制度は，プレイヤーの継続的で自発的な行為の累積のなかに生まれ出て，プレイヤーの行為を先導したり制約したりするルールである，とも述べている。彼は法学者ではないので，「行為のパターン／行為のルール」の別を詮索する必要も感じなかったのであろう。この違いについて私は，行為のパターンとしての制度は，第三者が観察したときの記述的な捉え方であり，行為のルールとしての制度とは，行為従事者が行為するさいの規範的な捉え方だ，と理解している。

(8) 新制度派経済学は，《制度と組織が人びとの相互作用に構造を与えている》といいたいのであろう。制度は，個人や企業の行動を制限することもあれば，許容条件を示したり，行動を誘導したりもする[42]。「制度は個々人の選択集合を定義・制限する」[43]と端的に表現することもできる。

以上の視点は，市場秩序を考えるについて，次のような重要な示唆をもっている。

第1に，経済自由市場は「自由放任」では決してない，ということ。

第2に，営利企業といえども，利潤を最大化することや労働賃金を最小化することばかり考えているわけではない，ということ。

第3に，市場は，先に述べたように，時間とともに不断に変化する不確実なプロセスであるが，制度がこの流動性と不確実性を緩和している，ということ。

第4に，制度が，人間の知識の限界，主観性・局所性・暗黙性等を緩和している，ということ。

第5に，そして，この点が最も重要な点であるが，経済自由市場の働きは，組織と制度の分析を抜きにしては語りえない，ということ。この第5点は，上の第1～第4を総括する視点だ，といってもいいであろう。

---

[42] 市場の機能として，価格シグナルによって人びとの生産や消費行動を誘導することがよくあげられる。が，市場の機能はそれだけではない。市場は，取引に関するあるべきルールを人びとに伝授したり，知識を人びとに伝えたり，協働のための振る舞いの仕方を参加者に示唆したりもするのである。

[43] ノース・前掲注40)訳書『制度・制度変化・経済成果』4頁。

お わ り に

　ながながと「経済自由市場における組織と制度」について論じてきた。
　"私の最近の関心事は，思想の自由市場と経済の自由市場との異同にある"と本章の冒頭に述べた。この関心事のうち，本章は経済自由市場だけに焦点を当てたものとなってしまった。読者諸賢が"結論はどうなんだ"との疑義を感ずること，必定だろう。結論に至るまでは，まだまだ分析されるべき課題は山積みで，ここで簡単に結論を私は述べることはできない。
　それでも，「組織と制度」という視点は，表現の自由領域を考えるにあたって，重要な示唆をもっているように私には思わる。つまり，思想の自由市場を語るにあたっては，個々人のスピーチだけに焦点を当てるだけでは不十分であって，プレスという組織体，プレス業界の明文・不文のルールや慣行に目配りするものでなければならない，ということである。
　さらに，「組織と制度」という視点は，憲法学における「制度保障」理論を解明するにあたっても，「国家／市民社会」というお馴染みの二分法を理解するにあたっても，欠かせない切り口である。
　憲法学は，「国家 対 個人」という二項対立の発想ではなく，「個人⇔組織⇔制度」（個人が他の二つに作用し，組織が他の二つに作用し，制度が他の二つに作用し……という恒常的な循環）を念頭に置く必要があると私は考えている。

＊　　＊　　＊

本章は，早稲田大学グローバルCOE総合研究所『季刊企業と法創造』21号(2010)に公表した「財の自由市場とアイディアの自由市場」に加筆修正したものである。

第5章　表現の自由を支えるもの

　　　表現の自由を論拠づけようとするのであれば，政府介入を受ける
　　　ことなく個人が選択できる体制において，言論・出版活動の固有の
　　　価値は何であるのかが論証されなければならない。
　　　　　　　　　　　　　　　　R. coase, *Advertising and Free Speech*
　　　　　　　　　　　　　　　　6 J. Legal Stud. 1, 13 (1977).

は じ め に

　古くから憲法学は，「私権としての権利／公権としての人権」の別を論じてきた。が，この論点は《権利とはもともと何であるのか》《私権と公権とは，どこがどう違うのか》という法学はじまって以来の難問と絡んでいるだけに，憲法学界は両者の線引きに関して明確な解答を与えてはいない。それでも，憲法学における「人権 human right」の用語・概念は《国家の強制力に対抗するための法的論拠を中核とする防御権だ》とする点では最低限の共通了解がある。人権が公権である以上，それは国家から強制・妨害を受けない保護領域の要求だ，と理解するのが憲法学界の一般的傾向である。この「公権」とは違って，「私権」とは，私人Aが他の私人Bになにがしかを請求するための個人の権利（personal right[1]）である。

---

1) 本文で私は個人の権利を personal right と英文で表記した。Private right ではなく，personal right という表記のしかたは，以後の本文で「human right/personal right」の別を強調するための作為である。

　Personal Right は，大陸法にはない，アメリカ法特有の意味合いをもっている。何を対抗軸としておくかによって personal right の意味するところも決まってくる。集団の権利と対照されたときには「個人的な権利」，精神に対する権利と対照されたときには「身体（人身）の権利」，物質的な権利と対照されたときには「非物質的な権利」，誰に帰属するかという視点からは「属人的な権利」等々，実に多義的であり，ひとつの日本語として訳すことはできない。かように，personal right は，文脈によってこれらのいずれかに訳さざるをえないのであるが，最も汎用性のあるニュートラルな訳は，「個人の権利」であろう。人格権概念を欠くアメリカ法において personal right は「人格権」というニュアンスはないか，または少ない点には留意を要する。

第 5 章　表現の自由を支えるもの

I 「人格権」という「人権」

(1) Personal Right

　ところが，世間やジャーナリズムは，human right と personal right という言葉を区別することなく，相互互換的に使用している。日本語でこれを言い直せば，「人権（human right）」は，広く「人の権利（personal right）」全般を指しており，私権であるか，公権であるか，問われることが少ない。人権とは，人にとって重要な利益の主張全般を指す言葉になっているようにみえる。

　いやいや，憲法学界でさえ，「人権（公権）／権利（私権）」の区別が失念されることもときにはみられる。たとえば，「公共の福祉」の意義を論ずるにあたって，一般の教科書が"人権と人権との対立を調整する公平の原理をいう"と説明するときの「人権と人権」とは，私人Aの権利（たとえば，名誉権，プライバシー権，環境権）と，私人Bの権利・自由（たとえば，執筆の自由，営利追求の自由）を指しているようである。なぜ，この調整が"人権と人権"の対立問題だといわれるのだろうか。私には，かような説明は人権概念の誤用だとしか考えられない[2]。

　なぜ，ジャーナリズムも憲法学界も，人権なる用語を慎重に用いないのか。

　第1の理由は，日本の人権教育が差別問題に向けられてきたためである。義務教育レヴェルでの教科書の記述をみれば，このことは一目瞭然である。

　第2の理由は，personal right でいう personal が「人格的」というイメージで理解されてきたためである。personal right が「人格権」またはそれに類似の道徳的権利（moral right）を指すものと理解されたとき，それは「人が人格的存在として生活するうえで当然に享有すべき権利，すなわち，human right（人権）だ」と連想され，実際にそう主張されてくる。

　「人格権」の代表例が名誉権やプライバシー権である。そうなると，〔名誉・

　2）　私は，「公共の福祉」とは，私人間の権利・自由を調整するにあたって，ある法制がある人の権利を制限するとき，この法制を制限するルールのことだ，と理解している。「公共の福祉」条項は，国民の人権を制限する論拠ではなく，権利を制限しようとする国家機関に対する「制限の制限ルールだ」という理解である。参照，阪本昌成『憲法2 基本権クラシック〔全訂第3版〕』（有信堂，2008）[37]。本章の検討する Tortious Speech の憲法問題は，不法行為法制が「制限の制限ルール」となっているか，と問い直す点にある。言い換えれば，問題の不法行為法制のなかに state action を見出して，これを憲法問題とする，というのが本章の基本的な視角である。

Ⅰ 「人格権」という「人権」

プライバシー権＝人格権＝人の権利＝人権〕との等式のもとですべてが同一視されていったとしても不思議ではない。そのとき、名誉・プライバシーが誰に対抗する権益なのかも忘却される。また、人格権という言葉の重みのせいだろうか、対立利益との衡量も軽視される。

(2) 普遍的な人権

そのうえ、憲法の教科書は《人権とは自律的な個人としての尊厳性を維持するに必要な権利である》[3]とか《人権とは人間が人格的存在であり続けるうえで不可欠な、普遍的な道徳的権利である》[4]と説明している。人権とは人が人として存在することに固有で無条件的で普遍的な利益だ、というわけである。この捉え方が、上にふれたように、人権は moral right によって支えられている、とする人権観である。人間は本来、道徳的存在として生まれ出ているからだ、というのであろう[5]。この捉え方のもとで、人間の尊厳性と関連づけられる「人権」が「人格権」という用語と重ね合わさったとき——相手方が誰であるかを問うことなく——"名誉・プライバシー権は人権だ"と連想されても無理からぬことである。

それだけではない。人間は、本来、尊厳ある存在であって、その人格的な属性にふさわしい利益を保障されなければならない、と人の人格性[6]によって人権を論拠づけるとなると、人権の基底は人格権だ、という主張が説得的だと映ってくる。憲法の体系書が、〔憲法13条にいう人間の尊厳→その具体化である幸福追求権→包括的人格権としての幸福追求権→公法私法の別を問わずすべての法秩序の原則規範〕という関連性を説くのは[7]、そのためである。一般的な憲法教科書もまた、名誉権・プライバシー権等の人格権は憲法13条に根

---

3) 参照、芦部信喜＝高橋和之補訂『憲法〔第4版〕』（岩波書店、2007）78〜81頁。
4) 参照、佐藤幸治『憲法〔第3版〕』（青林書院、1995）392頁。
5) 佐藤・同書391頁は「道徳理論上各人に生まれながらにそなわる権利であり、その意味において、普遍的な道徳的な権利である」と明言している。
6) かつての憲法学説のなかには、人権を「人間性」なる概念によって論拠づけようとしたものもみられた。が、私は、この捉え方はカント的道徳理論からすれば、明白な誤りだと考えている。厳密には「人格性」というべきである（⇒第3章脚注82））。
7) 代表的には、参照、佐藤幸治・前掲注4）445頁。また、芦部信喜＝高橋和之補訂・前掲注3）118頁は、①北方ジャーナル事件最高裁判決が「『人格権としての名誉の保護（憲法13条）』とのべ、名誉権を幸福追求権のひとつとして認めている」こと、②私法上の権利として認められた人格権のひとつとしてのプライバシーの権利が最高裁判決によって憲法上の権利としても確立したことにふれている。

拠をもつ人権だ、と説いてきている（この通説的な理解に対する私の批判は、後のⅣで明らかにする）。

かくて、マス・メディアがある人物の社会的評価にかかわる誹謗的な記事を公表したり、その人物の私生活上の事実を公表したりしたときの不法行為事案が、「人権の侵害の事案だ」との言い方に対して誰も違和感をもたなくなる。

Ⅱ　Tortious Speech

(1)　アメリカ不法行為法の伝統

　表現行為による名誉毀損やプライバシー侵害——私人間の法的紛争——を《人権の侵害だ》と言い切ることは、厳密にいえば誤りである。が、その正誤はここでは不問にしておこう。本章の関心事は、《ある表現活動が個人の権利を侵害しており不法行為となる、といいうるためには、その成立要件を真剣に考えるべきだ》という点にある。

　アメリカにおいては、私人Aの表現行為が不法行為責任を構成するかどうか問われるとき、この表現行為は tortious speech と呼ばれることがある（⇒第3章Ⅰ）。民事法上の名誉毀損（コミュニティにおいて享受してきた「よき評判」「名声」の侵害）、プライバシー侵害（私生活上の事実の公表事案）、パブリシティの権利侵害、著作権侵害、極度の精神的苦痛を故意に与える不法行為（Intentional Infliction of Emotional Distress＝IIED）等がこれに該当する。

　アメリカ法は、ある権利の限界を J. S. ミルの「他者加害原理」（harm principle）に求める伝統をもっている[8]。とはいえ、いかなる行為が「他者加害」となるのか、定説はない。が、これは主に、他者の保護領域を物理行為・行動によって侵襲する、というイメージで理解されているようである。同国の不法行為法制は、原則として、この harm によって被告が被った金銭的な損失の賠償を被告に求める法制となっている。この伝統のためであろう、古くから名誉毀損を語るさい、「こん棒や石は私の骨を砕くかもしれないが、世評は決して私を傷つけはしない」(Sticks and stones may break my bones, but names will never hurt me.) との諺が法曹界でも語り継がれてきた。とはいうもののアメリカの法曹界がこの諺を額面どおり受け止めていることはないようである[9]。

---

8) *See* D. Wachtell, *No Harm, No Foul: Reconceptualizing Free Speech Via Tort Law*, 83 N. Y. U. L. Rev. 949 (2008).

9) *See* R. Epstein, Torts 468 (1999).

II Tortious Speech

が，それでも，ミルの他者加害原理と，この諺とが重なり合ったためだろう，"精神的な苦痛そのものだけでは金銭賠償請求の原因とはならない"という原則（No Mental Distress Only Rule）が現在も維持されてきている（⇒第3章V 1 (2)）。金銭的な求償が可能な精神的な苦痛とは，たとえば，原告が，自動車事故のために，これまで楽しんできた日常的な楽器演奏ができなくなった，とか，入院を余儀なくされて妻との性生活がおくれなくなった，といった「生活の楽しみ」を奪われたために覚える，心理的な傷・不満・イライラ・悔悟等々をいうのである。これらにおける精神的損害は，身体的・物理的損害に付随しているからこそ認められるものであるところから，parasitic damages（寄生的損害賠償）と呼ばれこともある。原告の主張する「損失」は，裁判にあたって事実審理する陪審員たちに事実として可視化され，しかも，原則的に，金銭に換算できなければならない[10]。Assault（故意による身体的威迫）が精神の平穏さを害する不法行為とされているのは，この原則の例外である[11]。

(2) Tortious Speech の憲法化

アメリカ不法行為法のこうした原則からすれば，原告の表現行為（communicative conduct）のうち，口頭や文書による言明，すなわち，純粋言論（pure speech）が被告の非財産的権益や非身体的権益を「侵害」し，不可視の損害を被告に発生させたがゆえに，原告は法的責任を負わなければならないという不法行為領域は異形だ，といわれることになる。本書は，既に第3章において，"私生活上の事実を公表する表現活動について不法行為責任を追及することは，表現の自由を保障する修正1条に違反するのではないか" "私生活上の公表事案は，格別に，異形の不法行為ではないか"という趣旨の疑問を提起した（⇒第3章I 1）。そのうえで，アメリカ法と対照したとき，日本での類似のプライバシー侵害について，通説・判例ともに，表現の自由との関係（憲法問題）をほとんど顧慮することなく，私法上の問題として処理している点についてもふれた（憲法上の論点が提起されたとしても，せいぜい，違法性阻却事由のひとつの要素として扱えば十分だ，とされている）。この傾向を疑問視して，私は3章において《連邦最高裁は，州のコモンロー上の異形の法制に state action を見出して，この state action が連邦憲法修正1条に違反しないか，問い直したのだ》と論じた。不法行為事案かどうか，という訴訟形式は二の次の

---

10) Ibid., at 439.
11) 参照，樋口範雄『アメリカ不法行為法』（弘文堂，2009）51頁。

問題だ，とされたのである。アメリカにおける「名誉毀損の憲法化」と対照し，同じく 3 章において私はこう指摘した。

> 「わが国の場合，不法行為プライバシーが憲法 21 条問題を抱えている，という自覚が少ない。憲法問題ではないとする割には，人間の尊厳という憲法上の価値でプライバシーの側を補強しようとする傾向がある」[12]。

(3) アメリカでの伝統的表現権理論

さて，では，アメリカにおける「異形の不法行為」である tortious speech は，表現の自由（修正 1 条）とどのようにして折り合いをつけられてきたのか。

修正 1 条領域におけるアメリカの判例理論（連邦最高裁判例も含む）は，ある表現行為が「他者加害原理」を満たすかどうか，という難問に正面から挑戦することを避け，① 問題の行為が communicative conduct であってメッセージを伝達しようとする行為であるかどうかをまず問い，② もし communicative conduct に該当すれば，当該行為におけるメッセージがどの程度の価値をもっているか，をランクづけることによって折り合いをつけようとしてきた。

このランクづけが「無価値のゆえに保護されない言論／低価値言論／高価値言論」(Unprotected Speech or No-Value Speech／Low-Value Speech／High-Value Speech) という 3 つの階層（範疇化）である。言い換えれば，この階層化は，当該行為が communicative conduct であって，日常言語でいう言論（それも，純粋言論）に該当するものであっても，修正 1 条の目的からみればその保護領域に属さないものから，修正 1 条の中核的目的に資するものまである，といいたいのである（修正 1 条の保障の程度は，この階層化だけでなく，純粋言論にとどまらない，speech-plus expression という類型や，多人数によってなされる表現行為類型等によってますます複雑となる。本章は，純粋言論のみに焦点を当てる）。

ところが，この階層化がはたして連邦最高裁判例の修正 1 条哲学と両立するかどうか，大いに疑わしい。というのも，最高裁は，一方では「思想の自由市場」論を修正 1 条の基礎としてきており（⇒第 1 章「はじめに」)，この哲学からすれば，裁判所が言論内容を 3 層にランキングすること自体がこの哲学とは両立しがたいのではないか，との疑義が生じてくるからである。「思想の自由市場」論を貫徹するとすれば，言論内容の階層化も自由市場の判定に委ねるべきであって，この階層化は国家機関である裁判所による価値序列の公定化では

---

12) 第 3 章脚注 103) を参照願う。

ないか，との疑義が生ずるはずである[13]。

　この難点を意識してか，連邦最高裁も，「無価値のゆえに保護されない言論」とされていた範疇を[14]，次第しだいに見直してきている。たとえば，受け手の側に不快な感覚を抱かせる言論（offensive speech）の事案においては，「相手方に直接向けられ，その人物を直接に侮辱する言明（statement）であるがゆえに，暴力的な反応を引き起こす本来的な蓋然性があること」を条件に，この言明を合憲的に制限できるとしている[15]。最高裁は，ヘイト・スピーチ（hate speech）規制——差別的な意識を公然と表明し，相手方に怒り（anger）・おびえ（alarm）・憤慨（resentment）等の反応を惹起せしめる言論の制約——の事案においても，この言論の範疇を当初より保護領域から外すことなく，当該制約が表現内容規制に該当するか否かを慎重に検討している[16]。

　こうした傾向は，言論の3層の序列化にあたっても，連邦最高裁が「他者加害原理」に常に留意してきていることの表れだろう。

(4) 名誉毀損の憲法化

　純粋言論領域は「他者加害原理」では解明できない法領域である。たとえば，刑事においては，わいせつ物頒布罪の合憲性が問われる。この制限は，健全な道徳を維持するためのものであって，「他者加害原理」（個人的法益の侵害）を理由とするものではない点を指摘して，相当数の研究者はこの制限を違憲だ（または合憲性を説くことは困難である）と論じている。

　不法行為（民事法）領域において「他者加害原理」では解明できない領域が

---

13) *See, e. g.*, Memoirs v. Massachusetts, 383 U. S. 413, 431 (1966) (Douglas, J., concurring); Paris Adult Theatre Ⅰ v. Slaton, 413 U. S. 49, 103 (1973) (Brennan, J., dissenting).

14)「保護されない言論」の範疇は，Chaplinsky v. New Hampshire, 315 U. S. 568 (1942) において示されたところである。*Chaplinsky* は「わいせつな言論，神を冒涜する言論，名誉を毀損する言論，侮辱的または喧嘩を売る言論」を例示したものの，実際には，当時から，脅迫，詐欺，共謀，偽証等々，多種の言論が修正1条の保護領域外だと解されてきている。

15) *See, e. g.,* Cohen v. California, 403 U. S. 15 (1971)；Texas v. Johnson, 491 U. S. 397 (1989).

16) *See, e. g.,* R. A. V. v. City of St. Paul, 505 U. S. 377 (1992)〔問題の条例は，「喧嘩言葉」の制限・規制とは違って，特定の言明だけを選び出して規制対象としており，「内容規制」に該当する〕; *Cf., Virginia v. Black,* 538 U. S. 343 (2003)〔問題の条例は，身体への侵襲を受けるおそれを惹起する蓋然性をもつ威嚇（intimidation）だけを合憲的に規制対象としている〕。

tortious speech である。

　先の(1)で，assault が例外的に不法行為として承認されている，と私は述べた。これが例外的であれ不法行為を構成するとされるのは，身体的な安全と結びついた精神的平穏利益を保護するためだ，という点にある。この扱いは「他者加害原理」で何とか説明可能だろう。この点に気づいている論者のなかには，人種差別的な言論（racist speech）を assaultive speech だ，とわざわざ説明し直して，この種の言論を刑事処罰または（および）不法行為と法定せよ，と主張するものもみられる（この主張の正否はここでは問わないことにしよう）[17]。

　これに対して，名誉毀損とプライバシー侵害という不法行為法制は「他者加害原理」からは外れているように思われる（もっとも，名誉毀損に関しては，この法益を財産権的に捉えれば，この原理を満たす，というるが）。連邦最高裁も，ある州の名誉毀損法制を表現の自由との対抗関係のなかで見直したとき，この法制について，かつてのように「適切に限界画定され，極めて限定された一定領域の言論」，すなわち，「保護されない言論」だ[18]，と一蹴できなくなった。この合憲性を問い直さざるをえなくなったのである。これが *New York Times Co. v. Sullivan*, 376 U. S. 254（1964）で示された「名誉毀損の憲法化」である（⇒第1章 脚注65。以下，この判決は *Sullivan* と表記する）。

　以来，アメリカ連邦最高裁判所の多数の判例は，不法行為の事案においても表現の自由に配慮し，① 可能なかぎり，個別的衡量を避け，予見可能性を大にしようとして「法準則」（legal rule）を樹立しようとしているばかりでなく，② 予見性を高めるべく，立証責任の分配と立証の程度を明確にするよう努め，③ 問題の言論の「公共性」という実体的価値判断にはできるだけ立ち入らないよう留意している。

　また，アメリカの有力な学説は，不法行為的言論規制を表現の自由（修正1条）問題だ，との前提に立って，tortious speech と表現の自由との調整に取り組んできている。

(5)　わが国の Tortious Speech

　わが国の判例・通説は，アメリカでいう tortious speech の事案において，成立要件の段階においてすら，複数の要素を列挙したうえで，これらの総合的

---

[17] アメリカにおける動向の詳細については，参照，梶原健佑「ヘイト・スピーチと『表現』の境界」九大法学94号（2007）49，58頁以下。

[18] Chaplinsky v. New Hampshire, 315 U. S., at 571.

判断による，としてきている。違法性阻却事由についても，同様である。これでは，当事者のいずれがどの程度の立証責任を負担すべきなのか，わからない。予見可能性ももたない。この姿勢は，tortious speech も，スタンダードではなく法準則によって解決されるべし，としているアメリカの思考と対照的である。日本法は，名誉・プライバシー事案を tortious speech として捉え表現の自由と調整してみようとする姿勢はなく，後のⅣでふれる dignitary torts の側面からのみ分析している。人格的利益の過剰，表現の利益の過少という構造である。

さらには，わが国の判例・通説は，プライバシー・名誉毀損の事案においては，明確な定義のない「公共の利害」を濫発し，裁判所（裁判官）からみて低俗な言明には公共性がないかのように扱う（⇒第3章Ⅷ）。国家機関によるこの「公共性」判断は，多くの大衆が抱いている好奇心を道徳性の高低によって篩いにかけ，《本来，保護領域にない不法行為的言論ではあるが，問題の言明が能動的市民の熟議に適していると判断されるときに限って，これを保護領域に取り込もう》という姿勢の表れのように私には思われる。この「公民の徳 civic virtue」と表現の自由とを関連づけようとする対話型民主主義または熟議民主主義の姿勢は，すぐ次にふれるように，アメリカにおけるデモクラット派にみられたところである。同国における連邦最高裁判決が一時この立場にさかんに言及し，ある時期までの学説も盛んに説いてきたところである。上のようなわが国の通説・判例の姿勢は，このアメリカの修正1条理解に一部影響されてきたようである。

Ⅲ　自己統治と表現の自由との関連性

(1)　熟議民主主義

熟議民主主義と修正1条の保障の程度とを関連づけることは，ニューディール期前後からウォレン・コートに至るまで，判例・学説においては顕著であった。が，その後のアメリカ最高裁判例の主流ではもはやない。

表現の自由と民主政とを関連づけて，表現の自由の優越的地位を語るデモクラット派の理論は，ニューディール期前後から登場した社会民主主義——連邦政府による経済市場の規整に期待して，経済的自由保障を相対化しようとする進歩派（改革派＝the Progressives）の思考——に影響されて登場した。この主張は，ふたつの大戦時にみられた政治活動の規制を体験したアメリカ社会にお

いては，さらに影響力をもった。熟議民主主義がモデルとする「自己統治 self-government」のための言論活動は，建国以来の伝統であると誇張気味に喧伝された（⇒第4章「はじめに」）。

かようなデモクラット派の表現権論が日米においてともに主流となったことの背景には，次のような事情がある。

第1に，ニューディール期以降，社会科学全般が国家による経済市場の規整に期待しはじめたことである。この改革派の知的雰囲気は，表現の自由市場，言い換えれば，「思想の自由市場」論の捉え方にも影響を与え，"自由放任の思想の市場には期待できない"とか"思想の自由市場は神話である"との見方が普及していったのである（⇒第1章「はじめに」および I(2)）。

第2に，修正1条の制定者意思が政治的な表現を保護することにあったとする歴史的な捉え方が，ある時期までのアメリカ歴史学界において一般的だったことである。この歴史観は第一次大戦後の言論統制に対抗するさいに大いに援用された[19]。アメリカ歴史学界が修正1条の制定者意思について修正主義の見方を展開しはじめたのは1990年代以降のことである（この点については，すぐ次でふれる）。

第3に，これらの学界の見解を基本的に維持しようとしてきたハーヴァード・デモクラット派の声が法学界において大きかったことである[20]。デモクラット派の声は，言論活動を生業とする知識人やプレスの自己利益の増進のために，さらに増幅された[21]。

---

[19] 修正1条の解釈においては Z. CHAFEE, JR., FREEDOM OF SPEECH (1920) の影響力が強く，彼のいう《修正1条の中心的論点は，seditious libel を許さないとすることにあった》との理解が学界に普及し，以来，多くの論者が，合衆国憲法が建国の時代から民主政のための表現の自由保障をねらっていたかのように強調してきた。この理解が，修正主義台頭以前のアメリカ史学・憲法史学を席巻してきたのである。後掲注22）もみよ。

[20] See J. McGinnis, *The Once and Future Property-Based Vision of the First Amendment*, 63 U. CHI. L. REV. 49 (1996). この論者マクギネスは，表現権理論に与えたハーヴァード・デモクラット派の影響の典型例として，C. SUNSTEIN, DEMOCRACY AND THE PROBLEM OF FREE SPEECH (1993) に言及し，この書籍が1993年度の Goldsmith Book Prize に選出されたことがハーヴァード・デモクラット派の大きな影響を物語っている，という。マクギネス自身は，表現の自由の保障範囲が多数決ルールによって決定されることのないためには，表現（情報の利用価値）を財産権として捉えるべきだと主張している。Liability rule である不法行為法制に代えて，当事者の交渉と合意を重視する財産権ルールによるべきだ，というのである。

[21] See A. Director, *The Parity of the Economic Market Place*, 7 J. LAW & ECON. 1, 6 (1964).

第4に，この時代には，法学界が公共選択理論や「法と経済学」等の他の学問分野の成果を知らなかったことである。

以上のような背景に影響されて，連邦最高裁も，政治的言論を「高価値言論」として位置づけてきたのである。

(2) **修正主義の台頭――アメリカにおける表現権理論の転回?**

近時の修正1条研究者は，デモクラット派の表現理論には次のような難点が伴っていることに気づいてきている（⇒第1章Ⅱ3）。

第1の難点。デモクラット派の理論は表現の自由を個人または私人の主観的権利としてではなく，能動的市民（公民）としての，または，選挙人団としての権利として特徴づけている点である。この理論は，表現の自由にいう自由を積極的な意味――I. バーリン（I. Barlin）以来の「消極的自由／積極的自由」にいう区別とは違った意味――に使用しているばかりでなく，個人の権利を集団の権利（選挙人団を単位とするのであれば国家機関の権能）に変質させてしまっている。表現の自由の法的性質は，あくまで法主体の防御権として理解されるべきである。表現の自由が**市民社会においていかなる機能を果たすか，という機能論は，同自由の実体的な法的性質分析とは別個**である。

第2の難点。デモクラット理論によれば，修正1条が表現の自由を私人（公民ではない個人）に保障するとしても，その保障の程度は，公民としての言論よりも低められるか，集団的決定のための表現の自由に道を譲らざるをえなくなる点である。個人の表現の自由は，よきデモクラシーのために付随的に保障され，よきデモクラシー構想にあうように整序・規整されることになってしまう。これでは，集団的決定を許さないための修正1条の意義（プレコミットメントの意義）が損なわれてしまう。

第3の難点。ある言明の保障理由がよき民主政治を実現させる，または，政治的変革をもたらす，という主張に歴史的な論証がない点である。これは，帰結主義的功利主義の欠点でもある（この難点は，第2の難点の言い換えであるが，ここでは，帰結について論証がないという点にウエイトを置いて私は論じている）。

第4の難点。建国の父たち，なかでも，J. マディスン（J. Madison）は，修正1条を民主政とは関連づけていなかった，という点である[22]。修正1条と

---

22) *See* D. Rabban, *Free Speech in Progressive Social Thought*, 74 Tex. L. Rev. 951 (1996); D. Rabban, Free Speech in Its Forgotten Years (1997). この修正主義者の理解によれば，建国時においては自己統治理論と表現の自由とは関連づけられてお

第5章　表現の自由を支えるもの

デモクラシーとを関連づける理論は，上に述べたように，ニュー・ディール期以降の積極国家の登場と歩をあわせて登場したのであって，建国以来の伝統ではない，と修正主義者（revisionists）は明言している。デモクラット派の理論は，経済市場に介入する連邦政府がもはや建国の精神である Limited Government ではなくなったことを薄々承知しながらも，表現による政府批判の自由が Limited Government をなお維持するだろうと期待したのだった。が，実際にその期待通りとなってきたか，大いに疑問である。

　第5の難点。デモクラット派の理論におけるデモクラシーの用語法が不正確である点である。デモクラシーとは，厳密には，統治のやり方または手続をさす。表現の自由がデモクラシーのためにある，というとき，その自由の実体的な法益がどう論拠づけられるのか，理解困難である。まるでデモクラット派は，"実体的な自由がデモクラシーという手続的な要請のために整序されるのだ"と説いているようにみえる。さもなくば，表現の自由は多数決ルールを円滑に実施するために保障されるが，それ以外は規制（規整）されてもよい[23]，と説かれているようにもみえる。修正1条の法益は実体的な防御権である。

　"自己統治に必要不可欠な言論はデモクラシーを保全するという機能に資するがゆえに高価値言論の地位を占め，それにふさわしい実体的な法力をもつ"との主張は，自由概念を次のように操作してかろうじて可能となる。すなわち，【自然的自由→社会的自由→政治的自由】という，積極的自由論者——J. ロック，J. ルソー，そして H. ケルゼン等々——がいってきた操作である[24]。この操作は，

　　ず，当時は，自然権としての主観的な表現の自由という捉え方が支配的だった，というのである。今日では，この修正主義の理解がアメリカ史学および憲法史学の支配的見解だともいう。
23）政治的言論だけが修正1条による保護対象となる，と説いたのが R. Bork, *Neutral Principles and Some First Amendment Problems*, 47 IND. L. REV. 1 (1971) だった。が，彼は，その後，明確にこの見解を撤回した。A. MEIKLEJOHN, FREE SPEECH AND ITS RELATION TO SELF-GOVERNMENT 104-05 (1948) は，修正1条の保護は「私人の利害を表明することにあるのではなく，公民として公共の福祉について考えること，信ずることを表明すること」にあるという。マイクルジョンのいう政治的言論は，芸術や文学までをも含む広範囲が念頭におかれている。が，保護領域の境界を不明確にしたままの理論は，実際の適用にあたって，判定者に余分なコストを強いる。このコストは，言明予定者については萎縮効果となり，公衆についてみれば社会的費用となる。後掲注35)をみよ。
24）積極的自由論者による「自由概念」の3転回操作については，阪本昌成『新・近代立憲主義を読み直す』（成文堂，2008）44〜46頁（ロックについて），58〜62頁（ルソーについて）を参照願う。ケルゼンについては，とりあえず，参照，H. ケルゼン，古市

Ⅲ　自己統治と表現の自由との関連性

実体的な法力から目を転じて，ある政治状態における「自由のあるべき機能」を論じたもののようである。

これに対して，近時のアメリカにおける修正主義表現権理論は，修正1条について，(i)徹底して言明者自身の主観的な自由の保障規定であり，(ii)それも消極的自由の保障規定であって，(iii)言明者自身の自由である以上，聞き手や「共同体」にどのような帰結をもたらそうとも，その保障の程度を操作すべきではない，と論じている[25]。もし，表現の自由が積極的自由のためにあるとか，聞き手の受領権を当然に含むとか主張するとすれば，聴衆の受領する情報の質・量の良化（better off）が，表現の自由の名のもとで求められることになろう。名誉・プライバシーに関していえば，アメリカ法における public interest という抗弁が，わが国の通説的理解のいう「公共の利益」とは違って，「公衆の関心事」を指しており（⇒第3章Ⅷ），また，裁判所もこの実体的な道徳判断に踏み込まないよう慎重であるのは，修正1条の個人主義的・消極的・言明者中心型理解の反映である。この理解においては，情報受領者が政治過程に関心を寄せる帰結主義的要素は不要である。そのため public interest には公益を促進するといった道徳的な意味合いもなく，情報受領者が政治過程に関心を寄せることといった帰結主義的要素もないのである。

第6の難点。デモクラット派の表現権理論が機能論ではなく，あくまで実体的自由を捉えようとしたものだとしても，アメリカにおける表現権理論の基礎となっている「表現内容規制／表現内容中立規制」の二分法とはそぐわない点である[26]。というのも，ある言明が政治的であるか，それともそうでないかという評定と，その評定に応じて司法審査基準を変動させようとすることそれ自体が，内容規制となるからである（この点については，先のⅡ(3)で既にふれた）。

　　恵太郎訳『民主政治の真偽を分かつもの』（理想社，1959）45～47頁。

25)　See G. Carmi, *Dignity* —— *The Enemy From Within: A Theoretical and Comparative Analysis of Human Dignity as a Free Speech Justification*, 9 U. PA. J. CONST. L. 957 (2007); McGiniss, *supra* note 20, at 69 n. 90. 前者の論者は，人間の尊厳というフレーズが表現の自由制約的に働いていることを，(i)「個人主義／共同体主義」，(ii)「言明者中心型／受け手中心型」，(iii)「消極的自由／積極的自由」というパラメーターを使用しながら論証しつつ，修正1条の権利が，個人主義的・言明者中心型であり，消極的自由であると論証しようとしている。

26)　アメリカの判例・学説に根づいているようにみえる「表現内容規制／表現内容中立規制」の二分法は，世界的にみたとき，特異であるという。See Carmi, *supra* note 25, at 957.

Ⅳ　Tortious Speech か Dignitary Torts か

(1)　人格権の実体

　徹底したリベラリストである私は,「人格権」という概念そのものに疑問をもっている。「人間はかけがえのない価値をもっている」,という「人間の尊厳」命題から「人格権」を論拠づけることは,形式論理学上の演繹であって,実体的利益の解明に成功してはいない。私は,本書においてこれまで複数回,人間の存在規定から人権を論拠づける論法は避けられるべきだ,と指摘してきた（⇒第3章Ⅲ4）。権利や人権は,希少性問題を不可避とする,この現実の世俗生活において,利害を異にする人びとの相互行為（諸々の交渉・交易活動）のなかに浮かび上がってくるものだ,とも私は第3章Ⅲで述べた。

　たしかに,アメリカの論者のなかにも,名誉毀損やプライバシー侵害をdignitary harm (injury) と捉えて,この不法行為を dignitary torts と呼ぶものもある[27]。が,しかし,この論調は学界には一般化してはいない。アメリカ法には,人間の尊厳という最高位の実体的価値を与件として諸基本権を序列化しようとするドイツ法的な発想はみられない[28]。アメリカ法は,人間の尊厳を最高位の実体的な価値として位置づけてはいないし,人格核心部分から周辺部に広がるにつれて保障の程度が弱まるとも考えていない。このアメリカ法の基本姿勢は,不法行為法制が道徳の体系とならないよう,また,超越論に陥らないよう,留意しているためだろう。

　不法行為の理論は,被害者救済に肩入れすることなく,双方の対立利益を公正に衡量することを要する。アメリカ不法行為法は,この公正さに留意しているようにみえる。

(2)　人格的利益の射程

　人格権を支える論拠についてはこれ以上忖度しないとしても,私にはわが国の法学にいう人格的利益の輪郭の不明瞭さが気になる。わが国の法学にはtortious speech を疑問視する思考のないまま,dignitary torts という被害者

---

[27] *See, e. g.,* J. Miller, *Dignity as a New Framework, Replacing the Right to Privacy,* 30 T. JEFFERSON L. REV. 1 (2007).〔プライバシーの根底にある人間の尊厳に訴えかけてこなかったことが,プライバシー理論の当初よりの失敗だった〕。

[28] *See* J. Whitman, *The Two Western Cultures of Privacy: Dignity Versus Liberty,* 113 YALE L. J. 1151 (2004).

IV　Tortious Speech か Dignitary Torts か

救済の思考が普及しているようにみえる。

　ときに，私たちは「人格的利益は物権に負けず劣らず強力である」という趣旨の主張に遭遇することがある（この言い方は，人格権侵害を理由とする事前の差止め請求事案によくみられる）。ところが，この言い方は結論の呈示——原告にとってきわめて重要な利益であって，原告が保護されるべきである，との主張——にとどまる。私たちは人格権の強力さの理由づけを知りたいのである。が，説得的に理由を述べたものに遭遇することはない。

　"問題の言明は原告のもつ人間の尊厳を傷つけており，人格権の侵害だ"という結論誘導的な主張は，人を黙らせる（⇒第3章 VII）。この主張は，① 尊厳とか人格とかいう，過剰な負荷をもった言葉のもつ力によって，② 反証のしようのない主観的な法益「侵害」を強調し，さらには，③「（人格権）侵害」という結論先取りのロジックによって因果関係と損害発生を推定している。有り体にいえば，この主張はレトリックなのだが，巧みすぎて反論・疑問を封じる力をもっている。

(3)　反証を困難とする Dignitary Torts

　私が反論・疑問を封じる力をもっている，と上で述べた理由をもう少し敷衍すれば，こういうことだ。

　ある言明が"人格権を侵害する"といわれる不法行為は，問題の言明によって，いかなる法益をどの程度変動させ，どんな損害を与えたのかに関する証明の程度も，言明と損害発生との因果関係も，精査することを許さない法制となっている。この法制は，"人格権を侵害する"という言葉の威力でcommunicative impact を制限しようとするところがある。この点は表現の自由にとって要留意事項である。Dignitary torts なる類型と発想はレースの前から勝敗を決定しがちである。ある言明の内容・性質から——それも，同定された原告の受け止め方にウエイトを置いて——損害の発生を推定し，現実の損害発生の立証を省き，さらに，因果関係の反証を許さない不法行為法理論は，民事法のなかでも特異（異形）であることに，まず，われわれは気づかなければならない。この特異さに気づいたとき，法益の曖昧さ，不法行為成立要件の不確定さ，違法性阻却事由の融通無碍な性質等々が次第しだいに露呈されるだろう。先の II(4)でふれた名誉毀損に関する *Sullivan* は，この性質をあぶり出すための先例だったのだ。

　修正1条に関するアメリカの連邦最高裁判例は，言明者が誰であるか，とい

199

う身元を重視しない。その哲学は，《誰が表出者であるかは問題ではなく，何がいわれているかだ》と問う（⇒第4章Ⅱ(1)）。ここで出てくるのが，先にふれた「保護されない言論／低価値言論／高価値言論」の序列化である。この序列化が流動化していること，特に，当初より「保護されない言論」とする範疇を最高裁は絞り込んでいることや，序列化自体に問題がありそうだ，と気づかれている点については，既に本章のⅡにおいてふれたところである。

　たしかにアメリカの表現権理論は決して首尾一貫したものではない。が，日本の利益衡量論よりは，予見性に富んでおり[29]，アメリカの思考に学ぶべき事柄は多い。

Ⅴ　マス・メディアの自由

(1)　救済されるべき個人？

　今日における tortious speech（dignitary torts）事案での被告は，マス・メディアであることが多い。となると，「営利企業であるマス・メディアが加害者で，相手方である個人が被害者だ」，「営利追求活動が個人の尊厳を侵害している」という勧善懲悪のストーリーになりがちになる。このストーリーは世に受け容れられやすい。というのも，被害者の侵害される法益は「傷つきやすい人権」であるのに対して，加害者であるマス・メディアは扇情的な表現を商品とすることで儲けを追求しているのだ，という印象を人びとが抱きやいからだ（⇒第6章Ⅱ）。

　この印象のもとでは，マス・メディアが国家から法的責任を不当に要求されないことこそ「人権としての表現の自由」であるという視点は忘却され，"マス・メディアこそ人権侵害の主体だ"という視点に関心が集中しがちとなる。この環境にあっては，マス・メディアの「人権」を語ったとしても，個人は圧倒的に有利な立場にある。

---

[29] アメリカの連邦最高裁は，序列化された範疇だけを基礎にして事案を解決しているのではない。たとえば，*Sullivan* においては，被告の言論が政治的内容をもっており「高価値言論」であることを一方で考慮しながら，他方で，原告（公職者）の名誉利益に配慮したうえで，あの有名な「現実の悪意」ルールという「法準則」を打ち立てたのである。このルールに関しては，後掲注37）をみよ。「法準則」（legal rule）とは，司法事実を審査すれば，裁判の行方に見通しがつくほどの，結論誘導力をもっている法的枠組をいう（⇒第3章Ⅱ）。また参照，梶原健佑「衡量枠と準則──表現の自由論における司法審査基準の再検討」山口経済学雑誌58巻5号（2010）25頁以下。

(2) マス・メディアの表現の自由

マス・メディアの「人権」は，次のようないくつかの事情のために，人格権を負かすほどの法力をもたない（以下の事情は相互に関連している）。

第1は，最近の憲法学が，「人権」という言葉を慎重に使い始めてきていることである（このことについては，すぐ後にふれる）。

第2は，「人権」の享有主体は原則として個人であり，巨大営利法人が「人権」を享受するかどうかは別途考察されねばならない，と相当数の憲法学者が考えている点である。もっとも，マス・メディアに関して通説は，表現の自由の享有主体だと解してはいる。が，近時の憲法学説のなかには，マス・メディアの表現の自由は（人権としてではなく）憲法上の権利として保障されている，と説くものが登場してきている[30]。この新学説は，マス・メディアが表現の自由を享受するにしても，個人の場合とは別の論拠によって憲法典上保障されているのだ，と主張するのである。これは，憲法学界が「人権」の論拠を真剣に問い直し始めてきたという，上の第1の点と関連している。すぐ後でふれるように，《マス・メディアの表現の自由は，「人権」という概念にそぐわない》とみる論者もいるのである。

第3は，憲法学界の通説が《表現の自由は優越的地位にあり，この自由を制約する国家行為の合憲性は厳格に司法審査されなければならない》と総論的に説いてきたにもかかわらず，上の2点と折り合いをつける各論の段階となると，決定打に欠けていた，という事情である（この点の理由については，後の(6)でふれる）。

以上の第1から第3の事情を感覚的に表現するとすれば，《営利を追求しているマス・メディアは「人権としての表現の自由」の主体ではない》ということだろう（⇒第6章Ⅳ）。この見方が，名誉権・プライバシー権という人権はマス・メディアによって侵害されやすいという感覚と重なり合ったとき，世のムードはどう醸成されるだろうか，この動向を私は懸念している。

マス・メディアのもっている陰の部分はたびたび浮かび出て，世の批判を受けやすい。これに対してマス・メディアのもっている光の部分について世論が賞賛することは少ない。これは自由な社会における正常な世論だ，と私は思う。そうであっても，この正常さが異常な病理にまで発展しないよう私たちは常に留意しておく必要がある。この留意のためには，憲法学界とマス・メディ

---

[30] たとえば，参照，長谷部恭男『憲法〔第4版〕』（新世社，2008）114，202頁。

ア界とが堅固な表現権理論をもつことが望まれる。この理論を構築していくにあたっては，上の第1から第3の背景を真剣に再考することが必要なのだ。
　以下，再考のための論点を整理してみる。

(3)　基本的人権と営利法人

　これまで憲法学は，日本国憲法第3章の「基本的人権」をさまざまな視点によって類型化してきた。「自由権／国務請求権／参政権／社会権」，「19世紀的人権（自由権）／20世紀的人権（生存権）」の類型がお馴染みだろう。これ以外にも，「人および市民の権利宣言」（フランス人権宣言）以来の「前国家的権利／後国家的権利」，言い換えれば「自然権的権利／非自然権的権利」という類型にみられるように，憲法学は基本的人権の種別をたえず意識してきた。この最後の有名な区別にいう「市民」とは，もともと「責任をもって政治参加する人」を指していたが，主権国家（中央集権国家）を確立していく間に，「国家の構成員，すなわち，国籍保有者」と語義転換されてしまった。そうなると，この「人／市民」という区別は，「人であれば保障される人権／国民であってはじめて保障される人権」というテストとなって「外国人には保障されない人権」という，近代立憲主義の予想しないカテゴリーを生んでしまった。

　近代立憲主義が予想しなかったことといえば，巨大営利法人の憲法上の扱いである。17～18世紀の合理主義啓蒙思想は，「個人と国家」との対立に問題意識を集中させ，《自然権の主体である個々人が自然権保全の目的という合意のもとで統治状態を作り出したのだ》と説いた。個々人全員が合意しうる政治状態とは，古代でいわれたcivitasという「政治的共同体」イメージである。この共同体は自由な意思の主体である同質の個々人からなるのであって，ギルド，地方団体，結社等の存在は，同質の自然人からなる透明な共同体にとって異物だ，と扱われた。これが共和主義(リパブリカニズム)の思考である。共和主義者にとってみれば，営利獲得を目的として市民社会に登場した法人は，市民を私人に変え，国家を不透明にしていく障害物だ，と映ったのである。

　こうした歴史的背景に加えて，営利法人が市民社会において巨大化してくると，共和主義者は，"巨大営利法人が「社会的権力」になって個人の「人権」の抑圧主体となっている"と主張しはじめてきた。営利法人の権力は国家のそれについで（または，それ以上に）警戒され始め，《巨大営利法人は「人権享有主体だ」と軽々にいうなかれ》との主張も声高になってくる。

(4) **人権ならざる権利**

最近の憲法学説が人権という概念の捉え方について，かつてないほどの論争に踏み込んでいるのは，上の(3)のような事情による。

論争に従事している論者に共通する姿勢は，《人権という概念と論拠を真剣に受け止めよう》とする点である。人権という言葉には，歴史的な重みのみならず，哲学的な論拠づけの重厚さをもっていなければならない，という視点である。この視点に立てば，従来のように「人権」を「基本的人権」または「日本国憲法第3章に列挙されている基本的人権」と相互互換的に漠然と用いることに慎重にならざるをえない。かくして憲法学における「人権論」の照準は，従来の憲法学の主たる課題であった「人権の享有主体性」や「自由権／社会権」を識別すること以前の，哲学的な課題に置かれるのである。

この課題を意識して最近の憲法基本書は，「日本国憲法第3章の基本的人権」を「厳密な意味での人権／人権ならざる権利」と区分けしようとしている。もっとも，区分けにあたっての論者の言葉遣いはさまざまで，「人権／基本権」というものもあれば，「人権／憲法上の権利」というものもある。名称の違いとその是非はここでは重要ではない。その論拠づけにあたっての視点がそれぞれ違うという点が重要である。

網羅的ではないが，いくつかの立場を紹介してみる。

第1は，民主プロセスに必要なものだけが人権概念を支えている，とみる立場である。これは，①人権の論拠づけを実体的な価値に求めようとすれば，解決不可能な論争が不可避となること，②人びとが多元的な選好をもっている社会にあっては，人権以外の権利問題は民主過程の俎上に載せることによって解決されることのほうが好ましい，と考える立場である[31]。

第2は，民主プロセスの前面に出がちな多数者の選好（または社会的効用の増大）に抗する「切り札」となりうることが人権概念を支えている，とみる立場である[32]。これは，「自律的に選択する個々人（自然人）」のために保障される moral right を「人権」，それ以外を「憲法上の権利」と呼ぶ。そして，後者については「社会全体の効用を増大させること」に，その保障の論拠を求める（「人間の人格的生存にとって必要不可欠な利益」を人権と称して，その他の憲法上の権利から区別する通説の立場も，基本的にはこれに近い。が，通説が《人権な

---

31) 参照，松井茂記『日本国憲法〔第3版〕』（有斐閣，2007）316, 445頁。
32) 参照，長谷部恭男『テレビの憲法理論』（弘文堂，1992）12頁以下，同・前掲注30）『憲法〔第4版〕』114頁。

203

らざる権利，なかでも，マス・メディアの自由は社会的な利益実現のためには制約されてよい》と明言することは少ない）。

また第3は，国家から妨害されない自由だけが人権概念を支えている，とみる立場である。これは，人権とは《各人は，他者から強制を受けることなく，各人の知識を各人の目標実現のために使用するシールド領域のこと》であって，moral right である必要はない，と捉えるのである。この立場は，「自然人／団体」，「非営利法人／営利法人」といった区別にはブラインドで，「自由を基底とする人権／国家による内容形成を必要とする憲法上の権利」の区別を重視する。この立場は，人権である自由は憲法上の権利である社会権よりも優先的に保障されるべきだという戦略を考えてもいる[33]。

上のうち，第1の立場をとれば，《憲法21条は，情報の発信元がマス・メディアか，個人かという区別にはブラインドであって，同条にとって決定的な視点は民主政プロセスの必要不可欠な表現内容をもっているかどうかだ》と論じられることになる。言い換えれば，21条の保障する表現の自由とは，「出版」という行為であって，マス・メディアという組織体ではない，というのである。

上の第3の立場をとれば，《人間（自然人）の尊厳が自由保障の論拠である必要はなく，自由という保護領域に侵入する国家行為の正当性をまず問い糾せ》《マス・メディアは，国家によって内容形成される対象ではなく，市民社会という自由な空間に姿を現してきた任意の組織体だ》ということになる。マス・メディアは，民間企業という組織体として情報取引費用を最小化し，国民の関心事を効率よく専門業として市場に提供しようとして登場したのである。

さて，問題は上の第2の立場である。

(5) マス・メディアの表現の自由——憲法上の権利

第2の立場によったとき，こういわれることになる。

　　《個々人の言論出版の自由は切り札としての人権であるのに対して，マス・メディアの言論出版の自由（プレスの自由）は社会的効用を大きくする限りにおいて保障される。マス・メディアの自由が公共の福祉（社会的効用計算）による制約に服するのは，そのためである。》

この第2の立場の出発点は，人権としての表現の自由保障の論拠を人格の発

---

[33] 参照，阪本昌成『憲法理論Ⅱ』（成文堂，1993）[87]，同・前掲注2）『憲法2 基本権クラシック〔全訂第3版〕』[12]。

展と自律という自然人特有の能力と関連づけるところにある。こうなると，営利法人であることが通例であるマス・メディアには人格を発展させる能力はない，といわれてくる。送り手であるマス・メディアには人権はなく，憲法は，受け手の利益を考慮して憲法上の権利をマス・メディアに与えたのだ，ということになる。

このように第2の立場は，マス・メディアの表現の自由の論拠として，全体としての受け手が情報を受け取ることによってその自律性なり人格なりを発展させることをあげるのである。この立場の特徴は，個人の表現権については個人主義的でありながら，マス・メディアのそれについては，①集団主義的であり（全体としての受け手の利益を重視していること），②発信者中心ではなく，受け手の利益中心の理論であって，③帰結主義的であること等をあげることができる[34]（上の①の特徴が②および③を決定している）。

この主張にはいくつかの難点がある（⇒第1章Ⅳ）。

第1は，社会的効用の測定を誰がどのようにしてなすか，というJ.ベンサム（J. Bentham）に寄せられた批判と同じ点である。効用計算が結局は議会制定法（国会の裁量）によってなされるとき，自由な社会の利点は大きく損なわれるだろう。情報流通における社会的効用を増大させるために国家が最初になすべきことは，表現の自由と対立する権益の輪郭を明確化することである[35]。被侵害利益（権利）が明確であってはじめて，いかなる表現が禁止され，いかなる表現が許容されているのか，事前に誰もが知りえるところとなって，市場における情報量（自由度）は最大化される。これこそが，社会的効用を最大化する法制のはずである

第2は，表現の自由の歴史を軽視している点である。表現の自由の歴史にとって忘れられないゼンガー事件（治安妨害煽動罪における真実性証明を許した事案），「プレスの自由こそ専制政治の防波堤である」といち早く語ったバージニア権利章典，合衆国憲法がspeechだけでなくpressの自由[36]をも保障した

---

34) 前掲注25)をみよ。
35) 本文での私の主張は，「コースの定理」を念頭においている。たとえば，プライバシー権と表現の自由とが対立したとき，前者の内包と外延が曖昧にされたまま，「プライバシー侵害だ」と結論することは，「コースの定理」にもとっている。社会的費用を発生させるからである。プライバシーのみならず「人格権侵害だ」という主張も，私にとっては同様である。「プライバシーとは自己情報をコントロールすることであり，被告はこれを侵害している」という主張は私にとっては許容しがたい（⇒第2章）。
36) プレスとは，マス・メディアのうちでも，公衆の関心事を迅速かつ定期的に伝達する

こと，有名な「現実の悪意ルール」[37]はプレスの自由にかかわっていたからこそ連邦最高裁によって構築されたこと（ただし，Sullivan のこの理解のしかたには異論もみられる）等々。これらの流れをみたとき，《表現の自由度はプレスの自由度によって測定されうる》とさえいえる。

　第3は，「自律的に選択する個々人」にとってプレスの提供する多様な情報は不可欠だ，いや，自律の内容そのものをなしている，という視点に欠けることである。自律する個人にとっては，情報提供媒体がマス・メディアであろうと口コミであろうと，対面的な対話であろうと，違いはない。もともと，思想の自由市場で飛び交う情報と個々人の自律的判断との関係について，"これはメディアから，あれは個人の口頭から"と情報源別（媒体別）に分けたうえで，プレスの自由の保障程度を低く見積ることは適切でない。これだけの広い複雑な市場において，個人のスピーチにできることは知れている。

(6) ひ弱だった表現権理論

　表現の自由にとって重要な視点は，情報の提供者が営利獲得を動機・目的としているかどうかに置かれるべきではない，と私は考えている。この動機を重視しながらメディアの自由の保障程度を議会の効用計算に委ねる見解は，表現の自由の実体的な法的性質分析を軽視している。

　ところが，マス・メディアが表現の自由の主体として取り上げられたとき，個人（自然人）の場合に比べて一段と低い地位しか与えないという論議がたび

　　ことを専門的業とする組織体を指す。

37) Sullivan でいわれる actual malice は憲法上の要件であって，コモンロー上いわれてきた同名のそれではない。コモンローにおける actual malice にいう actual とは，推定されない，という意味であり，malice とは，ill-will といいかえられることもあるように，相手方の利益を害そうとする意図を指すことが多い。ということは，このコモンロー上 actual malice ルールとは，推定的害意だけによって不法行為を成立させないルールをいう。これに対して，憲法上の現実の悪意ルールは，コモンロー上の名誉毀損の構造を根幹から書き換える，革命的な意義をもっている。すなわち，Sullivan にいう憲法上の「現実の悪意」(actual malice) は，問題の言明が defamatory であれば名誉毀損と推定する，というこれまでの法準則を崩壊させたのである。憲法上の「現実の悪意」とは，表現内容が虚偽であることを知っていたか，または，虚偽ではないかとの重大な疑いを実際にもっていたにもかかわらず (with knowledge that the material was false or with reckless disregard of its falsity)，調査もしないで（裏づけもとらないで），開示してしまったことをいう。上にいう reckless とは，コモンロー上の reckless と同義ではなく，また，重過失の意味でもなく，「公表事実の真実性につき，言明者が，実際に，重大な疑いをもっていたこと」をいう。なお，Sullivan の背景については第3章「はじめに」3(1)をみよ。

たび出てくる。なぜだろうか？（ドイツの場合には，一段とあつい保障を与えようと試みられていることと比べても不思議である）。

その理由は，憲法学における表現権の理論が予想以上にひ弱で，十分な解答を準備してこなかったことにあるのではないか，と私は感じている。教科書にみられる表現権の理論は理念的すぎて具体的事案の解決にあたって機能しておらず，裁判例にみられるそれは体系に欠けている[38]。なぜこうなのか？　教科書レベルで理由をみつけようとすれば，いくつもすぐに発見できる。

第1は，表現とは何をいうのか，表現という行為によって個人や集団は何ができるのか，という意義付けを精緻にしてこなかったこと。

第2は，憲法21条を論ずるにあたって，表現，言論・出版，情報流通，コミュニケーションという言葉が相互互換的に用いられたために，プレスという独立のカテゴリーの存在を浮かび上がらせなかったこと。プレスという組織体とメディア界という制度に何ができるか，という視点がこれまでの表現権理論には欠けていた。プレスという独立の範疇が取り出されたときにも，巨大営利企業としての社会的権力として扱われるか，大衆を情報操作する権力として警戒されるか，といったネガティヴな扱いとなりがちだった。

第3は，表現の自由の優越的地位を語るにあたって，T. エマソン（T. Emerson）のいう4つの機能（自己実現，社会的決定への参加，真理への到達，そして社会の安定・変革）を繰り返すにとどまってきたこと（⇒第1章 II 2）。エマソンの議論はあくまで機能論であって，表現の自由に内在する価値をえぐり出すものではなかったのである。彼のいう「自己実現」は，人格の発展を指すようでもあり，個人の自律的な選択能力の強化を指すようでもあり，実に曖昧である。また，「社会的決定への参加」は民主的な政治運用という政治過程における効用増大を指すようでもあり，市民社会への個々人の参加による効用の増加をも指すようでもあり，これまた曖昧である。エマソンの議論のうち，曖昧な「自己実現」機能が人格中心に捉えられたときには，既にふれたように，マス・メディアについてこの機能を語ることは不能である。「社会的決定への参加」機能が健全な民主政と関連づけられれば，情報操作して営利を追求する

---

[38] 戸松秀典「『表現の自由』今日の議論状況 個別の問題について深めた論議の展開を──優越的地位の確保のために」新聞研究587号（2000）41頁は，最高裁判決が二重の基準論を理念として承認している，と指摘したうえで，理念が具体的解決にあたって機能していない点を衝いている。が，もともと学説のいう二重の基準論自体が具体的指針を与えない，ひ弱なものだ，と私はみている。

マス・メディアは雑音として扱われかねなくなってしまう。

　第4は，表現の自由の優越的地位の理論に災いされ，教科書的記述があまりに簡単に「表現内容規制については合憲性推定が排除される」と総論的に片づけすぎたこと。一言で「規制」という場合であっても，刑法上の処罰からはじまって，登録制や事前の許可制等の行政的なもの，さらには民事法上の金銭賠償，原状回復，差止め等々数え切れず，これらの違いを無視して「合憲性推定は排除される」ということは雑すぎる（一例を挙げれば，わいせつ表現の規制について合憲性推定を排除する，と通説・判例がいったことはない。その他，国家秘密の漏洩事件，名誉・プライバシー事件についてもしかりである。マス・メディア関係者は，憲法学界のいう「優越的地位の理論」を疑ってかかった方が賢明である）。

お わ り に

(1) 自由な国家における表現の自由

　民主政に警戒的な私とて，《表現の自由は健全な民主政治を機能させる観点にとって重要だ》という主張を理解できないことはない。

　ところが，この主張は次のような仕掛けを含むもので，自由な社会にとって危険だ，と私は診断している。その理由は次のとおりである。

　第1は，「民主政治に資する表現行為だけが憲法21条によって保障される」といわれかねないことである（実際に，アメリカのある論者はそう主張している[39]）。さもなくば，「民主政治に資する表現行為だけが優越的地位にある」といわれてしまうかもしれない。民主政治に資するかどうかの判断は容易ではなく，かような判断を国家機関がなさないことこそ憲法21条の求めるところではないだろうか？　本書は，日米の表現権理論が政治的言論を経済的自由と対照しながら表現の自由の特有の価値を強調してきた背景には，進歩派（改革派 = the Progressives）の影響があった，と論じてきた（⇒Ⅲ(1)）。

　第2は，「民主政に資するよう表現を規正——規制ではなく——することは許容されるどころか必要だ」というロジックを許すことである。「表現の自由にとって重要なことは，マス・メディアの自由ではなく，民主政への関心を国民に持たせる情報の伝達だ」という論法だ，といってもいいだろう（⇒第1章 Ⅳ 2）。この論法は，自由の意義を変質させることだろう。

---

39) 参照，前掲注23）。

マス・メディアの扱う情報が政治的な話題ばかりで，そのために圧倒的な数の国民が政治に関心をもっている社会とはどんな社会だろうか。

情報の生産者であるマス・メディアが多数あって多様な情報を提供するなかで，情報の消費者である国民がある情報を購入したりしなかったりして，生産者を富ましたり破産に追い込んだりする，このことこそ健全で自由な社会の証だと私は考えている。思想の自由市場は経済の自由市場でもある。マス・メディアが「商業ジャーナリズム」であることは至極当然なのだ。

表現の自由は民主政治のためにあるのではない。

(2) 低価値言論も高価値をもつ？

本章を通して私は，政治的言論（自己統治関連言論）だけが表現の自由の保護領域にある，とか，政治的言論だけがあつく保護されなければならない，という主張に異論を唱えてきた。私の異論には，次のような留意点が流れている。

第1は，通常人の間であっても，問題の言論の社会的価値の判定に相違がある，という点である。多元的で自由な社会においては，「全体としての受け手の利益」はない，と私たちは考えておくほうがよい。ということは，裁判所による価値評定にも信頼が置けない，ということになる。

第2は，たとえ，われわれ（裁判官を含む）が一定種の言論に関するかぎり，自信を持って価値評定できるとしても，自由経済体制の国家においては，低位に位置する言論と高位に位置する言論とが経済的には切り離すことはできない，という点である。たとえば，ひとつの雑誌が，その記事のなかで娯楽部門をもっていたり，センタホールダーにヌード写真を掲載したり，新聞が漫画やスポーツ欄をもっていたりすることがある。これは，これらの情報が，公共財というより私的財に近いということを知っている雑誌社の自発的な工夫である。この工夫について，公共選択論を駆使しながら独自の表現権理論を展開しているD. ファーバァ（D. Farber）は，次のように興味あふれる分析をしてみせている。

「ひとつの雑誌に，性的な記事または暴力的な記事が掲載されているのがこの例である。ある読者にとっては，これらの記事には何らの価値もないことだろう。ところが，違う見方をする人物にとっては，2種の異なる記事が掲載されていることが重要な社会的メッセージを伝達している，とみられることだろう。……一方の記事がたとえ社会的価値がない場合であっても，それを掲載するからこそ，メディアは社会的有用情報を提供できるのである。一

方の情報が他方の情報生産を助成している，ということである。……社会的価値のない（低い）情報の生産は，価値ある情報を生産するにとって必要なコストであり，われわれは，これに寛容でなければならない」[40]。

＊　　＊　　＊

本章は，日本新聞協会『新聞研究』591 号（2000）に公表した「表現の自由を支えるもの」をベースにしてはいるものの，第 1 章との連続性がみてとれるよう，全面的に書き直したものである。

---

40) D. Farber, *Free Speech Without Romance: Public Choice and the First Amenndment*, 105 HARV. L. REV. 554, 583 (1991).

第6章　議会制民主主義における第4の権力
――マス・メディアの位置と機能

> 私たちは，私たちが生きる社会，あるいは世界について知っていることを，マスメディアをとおして知っている。……私たちは，マスメディアについてあまりにもよく知っているためその情報の出所を信頼することができない。私たちは，自衛しようとして，情報操作されているのではないかと疑うのだが，しかしそうしようとしてもたいした帰結には至らない。なぜならばマスメディアから得られた知識は，ひとりでに強化するかのごとく，自分の構造へと再びつながっていくからである。
>
> N. ルーマン，林香里訳『マスメディアのリアリティ』
> 7頁（木鐸社，2005）

はじめに

(1) 法学には，広大無辺で，論者の数だけ定義をもつ概念が多数ある。特に，これらの概念と捉え方が政治哲学や道徳哲学のそれと違っているとき，読者は大いに戸惑う。その例をいくつか挙げれば，「人格」，「精神」，「正（邪）」，「社会」，「市民」，「公（私）」，「公共性（圏）」，「善（悪）」，「実体（形式）」，「民主主義」等々である。これから論じようとする「議会制民主主義における第4の権力――マス・メディアの位置と機能」にいう「権力」も「民主主義」も，さらには「マス・メディア」も，それらの意味するところにコンセンサスはない。そればかりでなく，「マス・メディア」として何をイメージするかによって，また，マス・メディアのいかなる役割に期待するか（しないか）によって，「メディアの権力」論も雑多となる（マス・メディアの意義については，後のⅡでふれる）。

(2) 自由主義国家におけるマス・メディアは，新聞（政党の機関紙から全国紙まで），雑誌（週刊誌から不定期のものまで），書籍（文庫本から全集ものまで），映画（短編から長編まで），TV（VHF，UHF から CS，BS まで），ラジオ（短波から FM まで）等々，その形態だけでも無数に近い。また，マス・メディアが生

産する情報の性質からみれば，時宜性を重視するジャーナリズムから，人類の知的遺産を引き継ごうとする出版社まで，多様である（マス・メディアとジャーナリズムとの違いについては，後にふれる）。

　自由経済体制の国家においては，これら多数かつ異質なマス・メディアも，購買数（層）を予想しながら，情報を商品（財）として消費者に提供する点ではほぼ共通した活動を示している。

　(3)　ところが，このマス・メディアの営利性に警戒する論者は多い。マス・メディアは「資本主義経済システム」に組み込まれてしまっている，というよくみられる批判的な論調である。この論者にとっては，マス・メディア（なかでも印刷メディア）を通して形成されるはずの「公共圏」が，営利的メディアによって浸食され支配されてしまっている，というわけだ。このメディアの影響力をもって「マス・メディアの権力」といわれることもある。この用法は，"政治権力を監視する社会的権力としてのマス・メディア"というポジティヴな用法とは対照的である。

　本章のねらいは，上のふたつの「マス・メディアの権力」論——営利のための権力と第4の権力という捉え方——を批判することにある。本章の批判が，マス・メディアに対する別種の捉え方の契機となれば幸いである。

I　自由主義国家におけるマス・メディアと議会の役割

(1)　知識は市場からやってくる

　私は，私の直接に経験した知識に基づいてある事柄を決断するよりも，経済市場に顕示される人びとの行動パターンに依存して決断し行動するほうが合理的であることを知っている[1]（⇒第4章Ⅶ）。というのも，私の直接的な経験

---

1) 人の価値観・選好は，周辺の環境とそれに関する知識によって作られる。周囲の環境は，常に変化する。それに応じて，人の価値観・選好も変わっていく。人の価値観・選好は自分の内部に湧き出るものではなく，外的環境に影響されながら，主体の内部に形成されていく。経済学者が「顕示選好の原則」というタームで表したように，人びとの価値観・選好は，対人的な行動のなかではじめて可視化される。その典型的場面が市場における交易である。さまざまな人の行動が市場取引の広がりのなかで展開されたとき，私は，人びとの価値観・選好のかたまり（パターン）を知る。このかたまりを知ってはじめて私は，私やあなたの価値観・選好がこのパターンに属する典型例なのか，それでは異例なのか，はじめて判別することができる。市場は，多種多様な，そして，人びとの選好を顕示させて，自発的な取引のなかで互いに衝突するかもしれない選好を調整す

は限られた知識しか私にもたらさないし，私の知識は私のあからさまな選好と体験のために偏向している，と私は薄々知っているからである。私は，市場に顕示されている人びとの行動パターンを知ることによって，私が今から選択しようとする行動が，平均的なものであるか，異例なものであるかを予測しつつ，より合理的な行動に出たいのである。

それでも，私が知りうる他人の行動のパターンもまた限られている。そこで私は，ある専門組織体によって媒介され処理されて市場に出回っている情報に依存する方を選択するだろう。私は，実際に，そうしている。マス・メディアが生産し提供している情報である。マス・メディアは，私個人では見通せない広い社会の動きを私が処理可能な「知識の束」へとパターン化して私に知らせている。もちろん，私は，私の依存するマス・メディアが平均的なものか，異例なものであるかどうかも，市場の動き（当該メディアが市場において占めているおおよその位置）を見て知っている。

私は，私の選択するマス・メディアに依存することによって，知識の獲得・処理等における取引費用を大いに削減できている。自由経済市場のおかげである（⇒第4章Ⅷ）。

(2) 議会は選挙民の政治的選好を顕示する

自由主義国家における議会制民主主義は，選挙民の多元的な政治的選好を議会において集約し，調整しようとする方法である。この方式が国家の機構として公式に採用されたとき，議会制といわれる。議会制は，19世紀の産物である。

議会は，選挙民の代表によって構成される。19世紀の「議会の世紀」においては，代表はまさに選挙民の選好を代表し（represent）議場において再現前（re-present）する主体だった。代表と選挙民は，同質の利害（政治的選好）をもっている，と期待されていた。議会のエートスは，意思決定の実体にではなく，手続にあった。神は議事手続に宿るというわけだ。だからこそ，議会が所定の手続によって制定した法律は正当でありかつ合法である，とみられたのである[2]。

ところが，議会制は大衆民主主義（mass democracy）の時代の波に呑まれ，

るのである。参照，K. ヴォーン，渡部茂＝中島正人訳『オーストリア経済学』（学文社，2000）第7章，阪本昌成『法の支配　オーストリア学派の自由論と国家論』（勁草書房，2006）第2章，第5章。

2) 参照，C. シュミット，田中浩＝原田武雄訳『合法性と正当性』（未來社，1983）26～31頁。

代表と選挙民との同質性は失われた。

　多数者の寄せ集まりにすぎない大衆（mass）の利害関心は無数であり，ある関心は名前すらもたず（もたされず），議会において再現前されることもない。しかも，大衆の政治的選好は，無定型で流動的で気紛れで，そのうえ不可視である。大衆の政治的選好を予測し先導し形成する役割は，政治的エリートである代表者と，代表者によって構成される議会（実情に即していえば政党）に期待されてくる。それでも大衆の政治的選好がひとつに纏められることはない。政治的選好の利害対立を浮かび上がらせるのが大衆民主主義における議会の議事手続である。ここには，もはや手続に神は宿っていない。このことは誰の目にも鮮明である。それでも，議会制民主主義の正当性は，「民の意思」にあいかわらず求められる。

　ところが，その「民の意思」は，実際には，多元的であり，所与の存在物ではない（実体として存在しない）。

　多元的で流動的な民意を定期的に顕示させる機会が選挙である。選挙は，政治の消費者である選挙人が自由投票によって政治の生産者である候補者（現代政治においては政党）の政策を購入したりしなかったりする機会である。民意は選挙における自由な投票結果に表示（顕示）されてはじめて，その分布状況を表す。間歇的な選挙という政策購入の機会を通して，人びと（政治の消費者である選挙民）の政治的選好がいくつかのかたまりとして，選挙の後に，可視化されるのである。

　(3)　民主主義の市場モデル

　私は，この議会制民主主義を「市場モデル」と呼んできている[3]。政治の生産者が公告（広告）するサービス（綱領やマニフェスト）を，政治の消費者である選挙民が購入したりしなかったりすることによって，生産者である政党に影響を与える方式（政権につけたり，政権から引きずりおろしたりする手続），これが議会制民主主義である。

　経済市場が多数の生産者と無数の消費者の分業によって成立し，消費者の消費行動が生産者に影響を与えているように，政治市場も，生産者（政治家や政党）と消費者（選挙民）の分業からなっており，消費者の消費行動が生産者に影響を与えている（治者が同時に被治者となることは決してない）。この点では経済市場と政治市場は，一見似ている。ところが，両者の間には大きな違いもあ

---

[3]　参照，阪本昌成『リベラリズム／デモクラシー〔第2版〕』（有信堂，2004）176頁。

る。

　その最大の違いは，政治市場においては，生産者の数が限定されていることである。このことは，二大政党制を考えれば，すぐにわかる。生産者が限定されているために，消費者が購入するサービスの選択肢もしれている。

　議会制民主主義の「市場モデル」は，"デモクラシーは個人の尊厳を保障する政体だ" のごときナイーヴな見方ではない。また，「民主主義は自己統治だ」という能天気な捉え方でもない（憲法学は，統治には「代表原理／自同性原理」というふたつの，折り合いのつきがたいやり方があることに常に留意しておくべきである）。

　「市場モデル」は，政治市場における消費者の購入対象が経済市場のそれのようには満足できないことまで見抜いている。

　「法と経済学」研究者，D. フリードマン（D. Freedman）の巧みな説明は，ここで引用に値するだろう。

> 「我々が政府を買う方法で車を買うとしてみよう。1万人の人々が集まり，自分の好きな車にそれぞれ投票することに合意する。どの車が勝とうと，1万人の人々はその車を買わなければならない。我々が最良の車を見つけ出そうと真剣に努力しても誰も報われない。私がどんな決定をしようと，私の車はその集団の他のメンバーが私のために選んだものである。このような制度の下では，車の質はすぐに悪くなるだろう」[4]。

(4) 政治の市場は経済市場ほどには期待できない

　政治過程においてわれわれが政治家を選ぶ（投票によって購入する）行為は，成功か失敗かを直接にテストされる可能性のないところで行われている。そのため，購入しようとする財の品質は保証されがたい。ということは，民主主義は政治の消費者にとっては良い買い物ではないのである。しかも現実の政治過程は，政党や政治家が自分の潜在的支持層に便益を与えることを公約して，当選の可能性を高めようとするレースである。政党は政権獲得のために，標準的選好をもっている「中位投票者」の支持を獲得しようとする。そのため，政党の政策も同方向を向く傾向となる（特に二大政党制においては）。これは「中位

---

4) D. フリードマン，森村進ほか訳『自由のためのメカニズム　アナルコ・キャピタリズムへの道案内』（勁草書房，2003）167頁。また，参照，D. フリードマン，上原一男訳『日常生活を経済学する』（日本経済新聞社，1999）342頁；阪本昌成『憲法理論Ⅲ』（成文堂，1995）263頁。

投票者定理」と呼ばれる。
　そればかりではない。選挙にあたって政党や政治家は，マニフェストに掲げる公共政策の真の受益者は誰か，誰がどれだけコストを負担するかについては，ぼかして選挙民の反対を受けないよう工夫する。選挙民はこの点を見破らないまま，あるマニフェストに賛成することが多い。J. ブキャナン（J. Buchannan）の公共選択理論でいう「有権者の錯誤」である[5]。
　選挙の時点では争点をぼかす大衆民主主義は，立法過程となると，また別の顔を見せ始める。大衆民主主義における立法過程は，さまざまな危機に直面したときに，少数の利害関係者が「公共性」に訴えて緊急措置としての法令を議会に制定させる政治プロセスである。それだけ大衆民主主義は，争点を個別化し，先鋭化させて議会に法律を制定させ，短期間に問題解決しようとする。個別法が過剰生産されるのである。マス・メディアも，それを煽る傾向にある。マス・メディアもまた，標準的選好をもっている「中位投票者」の支持を獲得しようとするからである。この行動は，大衆（mass）を消費者とする生産者の合理的な選択である。

(5) それでもメディア市場の方に期待できる

　たしかに，マス・メディアの語り口は，平板となりがちである。しかも，大衆は平板さに安堵を発見してしまう。というのも，「これはわれわれがだんだん『そういうもんだ』と思うようになってきたかたちで演出され」[6]ていることに大衆は慣れきっているからである。
　平板な語り口の典型例が，放送である。ある政治的な論争点についてTVニュースが私たちに提供する画面には，政権党はもちろんのこと，第一野党だけでなく，政党支持率において1％前後の政党のコメントが映し出される。また，街中のインタビューも，賛成と反対のコメントが必ずとりあげられる。すべての見解があたかもイーブンなかたちで存在しているかのように扱えば，全員の満足を得られる（少なくとも，抵抗感を最小化できる），ということかもしれない。こうまで平板になるのは，放送法による放送番組規制のためである。国家の規制を受けているマス・メディア（放送事業）には期待できないし，期待すべきでもない。

---

[5] 参照，R. マスグレイブ＝J. ブキャナン，関谷登＝横山彰監訳『財政学と公共選択』（勁草書房，2003）129頁。

[6] L. レシッグ，山形浩生＝守岡桜訳『FREE CULTURE』（翔泳社，2004）57頁。

これに対して，いわゆる全国紙（新聞）は，かつての客観報道の呪縛から少しは解放され，それぞれの編集方針に基づいて，特徴を出し始めてきている。新聞各紙のもっている「臭い」の違いが，消費者にとっては重要であり貴重である。全国紙の上品さに満足できない消費者は，多種多様な週刊誌や「駅売り」新聞を購入することができる。

　さらに，ネットやブログを通しての情報の授受となると，さらに多様である。ブログを通してのコミュニケーションは，怒りややるせなさが直截に表現され，生きている。各個人が自分を「演出」し競いあうために，内容も表現方法も多様となるのである。

　先にふれたように，たしかに政治市場における生産者の数は限定されている。限定されているぶん，そこで生産される情報は平板なものとなる。これに対して，メディア市場における生産者は無数である。なるほど，マス・メディアは，巨大営利企業によって所有され，この企業によって市場も牛耳られているのかもしれない。が，しかし，印刷メディアに関する限り（つまり，電波メディアは除いて），巨大メディアといえども，常に，無数の競争相手の挑戦を受けている。この自由競争がアイディア市場における情報の多様性を実現するのである。

II　自由主義国家におけるマス・メディアの意義と特徴

(1)　マス・メディアとは……

　マス・メディア（mass media）とは，機械で生産した複製可能な情報（製品）を不特定多数者（mass）に伝播する媒体または専門組織の総称をいう[7]。情報を大量（mass）に伝播することがマス・メディアの範型であろうが，限定生産・提供型もあることを考えると，大量（量産）という要素にこだわる必要はない。また，mass とは，「エリート」または「プロ（おたく）」と対照される「大衆」（mass）を指す，といえなくはない。が，しかし，エリートまたはプロを対象とするマス・メディアも存在する。このことに留意して，上の定義は，"マス・メディアとは大衆に向けて情報を伝播する媒体のことだ" ということも避けている。

---

7) 本稿でのマス・メディアの定義は，N. ルーマン，林香里訳『マスメディアのリアリティ』（木鐸社，2005) 8頁，後藤将之『マス・メディア論』（有斐閣，1999) 38頁等を参考にした。

上にいう「機械で」とは，印刷機，発信器，電子機器等に拠ることを指し，手書きや口頭によるコミュニケーション行為はこれに含まれないことを，「複製可能な情報」とは，不特定多数者がアクセスできるとしても，オープン・スペースでなされる講演会，コンサート等においてみられるコミュニケーション行為はこれに含まれないことを，「不特定多数者に伝播」とは，パーソナル・コミュニケーション行為はこれに含まれないことを，それぞれ表している。

(2) マス・メディアの特徴は……

マス・メディアによるコミュニケーション行為の特徴は，① 情報収集・編集・提供のノウハウおよび生産のための機械が専門組織の側にあるために，情報の送り手と受け手とが分化されており（生産者と消費者との分業がなりたっており），② 分化されているために送り手と受け手との間に直接的で相互的なコミュニケーション（接触）がなく，③ 受け手の意向が反映されがたい，という点にある（もっとも，媒体の種類によって，それぞれが特異な要素をもっている点には留意を要する）。これらの要素のうち，最後の「受け手の意向が反映されがたい」ことに加えて，マス・メディアが画一的な情報を一方的に大量に伝播している点が重視されたとき，"マス・メディアは受け手に強力な社会的影響力を与えうる"といわれるのである。

はたして，マス・メディアは受け手である大衆に強力な社会的影響を与えているのだろうか？

マス・メディアがもっていると想定されている「強力な社会的影響力」は，誇張されてはならない，と私は思う。受け手（消費者）は，パーソナル・コミュニケーションや「ミニコミ」によっても強く影響されており，この影響によってマス・メディアの影響から守られている，とする見方も同時に成立する。なにしろ，自由主義国家においては，消費者はアクセスしたくないマス・メディアまで購入するよう余儀なくされることはない。自分にとって余分な情報を回避することができる。わざわざ回避しなくても，自分の選好に適合するようメディア情報を適当に加工・処理している。そのうえ，マス・メディアといっても多種多様である。多種多様なマス・メディアの発信する情報のうち，どれにどれだけ接するかは，選択費用として各人の判断に委ねられている。

"マス・メディアは画一的な情報を一方的に大量に伝播している"という突出した主張に囚われて，経験的なデータもなくマス・メディアの社会的影響力を強調することに私たちは慎重でなければならない。さらには，影響力を理由

にマス・メディアの自由の制約を語ることは，論者が知的に誠実であろうとするのであれば，精密な検証データをあげるべきところである[8]。

(3) マス・メディアの「商業主義」は指弾されるべきなのか？
社会的影響力論は，「巨大な営利企業としてのマス・メディアが営利追求のために，情報を商品化している」という視点とも結びついている。

私は，マス・メディアは巨大営利企業ばかりではないとみているし，どんなメディアであれ，営利追求にでて当然だ，と割り切っている。これを「商業主義だ」と批判すべきではない。「商業主義」という揶揄は，人のスキャンダル，プライバシー，名誉等に関する情報を消費者の好奇心に訴えて販売しよう——社会的費用を無視しながら，利益をあげよう——とすることをいうのだろうが，そこには事後的に規制する法制度が整備され，歯止めをかけているはずだ。適切な営利追求かそれとも過剰な商業主義か，適度の好奇心に訴えているかそれとも扇情的であるか，という区別は常に相対的である。扇情的といわれるメディアが多くの消費者によって購入されているのは，それだけ消費者の効用を満足させているためだろう。商業主義に走るおそれがある，という見込み・傾向を理由にしてマス・メディアを規制しようとすることは，表現の自由にとって最も警戒されるべき「事前抑制」である。マス・メディアを自由に競争させておくことが自由な国家の公共政策（public policy）であり，この競争状態が消費者を満足させる公序（public policy）を作り出すだろう。

視聴者・読者（以下，「視聴者」という）の満足を「購入」しようとして，自由に競争するメディアこそ健全である。

視聴者は，知りたい情報についてそれぞれの選好をもっており，知るために覚悟する取引費用もそれぞれ違っている。視聴者の多くは，知りたい情報のために金銭をすすんで支払う用意もあるだろう。マス・メディアがその用意に訴えかけ，消費者の選好を有料で満足させてどこが悪いのだろうか。ジャーナリズムの真髄ともいえる「調査報道」[9]でさえ，消費者を吸引するところにねら

---

[8] 憲法学界の通説は，放送法上の番組規制の必要性・合理性の論拠のひとつとして，放送が視聴者に直接的かつ強力な影響力をもっていることをあげてきた。はたして，十分なデータに基づいた主張なのだろうか。情報の受け手に対して「大きな影響を与えるかも知れない」という理由で自由規制を許す理論は，自由の敵である。

[9] 亘英太郎『ジャーナリズム「現」論』（世界思想社，2004）122頁は，「調査報道」を，「当局や大組織といった情報源の発表・提供情報に頼らず，報道機関が独自の取材で事実をつかみ，事実を積み上げて裏付けし，報道機関の主体的責任で報道する」方式だと

いがあるはずだ。営利性を無視してまで，政府に指定された枠内で公衆に情報を伝播するようマス・メディアが義務づけられているとき，メディアにとっての最も強力なインセンティヴは失われ，「思想の自由市場」ばかりか「経済の自由市場」も沈滞するだろう（提供する情報を政府によって指定されている典型例が放送である。私には，TV業界の技術革新体質のなさと画一的な番組が気になってならない。ノーベル経済学賞を受けたR. コースも[10]，早くから，アメリカ放送業界の経済効率の悪さ，番組の画一さを批判していたことを私は思い出す）。

(4) 道徳的批判はいつも繰り返されてばかりいる

マス・メディアに対してなされる商業主義・低俗化批判は，モラリストの高潔な要求である。この高潔さは人間の最も強力な営利追求を軽視している[11]。軽視しているぶん，現実からは乖離した，空っぽの道徳的要求となって，批判者の目論見が実現されることはない。同型の批判がいつも繰り返される。営利性批判は空回りすること，必定である。

「商業主義」と揶揄されているメディアによる営利追求の自由競争は，社会を腐敗させる原因ではなく，メディアの競争のない状況が社会を腐敗させる，と私は思う。さらにいえば，各自の選好に応じた機会費用を消費者に負担させない状況がマス・メディアを腐敗させているようだ。金銭的インセンティヴの効用は，生産者にとっても視聴者にとっても，実に大である。N. ルーマン流にいえば，自由主義国家においては，「金銭を支払う（買う）／支払わない（買わない）」というコードがコミュニケーションを選別するのであって，道徳的な説教の威力は知れている。

マス・メディア関係者も，"われわれは国民の知る権利に奉仕している"などと，他人の利益を援用して自分の利益をデフェンスしないで[12]，"それぞれのメディアが顧客を吸引しようと経済市場において自由に競争することが，思想の自由市場の意でもある"と公然と主張すればよい。営利のための競争がマ

　　定義づけ，当局が発表した情報を提供する「発表報道」と対比している。
10) R. Coase, *The Economics of Broadcasting and Government Policy*, 56 AM. ECON. REV. 440 ff (1966)〔電波割当をオークションにかけよ，ならば放送事業界に競争原理が働こう〕。また，後掲注32)およびその本文も参照。
11) *Ibid.*, at 444.
12) R Coase, *The Economics of the First Amendment : The Market for Goods and the Market for Ideas*, 64 AM. ECOM. REV. 384, 386 (1974) は，プレスが「思想の自由市場」の一番の擁護論者であり，政府介入に批判的であったり，国民の知る権利を口にしたりするのは自己利益の主張である，と切って捨てている。

ス・メディアを腐敗させる，とする論証のない主張にメディア関係者や法学者が同調することも早計である[13]。

III　ジャーナリズムの意義と特徴

(1) マス・メディアの規範モデルとしてのジャーナリズム？

マス・メディアには，専ら広告を事業とするフリーペーパー（無代紙）や，娯楽専門のスポーツ紙や漫画本が多数あるように，多種多様なものがある。にもかかわらず，マス・メディアを語るさい，その役割モデルはジャーナリズムの報道，それも「客観報道制度」に求められているように見受けられる。あるマス・メディアの関係者が，"ピンチにおかれたメディアは，メディアの原点であるジャーナリズム機能へ回帰せよ[14]" という趣旨の発言をしているように。この誇張は，マス・メディアのあるべき代表がジャーナリズム，そのなかでも全国紙の「ニュース報道」だ，と捉えられているためだろう。

本章は，以下，「マス・メディア／ジャーナリズム」という区別を意図的に拡大させることによって，ジャーナリズムの特徴を浮かび上がらせる戦術に出る。

(2) ジャーナリズムとは……

ジャーナリズムについて正確に定義している業績を寡聞なる私は知らないが，ここでは，日々生起している出来事に関する報道，解説，論評等の活動または同活動に専門的に携わる人的組織体をいう，としておこう[15]。

---

[13] 後藤将之・前掲注7）92頁は「競争過程を経て，かえって非営利の手堅いローカル局への需要が高まったりすることもままある」という。マス・メディアの自由競争が，メディアの総タブロイド版現象を喚ぶだろうとする予想もまた消費者の選別能力を低く見積もっているように私には思われる。たしかに，営利のためのテレビや新聞事業は，人びとの関心を常に惹きつけておかねばならないために，サメのように次から次にネタを探す。時間をかけて誤った情報や不合理なそれを淘汰する自由市場の働きには期待できそうもないかもしれない。それを補充するのが，パーソナル・コミュニケーションであったり，ブログであったりする。自由な国家における情報授受は，市場の各セクターでなされており，それらすべてを自由に開放しておくことが望ましい。

[14] 亙英太郎・前掲注9）6頁。

[15] 大石裕『ジャーナリズムとメディア言説』（勁草書房，2005）36頁は，「ジャーナリズムとは，社会的出来事に関する報道，解説，論評といった活動，ないしはその種の活動に携わる専門家（化）された組織を指す」という。私は，本章でいうジャーナリズムについては，これまで「プレス」と表現してきた。参照，阪本昌成・前掲注4）『憲法理論III』94頁以下，同『憲法2　基本権クラシック〔全訂第3版〕』（有信堂，2008）

第6章　議会制民主主義における第4の権力——マス・メディアの位置と機能

　ジャーナリズムを事業体としてみた場合，この専門組織も，娯楽，広告，ニュース報道，解説・論評等の情報をパッケージにして不特定多数者（mass）に提供することが多い。つまり，ジャーナリズム事業も報道から広告まで多様であるが，その柱は知識を私的財としながら営利を追求する事業であって，この点ではマス・メディア事業のひとつだ，とみることができる。実際，「品格が高い」といわれるジャーナリズムも，その収入の相当部分を広告収入と購読料に依存している（もちろん，報道される記事そのものも私的財である）。
　マス・メディアのひとつであるジャーナリズムに，娯楽，広告の事業がなければ，その組織は存続できないだろう。硬派であれ軟派であれ，ジャーナリズムが広告や娯楽情報を掲載することは，市場経済システムの動きを日々公衆に知らせる重要な意義をもっている。公衆にとっても，娯楽，広告は日常生活にとって重要な情報である。それにもかかわらず，ジャーナリズム論が繰り広げられるとき，なぜか，話題は報道機能に集中し，特有の臭いを発散させてくるのである。

(3)　ジャーナリズム論は独特の臭いを発している
　ジャーナリズム論とは，マス・コミュニケーションの送り手であるジャーナリズムの，組織，ジャーナリストの活動を分析する学問領域のことをいう。
　私は，すぐ上の(1)で「マス・メディアのあるべき代表」としてのジャーナリズム，という言い回しを使った。わが国におけるジャーナリズム論が独特の臭いを発散しているのは，「あるべきジャーナリズム」論が幅を利かせているためだ，と私はいいたいためである。道徳論的ジャーナリズム論または規範論的ジャーナリズム論とでもいうところか。
　道徳論的ジャーナリズム論とは，ジャーナリズムの商業主義を常に深く警戒する論調を指している。"ジャーナリズムは，大衆に大量消費を煽っており，精神生活を堕落させている"，"娯楽番組であふれている TV は，大衆を一億総白痴とするだろう"，"ニュース報道がバラエティ番組と区別つかなくなっている"といった批判がこれである。これらは，大衆の知力を低く見積もった，いかにも評論家好みの言葉である。"マス・メディアは大衆を情報操作している。人びとよ，主体性をもつべし"という論調も同型である。
　また，規範論的ジャーナリズム論とは，あるべきジャーナリズムの規準に照らしながら，現状を批判し嘆く論調を指して私はこれをいっている。「ウォッ

　170頁以下。

チドッグとしての第4の権力」,「国家権力を批判監視する社会的権力」,「民主主義の心臓部」,「公器」としてのジャーナリズム像がこれである。エンタテイメントに傾斜している昨今のジャーナリズムは,この理念にほど遠い,というわけだ。

　こうした批判的論調のなかでも,わが国の論議は特にマルクス主義的な色合いを強くしていた[16]（⇒第4章V）。ということは,この批判的ジャーナリズム論は,既にふれたごとく（⇒第5章V）,ジャーナリズムの商業主義にきわめて警戒的である。そのために,わが国のマス・コミュニケーション論は,アメリカの受け手に関する経験的研究とは違って[17],マス・メディアのひとつであるジャーナリズム（送り手）の活動にウエイトをおいた。それは,「ブルジョア・ジャーナリズム」としての活動を,批判的・悲観的に論じてきたように思われる。

　この批判は間違っている。情報の価値が価格として表示され,その価格をみながら消費者がある情報を購入したりしなかったりできること,これがジャーナリズムを堕落させない要である。

(4)　ジャーナリズム論は責務を語る？

　それでも,ジャーナリズムの実態から遊離する規範論的ジャーナリズム論は,なお強い影響力をもってきている。

　その論調は,ひとつには,ジャーナリズムという「イズム」という語感のせいだろう,「あるべき思想を追究する活動」という求道的な響きすらもっている。もうひとつには,ジャーナリズムが雑多で融通無碍のマス・メディア産業から一定の志向性・定型性をもって生まれ出たという経緯のためだろう,

---

[16] マルクス主義の影響というとき,私は,マルクス＝エンゲルス,廣松渉編訳,小林昌人補訳『ドイツ・イデオロギー』（岩波書店,2002）110～111頁にみられる次のような論調を念頭に置いている。
　　「支配階級の思想が,どの時代においても,支配的な思想である。……物質的な生産のための手段を手中に収める階級は,そのことによって,同時に,精神的な生産のための手段をも意のままにする。それゆえ,そのことによって同時にまた,精神的な生産のための手段をもたない人々の思想は,**概して**,この階級に従属させられている」。ゴチは原文のママ。

[17] この色合いは,大石裕・前掲注15）『ジャーナリズムとメディア言説』47頁が指摘するように,わが国のジャーナリズム論は批判的研究（critical research）であって,アメリカ的な経験的な管理研究（administrative research）ではなかったことによるのであろう。アメリカのマス・コミュニケーション論は,マス・メディアが大衆に与える社会・心理過程への影響を経験的にデータ分析する手法によることが多い。

"ジャーナリズムは，現代民主主義社会における公共圏を作り出す意識活動でなければならない（または，意識活動であるよう期待される）"とか，"ジャーナリズムは個人の言説とは異なる独自の言説空間である"と，ジャーナリズムの役割に格別の期待を寄せる論者もみられる[18]。J. ハーバーマス（J. Habermas）の「公共圏」論の影響である。

"ジャーナリズムは，民主主義社会における言論の自由の原動力であり，民主主義の心臓部である"と言われ続けてきたのも，こうした規範的ジャーナリズム論の過剰のためである。ジャーナリズムが民主主義を改良するという思い入れは，「危険であり，単純であり，かつナイーヴでもある」[19]といったん止まって反省してみるほうが良い。

規範的ジャーナリズム論がジャーナリストに職業倫理を説くものにとどまっていれば，それはそれで「プロフェッションの倫理教育」としてありがちなことだ。ところが，わが国のジャーナリズム論は，倫理教育のレベルを超えて，マス・メディア全体の責務を語るものとなっているように私にはみえてならない。この典型例が，ジャーナリズム（またはプレス）の社会的責任論である[20]。

ジャーナリズムの社会的責任や公共的責務が誰に対するどんな責任なのか厳密に分析されないまま，漠然と社会評論として繰り返されることを私は歓迎しない。規範的ジャーナリズム論には，《思想の自由市場は，経済自由市場の作用とは異質であるはずで，両者を同列に扱うべきではない》という前提があるようだ。この前提を私は歓迎しないのだ。

ジャーナリズム論と同型の論調が憲法学者のあいだに普及している。もちろ

---

18) ジャーナリズムを「意識的活動」として捉える立場は，その深部に，「意識活動としてのジャーナリズム／システムとしてのマス・メディア」という区別を意識しているようである。たとえば，参照，花田達朗『公共圏という名の社会空間——公共圏・メディア・市民社会』（木鐸社，1996）286～287頁。

19) 林香里『マスメディアの周縁，ジャーナリズムの核心』（新曜社，2002）373頁。

20) 大石裕・前掲注15)『ジャーナリズムとメディア言説』83～84頁は，ジャーナリズムの社会的責任として，①事実と意見を分離すること，事実についての真実を報道すること，②自分の意見のみならず，反対の意見も伝達すべきこと，③社会を構成している各集団の代表像を描き出すこと，④社会の目標または価値を提示し，明らかにすること，⑤市民に対して情報に接近する十分な機会を提供すること等をあげている。渡辺武達「メディアの倫理と社会的責任」渡辺武達・松井茂記責任編集『メディアの法理と社会的責任』（ミネルヴァ書房，2004）156頁も参照。この種の責任論が，《競争のないジャーナリズムは，定番化した情報を提供しがちである》という反省に基づいているのであれば，私も反対はしない。ここでわれわれが検討すべきは，なぜジャーナリズム，なかでも，マス・メディアに競争がないか，という点である。

ん，その背景にはジャーナリズムの提供する情報の質が営利追求のための自由競争のために低下する，という思いこみがある[21]。はたして，実証的データは，「自由競争が情報の質を低下させている」といっているのだろうか？ 実際に低下させているとしても，政府の規制（規整）によって質を維持する政策——放送法のように——は表現の自由にとって望ましいことなのだろうか[22]？

視野の狭い特定のジャーナリズム論を基底にして，マス・メディア全体を評定する思考は偏狭である。

IV マス・メディアに不利な表現権基礎理論

上のIIIでふれたように，従来のマス・メディア論は，あるべきジャーナリズムを念頭においた規範的で批判的で，ときに悲観的な論調を色濃くしてきたようである。

この論調は，憲法学におけるマス・メディアの表現の自由の見方にも反映している。

通説的憲法解釈によれば，表現の自由は経済的自由と比較して優越的地位にあり，表現を規制する国家の行為の合憲性判断は厳格になされなければならない，とされる。表現の自由の優越的地位を支える理由について通説は，「自己実現」（self-realization）と「自己統治」（self-government）の価値をあげる[23]。前者は個々の人間主体にとって固有の価値を，後者は民主主義国家における社

---

[21] 参照，駒村圭吾『ジャーナリズムの法理　表現の自由の公共的使用』（嵯峨野書院，2001）36頁。また，宍戸常寿「公共放送の『役割』と『制度』」ダニエル・フット＝長谷部恭男編『メディアと制度』（東京大学出版会，2005）144頁は，放送制度に関してではあるが，「民放が広告収入に財源を頼るのが通常であるために，番組内容が画一化・低俗化するのではないかというおそれも，現実味を帯びている」と指摘したうえで，思想の自由市場を所与とする規制だけでは，放送制度の目的を達成しえない，という。

[22] 放送法による番組規制が番組の質に与えている影響については，おそらく，さまざまな評価があるだろう。少なくとも私の目には，①局の選択肢が少なく，②番組の多様性が欠けており，③報道や解説における切り込みが平板だ，とみえる。これでは，消費者の選好を満足させはしない。経済自由市場と放送市場との最大の差は，ここにある。この差を作りだしている原因は放送法の規制にある，と私は診断している。消費者を閉め出し，選択の幅を制限している放送法は，表現の自由に最も適合的でない。この点については，まず，松井茂記「放送における公正と放送の自由——放送法の『公正原則』の再検討——」石村善治先生古稀記念論集『法と情報』（信山社，1997）305頁以下，池田信夫『電波利権』（新潮社，2006）が必読文献である。

[23] 長谷部恭男『テレビの憲法理論』（弘文堂，1992）3～6頁のわかりやすい解説を参照。

会的選択における機能を論じているようである（⇒第1章Ⅱ）。

(1) 表現の自由の自己実現機能？

「自己実現」とは，主体Aが他の主体とコミュニケートすることを通して，自分の人格を確認し自律的に作り上げていくことをいうようである（「ようである」とは，この論自体が何をいいたいのか曖昧なところがあって，多様な主張と理解が存在していることを留保するためである。実際，論者のなかには「自己実現／個人の自律」を区別するものもあるかと思えば，区別しないものもある）。これは，コミュニケーションと人格主体の自律（autonomy）とを結びつける高邁な主張であり，《人という主体の人格こそ人権の根源だ》という近代合理主義的啓蒙思想の発想と根底において結びついている（⇒第1章Ⅱ5(3)）。

この高邁で合理主義的な人格的自律の価値を表現の自由の優越的地位と結びつけはじめると，表現のなかにも実体的な価値序列があり，ある類型の表現は保護に値しない，と説きたくなってくる。カント流の自律論的自由論が「真正の自由／不真正の自由」を区別して，窮屈な自由論となったのと同じである。

そればかりか，表現の「自己実現」論は，「人権としての表現の自由」をマス・メディアに対して保障することにネガティブとなってくる。何しろ，マス・メディアは（巨大）営利企業であって[24]，大衆を情報操作して人の主体的判断を疎外し，大量消費を煽り立てるばかりか，娯楽やスキャンダルをとりあげることによって大衆の低俗な好奇心に訴えかけ，政治的無関心を増幅させている悪漢だ。そうなると，"マス・メディアの実態は自己実現の価値とは無縁だ"とみられがちとなっても不思議ではない（⇒第5章Ⅴ）。

(2) 表現の自由の自己統治機能？

表現の自由を支える，もうひとつの価値として憲法教科書は「自己統治」の価値をあげることが多い。「自己統治」とは，自由なコミュニケーションを通して各自がwell-informed citizenとなって政治参加するとき，民主政治は健全に機能すると，表現の自由と民主過程とを関連づける表現権の基礎理論である（⇒第1章Ⅱ3）。

この「自己統治」論は，「公的言論の最大保障／営利（私）的言論の中程度保障」を説く表現の類型論や，「表現の自由は民主政プロセスのためにある」という主張へと展開されていく（⇒第5章Ⅲ）。ところが，「公的言論／営利（私）

---

[24] 長谷部・同書36頁，同「マスメディアと自由」ジュリスト978号（1991）94頁。

的言論」,「民主政プロセス関連言論/そうでない言論」を識別することは,難しい。たとえ,化粧品の広告であっても,その成分表示のあり方,価格の高額さのからくり,ジェンダーバイアスとの関係等々,民主過程において論じられてしかるべき要素はいくらでもある。わいせつ表現であっても,体制批判や多数派の道徳観批判をどこかに含んでいることはよく知られている。

政治に関する情報が人びとに行きわたり,その情報に基づいて「政治に目覚めた市民」が公然と討議し,政治的熟議を重ねていけば,成熟した民主政となろう,と期待する論者もある。今はやりの「熟議民主主義」(deliberative democracy),「協議に基礎をおく民主政治」ともいわれる,民主主義モデルの話題だ(⇒第1章Ⅱ3)。

人びとが政治的に目覚め,日常的に公然と政治的な協議を繰り返し,議会をいつも動かそうとする社会は,穏やかでない。理性的な協議や対話も,政治過程における決定段階ともなると,ヒステリックな論争となるかもしれない。たとえ,公論が理性人たちのなかに形成されたとしても,議会がそれをそのまま実行することは稀だろう。公共選択(政治過程における決定)が屈折の無い,透明な意思決定に帰結することはない。理性的な協議・熟慮という構想自体,ハイブラウで耳目に優しいが,現実には,自己組織化しやすい集団が公共の利益を標榜ししながら,レント・シーキング(物取り合戦)を繰り返し,組織されることの少ない人びとに犠牲を負わせていることが多い。熟議民主主義論は,この現実に目をつぶっている。熟議民主主義論も,所詮,規範的主張であって,次のような点に留意すれば,現実味がないといわざるをえない。

第1に,平均的な人びとは日常的に多忙であって,政治を考え討議する時間的・精神的余裕は少ない。仕事に疲れた人びとが通常望むのは,緊張をほぐす娯楽だろう。平均的な人間は,政治に関する「合理的無知」を合理的に選択する。ここに,政治市場における分業が成立する。この分業における距離が民主政治のナマの利害対立を緩衝する「遊び」の部分となる。

第2に,熟議民主主義が利害対立を政治過程において解決しようとするとき,本来であれば経済自由市場における自由な交易(取引)によって自発的に調整されるはずの論点までが,政治化されてしまう。政治化された市民は,公益を口にすることによって,自分たちの利益を獲得しようと「物取り合戦」を繰り返すだろう。熟議民主主義がうまく作動する条件は,人びとが私利私欲から解放された公民として生まれ変わり,隣人の選好をお互いよく知り,声の届く範囲で日常生活していることである。大衆民主主義の時代に,この条件は成立す

べくもない。

　これらふたつの難点をまとめていえば、「熟議民主主義論には、コストの観念がない」ということである。コストを誰がどれだけ負担する用意があるのか、または、コストをいかにして内部化するかについてふれない熟議民主主義論は、空論である。

(3) 「自己実現」と「自己統治」の合わせ技？

　憲法教科書が「表現の自由の優越的地位」の論拠に言及するにあたって、自己実現と自己統治という曖昧極まるフレーズを反復すればするほど、マス・メディアの自由は教科書の隅に追いやられる。というのも、このふたつにいう「自己」とは、自律する人格主体というニュアンスが含まれているからだ。マス・メディアは「自律的な自己」ではない（⇒第5章Ⅴ）。そうなると、"マス・メディアには人権としての表現の自由は保障されていない"という解釈も説得力をもってくる[25]。この解釈は、マス・メディアにとって目障りにちがいなく、私にとっては、自由の論敵に感じられる。

　多数の憲法教科書が「表現の自由」を扱うにあたって、「マス・メディアの自由」または「プレスの自由」を独立の項目として立てることは稀である。マス・メディアの表現の自由を語ろうとしても、「自己実現」と関連づけがたいこと、営利法人は厳密な意味での「人格（性）」をもたないこと、といった理由がその背後にあるようだ（⇒第5章Ⅴ）。

　さらに、最近の憲法学は「国家の不介入だけでは、理念としての思想の自由市場は実現しない」ともいう。つまり、思想の自由市場は経済自由市場にみられる「市場の失敗」の領域であって、思想の自由市場における情報の多様性と公共性は、営利企業としてのマス・メディアの提供するぶん（自由な経済活動）だけでは確保されない、というのである[26]。"良質で多様な情報は、民間部門に任せておくかぎり、過少生産されてしまう"というのだ（⇒第1章Ⅳ2）。これは、自由を消極的に捉える伝統的なリベラリズムではなく、ある種の積極的自由論または進歩的自由論である[27]（有り体に言えば、この進歩的自由論は「公

---

[25] 参照、長谷部・前掲注23）32～36頁、同「メディア環境の変容と放送の自由」法律時報67巻8号（1995）6頁、同『憲法〔第4版〕』（新世社、2008）114～115頁。

[26] 長谷部恭男による一連の業績参照。また、田島泰彦「放送の自由と公平原則」法律時報68巻2号（1996）79頁、宍戸常寿・前掲注21）論文、大石裕・前掲注15）『ジャーナリズムとメディア言説』83頁等参照。

[27] D. Colby, *Toward a New Media Autonomy*, 10 COMM. L. &. POL'Y 433, 436 (2005) は、

共放送としてのNHK」擁護論と直結している。が，私は本章でこのことを論じきることができない）。

　まずは，多様性について考えてみよう。現在，印刷メディアに多様性が確保されていることは，誰もが認めるところであろう。印刷メディアは，表現の内容や，教養欄，報道欄，娯楽欄等の量の割合について政府から指定されることはないからである。これに対して，放送番組には多様性が欠けている[28]。この原因は，電波法上の放送免許制と，放送法の定める「番組編成準則」および「番組調和原則」という政府による制限にある。この規制を撤廃すれば，そして，電波割当の政府管理を断念すれば，放送の多様性は一挙に実現されるにちがいない[29]。**マス・メディアの自由と多様性の要は，政府から独立している点にある。**

(4)　「公共性」確保？

　公共性の確保という視点はどうか？

　これを検討するには，「公共性」(publicness or public sphere) が何を指しているのか，まず，確認されなければならない。が，これについて明確に論じた法学の業績を残念ながら知らない[30]。

　わが国のジャーナリズム論の依拠する「公共性」または「公共圏」とは，先にふれたように，ハーバーマスのいう「公共性」，すなわち，主体的・理性的な公民によるパブリックな（公開された）コミュニケーション行為によって生まれ出る「共同性」を指している[31]。この「公共性」理解は，public の通常の

　　自律を軸とするリベラリズムにも，自律の捉え方に応じて，「伝統的リベラリズム／進歩的リベラリズム／卓越的リベラリズム」の種別があるという。
28)　前掲注10)およびその本文参照。
29)　フリードマン・前掲注4)『自由のためのメカニズム』11頁以下参照。なお，K. Werbach, *Supercommons: Toward a Unified Theory of Wireless Communication*, 82 TEX. L. REV. 863, 865 (2004) によれば，アメリカにおける電波政策については，フリードマンのような「財産権アプローチ」よりも，さらにラディカルな「コモンズ学派」，すなわち，政府による許可・監督が不要であると同じように，財産権として保護することも不要とする主張が影響をもちつつあるという。
30)　Public のさまざまな意義について最も有益な分析はR. ゴイス，山岡龍一訳『公と私の系譜学』（岩波書店，2004）第2，3章であろう。これは，社会学の本である。私は，前掲注1)『法の支配』での第2章において「公／私」について論じたことがある。
31)　参照，J. ハーバーマス，細谷貞雄＝山田正行訳『公共性の構造転換〔第2版〕』（未來社，1994）。また，花田達朗『メディアと公共圏のポリティクス』（東京大学出版会，1999）第1章は，ハーバーマス理論をわかりやすく説いてみせる。

意味合い，つまり，「誰でもアクセスできる」，または「誰にでも通用する」といった，ニュートラルな用法からかけ離れている（公共財を意味する「公共性」については，すぐ次の「おわりに」で述べる）。

おわりに

(1) 秘儀的用語には要警戒

　私は，「人格」，「主体」，「自律」，「尊厳」，「公共性」，「自己統治」，「民主政」等の秘儀的な言葉には結論または議論の方向を誘導する何かが仕掛けられている，と警戒的だ。また，私は，表現の自由は「自己実現」や「自己統治」や「公共性」のために保障されているのではない，と考えてきている。というのも，先のⅠ(1)でふれたように，主体の知識や自律的判断など知れており，市場に散らばっている知識こそ人びと（public）の行動を誘導する源だ，と私はみているからである。重要な知識は，当初より私やあなたのなかにあるのではないのである。

　マス・メディア評論家は，私のような現代人を評して，"メディアの提供する大量かつ処理済みの匿名の情報に埋もれてしまって，主体的判断力を失っている"というかもしれない。その一面もあるだろう。が，私は，自分が見聞きして獲得した情報よりも，マス・メディアの提供する情報や市場に分散しているpublicな情報を自分の行動の指針として生活することを選びたい。これは，私がメディアを信頼しきっているからだというわけではない。マス・メディアによって処理された情報を参考にすることのほうが私にとって経済的だ（人びとの行動の典型パターンを経済自由市場の動きを通して簡単に知ることができる），と割り切っているからである。こう割り切るほうが私にとってもあなたにとっても合理的な選択だ，とでも説明し直せばいいだろう。N. ルーマンがいうように，「私たちは，私たちが生きる社会，あるいは世界について知っていることを，マス・メディアをとおして知っている」のである。

(2) 公共性要求から解放された表現権論を

　私は，印刷メディアのなかに低俗な雑誌や新聞が多数ある現状を歓迎している。印刷メディアの多数が民主政治に資する情報だけを提供する社会が異常であって，わが国の現状が正常だ，と私は思っている。私はまた，品格ある印刷メディアから下品なそれまでが市場に出回っていることが人びとの多様な選好

を満足させているのに対し，放送は多様な選好を満足させていない，とみている。紙・インクや電波という希少財を効率的に配分するには，「思想の自由市場」が経済自由市場であって一向にかまわないどころか，そのほうが望ましいのである[32]。「知識は市場からやってくる」からだ。消費者がその知識を多種多様なソースから安価に入手できることこそ公共の福祉（n 人の満足量を増加させ社会的効用を大にすること）にかなうことだ，と私は信じている。

どうも，ジャーナリズムの「公共性」とは，誰にもアクセスできるという意味での「公共」でもなければ，誰にとっても妥当するという意味での「公共」でもなく，さらには，実際に社会的効用を大にしているという意味での「公共」でもなさそうだ。

ジャーナリズムと，一部の法学者は"情報は公共財だ"と口にする。公共財としての情報論は，フリーライダーを許してしまうので，経済市場では過少生産される，だから，国家自らが市場に情報を提供するか，市場を規整して適正な情報流通を維持しなければならない，と言いたいのである。

"この情報は公共財だ"という主張に，さらにもうひとつ，"民主過程に関する情報は公共財中の公共財だ"という主張が付加される。娯楽情報やゴシップ情報は過剰生産されるが，政治的情報となると過少生産され，しかも，政治情報に関心を寄せない人びとが民主過程にフリーライドしている，というのである。言い換えれば，民主過程に関する情報はさらに格別に過少生産されやすい，というわけである（⇒第1章Ⅳ2）。

上の主張は，記述的であるのか規範的であるのか？

私には，この主張は，"ジャーナリズムは公衆（のできるだけ多数）が知るべき情報をできるだけあまねく提供すべき役割，すなわち，公衆に伝播すべき情報を広く伝播する役割を果たしているか"という結論誘導的な論法のようにみえる。この主張の後半部分は記述的で（ジャーナリズムの現状はかくかくである），前半部分は，"だからして，ジャーナリズムはかくあるべし"という，ふたつの命題を強引につなぐものとなっているようだ。

---

32) See Coase, *supra* note 10, at 444 ff. また，参照，フリードマン・前掲注4）『自由のためのメカニズム』13～18頁．希少財といえば，放送法の特異さを「電波の希少性」に求める見解も希少となった．希少性理論が姿を消しつつある理由として，ケーブルTV，CS放送等の登場があげられるが，希少性理論そのものの出発点が間違っていたのである．私人または少数者は，希少資源に対して排他的権利をもつべきではない，という命題は，「ロックの財産権の例外」としてよく知られているが，この命題は，砂漠の井戸の例にみられるように，他にはアクセスできない財・サービスをいうのである．

第6章　議会制民主主義における第4の権力——マス・メディアの位置と機能

もっとも，記述命題から規範的命題を導き出す上の論法の哲学的な当否を私は，ここで問いただそうとしているのではない。

(3)　公共財としての情報？

私が問わんとしているのは，次の命題の妥当性である。

《情報は公共財であるために過少生産されがちである，そこで，市場にインセンティヴを与えて生産されるよう政府が働きかけなければならない。》

この命題に対する私の疑問は，既に述べたので（⇒第1章Ⅳ3），本章ではこれを繰り返さないことにしよう。

情報・知識それ自体は，たしかに，排他性と競合性に欠けているという意味で公共財である。が，だからといって，情報・知識を政府が生産したり，生産するよう民間部門を援助する必要があるかどうか，大いに疑問である。メディアは，その生産・提供する情報・知識を私的財とする工夫と法的保護を既に手中にしている。また，アイディア市場には，あふれるだけの情報が出回っている。"あふれているのは，娯楽情報だ"との批判もあろう。が，娯楽情報が出回っているのは，消費者がこれを望んでいるからであり，消費者がこれで満足しているからである。"娯楽情報の氾濫のなかで，公的情報が埋没しがちだ"という批判もあろう。この批判には，本書は第5章の最後のパッセイジで既に応答している。

(4)　「公共性」が市場のコードを凌駕することはない

自由な国家においては，それぞれのメディアが公衆（public）に伝播しようとする情報の質と量とを自主的に——政府から独立して——決定すべきである。多数のメディアのなかには規範的ジャーナリズムのエートスを自主的に遵守するものもあるだろうし，そうしないものもあるだろう。いずれにせよ，すぐ上でいう「公共性」は，どれであれ，「買う／買わない」という市場のコードを打ち負かすことはないだろう。また，国家が消費者（視聴者）に適正な質と量の情報を提供するようマス・メディアを義務づけたとしても，(i)適正なる量と質の測定に国家は失敗し，(ii)たとえ成功したとしても，消費者がこれを購入することはなく，(iii)貴重な媒体・資源を無駄な情報流通のために利用していることになり，(iv)結局は，社会的に見て無駄であるという意味で，公共性にもとることになる[33]。こうしたことを私は，第1章において，アイディア

---

[33] *See* J. McGinnis, *The Once and Future Property-Based Vision of the First Amendment*, 63 U. Chi. L. Rev. 49, 119–123 (1996).

市場における公的情報を政府介入によって増加させようとしても，結局は，センス・データとして垂れ流されるだけだろう，と述べた（⇒第1章Ⅳ3）。

どうやら，ジャーナリズムの「公共性」とは，"公共財を提供せよ"という規範的命題を指すようである（この主張以外，「公共性」論には説得力がない）。この提唱者は，経済市場であれ思想の市場であれ，自由な市場においては，公共財としての情報が自主的にかつ適正に生産されない，と考えている。この立場は，ジャーナリズムの実態をいつも嘆き，批判と反省を繰り返す議論よりも，生産的である。

ところが，私たちは，価格のない公共財の提供を民間部門に義務づける法政策は成功する見込みは少ない，と心得た方がよい（⇒第1章Ⅳ3）。適正な生産量を誰も知りようがないからだ。市場価格がないところでは，消費量を予想・測定しようがない。このことは，政府が提供する公共財をみればすぐにわかる。たとえば，政府が公道を建設しているとしよう。政府は，ある道路がどれほどの総価値をもつか測定する市場メカニズムをもたない。そのために，その建設は，政治的な損得（かけひき）によって決定されがちとなり，費用と価値とが釣り合わなくなる。結局，公道の生産・提供は高くつくことになる。「公共財の罠」である[34]。

国家が民間部門であるジャーナリズムに公共財の提供を義務づけることは，ジャーナリズムの多様性，自主性（政府からの独立性），批判的エートス，技術革新へのインセンティヴ等，多くを損なうだろう。「公共財は適正には生産されがたい」のである。公共財論者は，この「公共財の罠」に気づいていないのだろうか？

私は，耳目に優しく美しいスローガンから解放されたジャーナリズム論と表現権論を待ち望んでいる。

　　　　　　　＊　　　＊　　　＊

本章は，ジュリスト1311号（2006）に公表した「第4の権力——マスメディアの位置と機能」を，第5章との連続性がみてとれるよう大幅に加筆修正したものである。

34）フリードマン・前掲注4）『自由のためのメカニズム』200頁。

事項索引

あ 行

idea　*32*
　→思想もみよ
アクセス権　*29*
芦部信喜　*18*
萎縮効果　*38*
一般均衡　*7, 13, 40, 165, 168*
inalienability　*75*
ヴァージニア学派　*20*
ウィリアムスン, O.　*159, 178*
ウェスティン, A.　*56, 68, 114*
営利的言論　*34*
営利的表現　*158*
エコノミー　*45*
エプシュティン, R.　*79, 111, 112, 115*
エマソン, T.　*16, 23, 24, 207*
宴のあと事件　*150*
オーウェル, O.　*59*
オーストリー経済学　*160, 164, 175*
奥平康弘　*17*
opt-out　*88*
opt-in　*77, 88*

か 行

外部効果　*35, 36, 37, 41, 63*
カタラクシー　*176*
カタラクシー効率性　*176, 178*
カフカ, F.　*60*
カント, I.　*26, 72, 74*
企業　*180*
　→組織もみよ
企業家　*175*
共和主義　*19, 20*
経済市場　*44*
限界効用　*174*
厳格責任　*100*
現実の悪意ルール　*38, 100, 102, 106*
高価値言論　*190, 195, 200*
公共財　*11, 27, 36, 37, 81, 86, 142, 161, 232*
公共選択理論　*27, 36, 39, 41, 109, 161*
公共の利害　*134*
　→ public interest もみよ
公共の福祉　*231*
公衆の関心事　*104, 105, 130, 145, 146, 149, 197*
　→ public interest もみよ
江沢民講演会名簿事件　*132*
公的言論　*34, 103, 127, 226*
　→政治的言論もみよ
コース, R.　*24, 156, 179, 220*
コースの定理　*65, 83, 88, 158*
個人識別情報　*50, 59, 89*
個人情報保護　*55, 60*
コミュニケーション行為　*29*
　→表現もみよ
コモンズ　*75*
コモンズの悲劇　*86*

さ 行

佐藤幸治　*18, 47, 71*
自己実現　*16, 19, 25, 225*
自己情報コントロール権　*48, 50*
自己統治　*16, 19, 129, 225*
市場の失敗　*7, 11, 38, 63, 68, 82, 85, 147, 165, 167, 228*
　→政府の失敗もみよ
思想　*32*
　→ idea もみよ
司法審査基準　*8, 197*
ジャーナリズム　*221, 231*

事項索引

→プレスもみよ
ジャーナリズム論　222, 223
シャウア, F.　126, 163
社会的効用　149
社会的費用　64, 74, 80, 81, 83, 147, 175, 219
自由な情報流通　30
熟議民主主義　193, 227
純粋言論　189, 190
情　報　29, 31, 166
情報の非対称性　81
情報プライバシー　49, 54, 56, 62, 63, 89, 91, 117, 132
自　律　26, 72
知る権利　15, 29, 220
人　格　77, 120
人格権　54, 73, 75, 77, 105, 121, 186, 187
新カント学派　15
新古典派経済学　12, 160, 167
新制度派経済学　12, 159, 164, 178
state action　154, 189
スミス, A.　172, 174
政治的言論　35, 37
　→公的言論もみよ
制　度　14, 15, 181
政府の失敗　41, 169
前科照会最高裁判決　142
前科・前歴　110
センス・データ　29, 31, 40, 166, 233
　→情報もみよ
組　織　14, 15
　→企業もみよ
そっとしておいてもらう権利　119

た　行

対話型民主主義　19, 21, 131, 193
大衆民主主義　213, 214, 216
他者加害原理　188
知　識　31, 32, 166

→情報もみよ
知識の自由市場　32
Chaplinsky の法理　33
調査報道　219
著作権　87, 89
低価値言論　33, 190, 200
Dignitary Torts　123, 125, 198
ディレクター, A.　23, 162
データ・ベース社会　76
データ保護　49, 60, 61, 63, 117
デフォルト・ルール　77, 88
tortious speech　97, 101, 122, 190
取引費用　19, 21, 34, 45, 51, 79, 169, 179, 204, 213, 219

な　行

長良川リンチ報道事件　134, 148, 152
newsworthiness　145, 146
ニューディール政策　7
人間の尊厳　15, 47, 69, 71, 80, 85, 105, 113, 114, 124, 132, 187, 198
ノース, D.　178, 181
ノンフィクション『逆転』事件　111, 112, 149

は　行

personal right　54, 186
　→ human right もみよ
hate speech　125, 191
ハーバーマス, J.　29, 224, 229
ハイエク, F.　171
publicity の権利　89, 92, 116
public　229
public interest　126, 128, 130, 143, 143
　→公衆の関心事もみよ
public official　130
public concerns　130, 143
public figure　126, 130, 143

236

事項索引

public policy　*128*
番組調和原則　*229*
番組編成準則　*229*
human right　*185*
　→ personal right もみよ
表　現　*29, 30*
表現内容規制　*197*
ファーバァ, D.　*27, 36, 39, 40, 161, 209*
不快性の要件　*139*
不可侵の人格　*115*
ブキャナン, J.　*177, 216*
不法行為プライバシー　*49, 56, 89, 92, 117*
プライバシー選好　*113, 142, 148, 151*
ブランダイス, L.　*5, 156*
フリードマン, M.　*171*
フリードマン, D.　*215*
フリーライダー　*37*
プレス　*163, 207*
　→ ジャーナリズムもみよ
progressives　*156, 193, 208*
プロッサ, W.　*52, 93*
プロッサの4類型　*93, 118, 133*
property rule　*66, 75*
法準則　*7, 8, 38, 101, 102, 126, 134, 154, 192*
　→ 司法審査基準もみよ
ポゥスト, R.　*118*
放送法　*216, 225, 229*
法と経済学　*55, 63, 68, 88, 109, 156*
ホームズ, W.　*3, 45, 156*
保護されない言論　*33*

ポズナー, R.　*79, 86, 109, 110, 112, 140*

ま 行

マイクルジョン, A.　*17, 24*
マス・メディア　*201, 209, 211, 217*
　→ プレスもみよ
マディソン, J.　*195*
マルクス経済学　*169*
ミル, J.S　*14, 18, 22, 172, 188*
ミルトン, J.　*42*
明白かつ現在の危険　*7*
　→ ホームズ, W. もみよ
名誉毀損　*78, 95*
名誉毀損法制　*58*
メンガー, C.　*174*
免責事由　*130, 134, 134*
moral right　*187, 203*
　→ human right もみよ

や 行

優越的地位　*16, 28, 228*

ら 行

ランド, A.　*114*
liability rule　*58, 75, 82*
ルーマン, N.　*230*
ルソー, J.　*18, 19, 22*
レセ・フェール政策　*7, 10*
レッシグ, L.　*70, 86*
ロスバード, M.　*172, 162*

〈著者紹介〉

阪 本 昌 成（さかもと まさなり）

 1945 年 広島市に生まれる
 1967 年 広島大学政経学部卒業
 1969 年 神戸大学大学院法学研究科修士課程修了後，京都大学大学院法学研究科博士課程編入後，神戸大学法学部助手，その後，広島大学法学部教授，さらに九州大学大学院法学研究院教授を経て，
 現　在 立教大学法学部教授，法学博士（京都大学）。

〈主要著作〉

 プライヴァシーの権利（成文堂，1981）
 表現の自由と情報公開（成文堂，1983）
 プライヴァシー権論（日本評論社，1986）
 ベーシック憲法（弘文堂，1989）
 人権の司法的救済（共編著，有信堂，1990）
 コミュニケイション行為の法（成文堂，1992）
 憲法理論Ⅰ（成文堂，1993），憲法理論Ⅱ（成文堂，1993）
 憲法理論Ⅲ（成文堂，1995）
 憲法理論Ⅰ［補訂第三版］（成文堂，2000）
 「近代」立憲主義を読み直す（成文堂，2000）
 これでわかる!?　憲法［第二版］（編著，有信堂，2001）
 憲法1──国制クラシック［第二版］（有信堂，2004）
 リベラリズム／デモクラシー［第二版］（有信堂，2004）
 憲法フォーラム［補訂版］（共編著，有信堂，2005）
 法の支配（勁草書房，2006）
 新・近代立憲主義を読み直す（成文堂，2008）
 憲法2 基本権クラシック［全訂第3版］（有信堂，2008）
 謎解き日本国憲法（編著，有信堂，2010）

学術選書
53
憲　法

❀※❀

表現権理論

2011年（平成23年）3月30日　第1版第1刷発行
5853-0　P256　¥8800E：b012-050-015

著者　　阪本昌成
発行者　　今井貴　稲葉文子
発行所　　株式会社信山社
総合管理／編集第2部
〒113-0033　東京都文京区本郷 6-2-9-102
Tel 03-3818-1019　　Fax 03-3818-0344
henshu@shinzansha.co.jp
笠間才木支店　〒309-1611　茨城県笠間市笠間 515-3
Tel 0296-71-9081　　Fax 0296-71-9082
笠間来栖支店　〒309-1625　茨城県笠間市来栖 2345-1
Tel 0296-71-0215　　Fax 0296-72-5410
出版契約 No.2011-5853-0-01010　Printed in Japan

Ⓒ阪本昌成, 2011　印刷・製本／ワイズ書籍・渋谷文泉閣
ISBN978-4-7972-5853-0 C3332　分類323.500-a001 憲法
5853-0101：012-050-0150《禁無断複写》

JCOPY　〈(社)出版社著作権管理機構 委託出版物〉
本書の無断複写は著作権法上での例外を除き禁じられています。複写される場合は、そのつど事前に、(社)出版社著作権管理機構（電話 03-3513-6969, FAX 03-3513-6979, e-mail: info@jcopy.or.jp）の許諾を得てください。

山田省三・石井保雄編　角田邦重先生古稀記念
労働者人格権の研究 上巻・下巻　各12,000円
　渡辺章・野田進 編集代表　労働法学者必見の労基法・労基法施行規則立法史料
　　労基法立法史料研究会：渡辺章・野田進・中窪裕也・野川忍ほか
労働基準法 [昭和22年] (4)-上 5万円　(4)-下 3.8万円　施行規則で完結 (全6巻)
労働組合法 新見資料で編纂中　労働組合法立法史料研究会 中窪裕也研究代表
　棟居快行・工藤達朗・小山剛 編集代表
プロセス演習 憲 法 (第4版) 5,800円
　赤坂正浩・石川健治・内野正幸・大沢秀介・大津浩・駒村圭吾・笹田栄司
　宍戸常寿・鈴木秀美・畑尻剛・宮地基・村田尚紀・矢島基美・山元一 著
ジェンダー六法 山下泰子・辻村みよ子・浅倉むつ子・二宮周平・戒能民江編　3,200円
広中俊雄責任編集　民法研究 第5号　3,000円
水林　彪　**近代民法の本源的性格**
　　　　　　—全法体系の根本法としてのCode civil—
山本敬三　**基本権の保護と不法行為法の役割**
瀬川信久　**『日本民法典資料集成』第1巻の刊行について**
　　　　　　民法研究 第6号　5,200円
中村哲也　**民法上の法形成と民主主義的国家形態**
蟻川恒正　**責任」を負担する「自由」**
　　　　　　—違法な命令に対する服従と抵抗—
　　　　　　民法研究 第7号終刊　3,500円
水林　彪　**近代民法の原初的構想**
　　　　　　—1791年フランス憲法律に見える Code de lois civiles について
広中俊雄　**二人の先生の思い出**

　◎圧巻の近現代日本刑事手続法研究史料
　　井上正仁・渡辺咲子 編
　　刑事訴訟法立法資料全集 続刊
昭和刑事訴訟法 (1) 20,000円　(2) 40,000円
治罪法・旧々刑事訴訟法・旧刑事訴訟法 (全数十巻に及ぶ)
　　　　　法律学の森
大村敦志著　**フランス民法**　3,800円
　　　　　フランス民法を説いて日本民法を解く
潮見佳男著　**不法行為法Ⅱ** [第2版]　4,600円
　　　　　民法大系 (全8巻)
石田　穣著　**物 権 法**　民法大系(2)　4,800円
石田　穣著　**担保物権法**　民法大系(3)　10,000円
　　　　　民法講義 (全6巻)
藤岡康宏著　**不法行為法**　民法講義Ⅴ　予価4,000円
　　　　　学術選書
山川洋一郎著　**報道の自由**　8,800円
岩村正彦・菊池馨実 責任編集
社会保障法研究 創刊第1号 社会保障法学の草創・現在・未来 予5,200円
　　　　　　　　信山社